强村富民路

——浙江省丽水市莲都区的乡村振兴实践

梁建霞　唐俊杰　主编

中国农业科学技术出版社

图书在版编目（CIP）数据

强村富民路：浙江省丽水市莲都区的乡村振兴实践 /梁建霞，唐俊杰主编 .—北京：中国农业科学技术出版社，2021. 3

ISBN 978-7-5116-5224-9

Ⅰ. ①强… Ⅱ. ①梁…②唐… Ⅲ. ①农村-社会主义建设-研究-丽水 Ⅳ. ①F327. 553

中国版本图书馆 CIP 数据核字（2021）第 043568 号

责任编辑 史咏竹 任玉晶
责任校对 李向荣
责任印制 姜义伟 王思文

出 版 者 中国农业科学技术出版社
北京市中关村南大街 12 号 邮编：100081
电 话 (010)82105169(编辑室) (010)82109702(发行部)
(010)82109709(读者服务部)
传 真 (010)82106626
网 址 http://www.castp.cn
经 销 者 全国各地新华书店
印 刷 者 北京建宏印刷有限公司
开 本 787mm×1 092mm 1/16
印 张 18. 25
字 数 338 千字
版 次 2021 年 3 月第 1 版 2021 年 3 月第 1 次印刷
定 价 72. 00 元

《强村富民路——浙江省丽水市莲都区的乡村振兴实践》

编 委 会

前　　言

乡村振兴战略是习近平同志在党的十九大报告中提出的重要战略。发展集体经济是实现共同富裕的重要保证。通过村级集体经济自身“造血”，乡村振兴才能更有保障，才能更快实现强村富民的目标。

浙江省丽水市莲都区是浙江省 26 个加快发展县（市、区）之一，208 个行政村中有省定集体经济薄弱村 118 个，基数大、底子薄。2017 年，浙江省吹响了发展壮大村集体经济的“集结号”，提出了一系列强村目标，并启动实施“消除集体经济薄弱村工作（简称‘消薄’工作）三年行动计划”。2018 年，在深入推动长江经济带发展座谈会上，习近平同志赋予了丽水市 102 字的“丽水之赞”，更是引领和激励着丽水市干部群众以高度的政治自觉和高涨的热情投身“消薄”工作。

近年来，莲都区委、区政府高度重视，始终把“消薄”工作作为一项重要的政治任务来抓，深入践行“两山”理念，坚持“输血”和“造血”并重，强化“一村一策”，创新发展模式、运行机制和管理体制，多措并举、精准发力，在莲都大地上绘就了一张宏伟蓝图：至 2019 年年底，全区 208 个村，村级集体经济总收入突破 1 亿元大关，较 2016 年同比增长 90. 17%；各村年总收入和经营性收入平均分别达 48. 12 万元和 15. 85 万元，圆满完成三年攻坚任务。同时，莲都区积极组建区、乡两级强村公司，建立起涵盖区、乡、村三级的“消薄”项目库，共落实项目 110 个，项目总投资达 1. 7 亿元，年收益达 1800 多万元，有效促进了村级集体经济的增长，为全面打赢“消薄”攻坚战奠定了坚实基础。在此期间，不仅涌现出了一批具有示范带动作用的“消薄”典型，为浙江省“消薄”工作提供了更多丽水元素、莲都样板，也努力探索出了一条具有莲都特色的富民强村之路！

目　录

第一章　规划领航

振兴要义
——莲都区“消薄”工作指导思想

一、总体要求

农业农村农民问题是关系国计民生的根本性问题，在浙江省丽水市莲都区乡村振兴的道路上，相关文件与政策，以及各级领导的重要讲话与指示提出了整体要求，对解决好“三农”问题给予了明确的指引。

党的十九大报告对“三农”工作提出了指导性意见：“要坚持农业农村优先发展，按照产业兴旺、生态宜居、乡风文明、治理有效、生活富裕的总要求，建立健全城乡融合发展体制机制和政策体系，加快推进农业农村现代化。深化农村集体产权制度改革，保障农民财产权益，壮大集体经济。”习近平总书记在深入推动长江经济带发展座谈会上的讲话中指出：“浙江丽水市多年来坚持走绿色发展道路，坚定不移保护绿水青山这个‘金饭碗’，努力把绿水青山蕴含的生态产品价值转化为金山银山，生态环境质量、发展进程指数、农民收入增幅多年位居全省第一，实现了生态文明建设、脱贫攻坚、乡村振兴协同推进。”

2017 年 6 月，浙江省第十四次党代会报告提出“增强集体经济薄弱村造血功能，全面消除集体经济薄弱村”，首次明确了“消薄”工作的重要性。《中共浙江省委办公厅　浙江省人民政府办公厅关于实施消除集体经济薄弱村三年行动计划的意见》（浙委办发〔2017〕60 号文件）提出：“全面贯彻党的十八大和十八届三中、四中、五中、六中全会精神，深入贯彻落实习近平总书记系列重要讲话精神和治国理政新理念新思想新战略，紧紧围绕统筹推进‘五位一体’总体布局和协调推进‘四个全面’战略布局，始终坚持以人民为中心的发展思想，全面落实新发展理念，认真贯彻落实省第十四次党代会精神，深入实施‘八八战略’，坚定不移走‘绿水青山就是金山银山’之路，按照秉持浙江精神，干在实处、走在前列、勇立潮头，高水平谱写实现‘两个一百年’奋斗目标的浙江篇章的新要求，以完善农村基本经营制度、加强农村基层政权建设为核心，以发展壮大农村集体经济为主线，以增强村级集体经济造血功能为主攻方向，以体制改革、机制创新为动力，加强政策引导，创新发展模式、运行机制和管理体制，多层次、多渠道、多形式促进农村集体经济持续较快增长，保障村级组织正常运转，夯实党在农村的执政基础。”这些重要论述，都为浙江省“三农”工作指明了方向。

2018 年 9 月，中共丽水市委四届二次全体（扩大）会议报告指出：“打好富民惠民牌，建设人民生活幸福的大花园。确保如期完成集体经济薄弱村三年脱困任务，确保农民收入增幅继续位居全省前列，确保全面小康‘一个都不能少’。”2019 年 8 月，在丽水市基层党建重点工作推进会暨“消薄”工作部署会上，丽水市委书记胡海峰提出：“要深入贯彻新时代党的建设总要求和党的组织路线，认真落实全国全省有关会议精神，把好方向推动基层党建提质增效，求真务实打赢‘消薄’攻坚硬仗。”此外，胡海峰同志还着重指出“消薄”工作“要处理好当前攻坚与长远发展的关系；要处理好集体增收与村民致富的关系；要处理好外源输血与内生造血的关系”。

二、莲都区“消薄”工作的原则

（一）坚持党政主导

莲都区党委、政府是实施消除集体经济薄弱村工作的责任主体，主要领导负总责，层层分解落实责任。加强规划、项目、资金等要素统筹，实行政府财政兜底，确保措施到位。各乡镇（街道）党（工）委、政府（办事处）是本区域内消除集体经济薄弱村工作的责任主体，主要领导负总责。各有关部门要各司其职、各负其责，合力推进联系村级集体经济发展。

（二）坚持因地制宜

尊重经济发展规律，立足当地实际，充分发挥村级组织与农民群众的主动性、创造性，因地制宜采取多种有效措施发展村级集体经济。

（三）坚持长效管理

注重短期脱困和长期发展相结合，着力增强造血功能，健全村级集体经济发展和集体经济薄弱村增收长效机制。

三、莲都区“消薄”工作的目标任务

力争通过3年努力，全面消除集体经济年收入（包括各级财政一般性转移支付补助资金、经营收入、发包及上交收入、投资收益和其他收入，不含项目补助和村干部报酬补助）低于10万元的薄弱村118个。至2017年年底，消除集体经济薄弱村54个，年经营性收入5万元以上的村占莲都区总村数的35%以上；至2018年年底，消除64个集体经济薄弱村，年经营性收入5万元以上的村占莲都区总村数的60%以上；2019年，建立健全消除集体经济薄弱村长效机制；到2021年年底力争全区所有村年经营性收入达到5万元以上。

踏上征程
——莲都区“消薄”工作实施政策

一、职责分工

（一）莲都区消除集体经济薄弱村工作领导小组的职责

（1）推动落实区委、区政府关于全面消除集体经济薄弱村工作的各项决策部署。

（2）研究审定消除集体经济薄弱村重要事项，向区委、区政府提出重要政策建议。

（3）研究审定消除集体经济薄弱村工作计划安排，研究解决遇到的重要问题。

（4）审定消除集体经济薄弱村工作年度考核结果。

（二）莲都区消除集体经济薄弱村工作小组办公室的职责

（1）做好全面消除集体经济薄弱村日常工作和业务指导，抓好具体工作协调。

（2）研究提出工作计划安排和重要事项方案，经领导小组审定后抓好实施，指导督促有关工作落实。

（3）组织调查研究，了解掌握全面消除集体经济薄弱村工作进展、政策落实成效和存在的问题，提出政策意见建议。

（4）承担有关会议筹备、政策文件制发等工作。

（5）建立集体经济薄弱村名录，做好台账管理，组织年度考核具体工作，提出考核等次建议。

（6）编发工作简报，及时反映集体经济薄弱村消除工作动态和各地好的经验和做法。

（7）做好领导小组交办的其他任务。

（三）莲都区“双增”① 工作攻坚组办公室

1. 综合协调（信息宣传）组

（1）负责牵头制定全区“消除集体经济薄弱村三年行动计划”。

（2）负责工作任务的协调，研究落实省、市、区领导重要批示精神和交办事项。

（3）组织综合性会议筹备，汇总、起草综合性材料。

（4）负责制定全区“消除集体经济薄弱村三年行动计划”总体宣传方案、阶段性宣传工作计划和重点时段宣传方案。

（5）负责与新闻媒体的工作对接，做好宣传报道工作。

（6）负责收集各类数据、信息动态，汇总先进示范村、总结典型经验，编发工作简报，报送工作信息。

（7）完成领导交办的其他工作任务。

2. 项目推进组

（1）负责牵头制定全区“消除集体经济薄弱村三年行动计划”重点项目计划，编制重点项目。

（2）负责对各乡镇（街道）消除集体经济薄弱村工作的技术指导和业务服务。

（3）负责区级联建项目的对接，做好各类项目推进的动态指导。

（4）完成领导交办的其他工作任务。

3. 督查考核组

（1）负责制定并组织实施督查方案，制定重点任务月度分析专报，汇总通报督查情况，落实问题的整改及反馈工作。

（2）负责各乡镇（街道）、各领导小组成员单位年度目标责任制的考核、考评，建立工作台账。

（3）负责督促、协调各单位落实消除集体经济薄弱村工作领导小组及其办公室安排布置的各项工作任务，及时掌握工作进度；督促相关的信访接待工作。

（4）完成领导交办的其他工作任务。

---

① “双增”指农民增收、村集体经济增收。

二、政策扶持

《中共浙江省委办公厅　浙江省人民政府办公厅关于开展全省低收入农户高水平全面小康攻坚的通知》（浙委办发〔2020〕29号）指出：

巩固提升消薄成果，确保全省所有行政村集体经济年总收入稳定在10万元以上、经营性收入稳定在5万元以上。30%的集体经济相对薄弱村年总收入达到20万元以上、经营性收入达到10万元以上。

打好集体经济相对薄弱村增收组合拳。启动村级集体经济巩固提升三年行动，拓宽经营方式创新、美丽经济激活、资源资产盘活等发展路子，力争集体经济相对薄弱村收入增长保持稳定。落实村级组织基本运转经费财政保障制度，健全村干部基本报酬增长机制。依法依规加大土地和金融等政策倾斜力度，落实好村级留用地政策。抓好675个纳入中央扶持范围村增收项目，牵引谋划实施一批新项目。深化“千企结千村”行动，用好山海协作消薄“飞地”等平台，落实产业开发、基础设施、公益事业等集体经济项目。健全集体经济收益共享机制，让消薄成果惠及更多低收入农户。

《莲都区乡村振兴发展战略（2018—2022年）》指出：

实施新型农村集体经济振兴行动，鼓励村级集体经济机制创新，转变村级集体经济经营方式，实现资源变资产、资金变股金、农民变股东，建立符合市场经济要求的集体经济运行新机制；做好典型示范引路，鼓励通过发展物业经济、盘活固定资产、财政资金折股量化、集体入股开发、强村带弱村、光伏小康等方式，持续增强村级集体经济“造血”功能。深入消除集体经济薄弱村行动计划，深化山海协作，鼓励通过“飞地抱团发展”等模式最大化利用自然资源价值，整合推动优质项目资源向村集体输送，争取到2022年原省定村集体经济薄弱村经营收入普遍增加50%。

《莲都区开展乡村振兴“百企结百村，消灭薄弱村”专项行动的工作方案》指出：

组织开展“百企结百村，消灭薄弱村”专项行动，以党建工作为引领，扎实推动重点骨干企业与薄弱村开展结对帮扶，对于全面消除薄弱村、推动我区乡村振兴走在前列，对于引导企业积极履行社会责任、推动非公经济人士成为合格的新时代中国特色社会主义事业建设者，对于进一步提升基层党组织组织力、推动基层党建工作全面进步全面过硬，具有十分重要的意义。

按照推动乡村“产业振兴、人才振兴、文化振兴、生态振兴、组织振兴”的总要求，以帮助全区薄弱村全面脱困为目标，以区属国有企业，区工商联（总商会）会员企业，各异地商会、直属商会为主，采取产业带动、项目帮扶、资金支持、就业扶贫、消费增收等多种方式，通过3年时间，帮助薄弱村发展壮大集体经济，高水平推动乡村振兴。具体目标是：2018年发动百家以上企业与重点薄弱村、易返薄村结对，形成一批带动作用明显、示范效应好的帮扶项目；2018年年底，努力推动结对村集体经营性收入达到5万元以上，全面完成结对村消薄任务；到2020年，形成长效“造血”机制，帮助结对村建立符合市场经济要求的集体经济运行新机制，努力实现年经营性收入达到10万元以上。

《中共丽水市委办公室　丽水市人民政府办公室关于加强新时代乡贤工作同心共促乡村振兴的实施意见》指出：

乡贤是实施乡村振兴战略的重要力量，是同心共建大花园“中心园”的宝贵资源。实施乡贤回归工程。以世界莲都人联合会为平台，有针对性地开展“走出去、请进来”系列招商活动，招引乡贤智力回乡、资金回流、信息回传、技术回援、文化回哺、公益回扶、人气回聚，特别是项目回归、总部回归、组团式和协同式回归，吸引在外莲商侨商回归、推动优质项目落地。

实施“千名乡贤助百村”工程。充分利用乡村振兴学堂和区乡村三级“乡村振兴讲习所”，引导乡贤参与集中授课、宣讲活动服务乡村振兴，着力破解乡村振兴的人才、资金、技术等要素难题。

《实施莲都农商银行乡村振兴战略金融服务工程（2018—2022年）的意见》指出：

金融是实施乡村振兴战略不可或缺的重要支撑和保障，实施乡村振兴战略金融服务工程（2018—2022年），更是进一步推进乡村振兴战略落地，巩固拓展支农支小和普惠金融发展成果，推进新时代高质量发展的重要举措。

精准扶贫全力发力。投入10亿元用于农村金融基础设施建设和减费让利，新增低收入农户贷款1亿元，为经济薄弱村授信5000万元以上用于增收，建成全区金融强村平台。

第二章　砥砺奋进

责任在肩

——莲都区“消薄”工作大事记

2017年3月23日，莲都区委副书记、区长陈豪召集区农办、区农业局召开农民增收、消除集体经济薄弱村工作座谈会，听取区农办、区农业局工作汇报，并研究探讨农旅融合、消除集体经济薄弱村三年行动计划等问题。

2017年4月17日，由丽水市委组织部副部长徐丽勇、市农业局副局长吕晓东及相关科室负责人组成的调研组来莲调研集体经济薄弱村消除工作，莲都区委常委、组织部部长周显荣主持会议并讲话。

2017年4月22日，莲都区人民政府副区长卢进召集区农业局、区畜牧兽医局干部召开消除集体经济薄弱村工作、美丽牧场建设座谈会，听取区农业局、区畜牧局工作汇报，并就消除集体经济薄弱村、美丽牧场建设的下步工作思路提出相关建议。

2017年5月27日，丽水市委常委、莲都区委书记杜兴林，莲都区委常委、碧湖镇党委书记叶祖平，莲都区副区长卢进专题调研农村集体经济发展，实地调研碧湖镇红圩村土地确权作业现场，听取农村土地确权工作汇报。

2017年6—7月，莲都区组织相关工作人员赴14个乡镇（街道），对2017年计划消除的集体经济薄弱村进行“一村一策”基本情况登记，并对莲都区省定经济薄弱村项目扶持申报表等消除集体经济薄弱村工作进行业务指导。

2017年6月6—7日，莲都区人大常委会主任陈元龙，莲都区委常委、碧湖镇党委书记叶祖平，莲都区副区长卢进等领导专题调研莲都区农村集体经济发展工作情况，实地走访绿谷铁皮石斛基地、百兴菇业、鱼跃文化产业园、美美农庄、处州蜂业等企业了解农业、企业生产经营及乡村旅游情况。

2017年7月7日，在丽水市率先挂牌成立莲都区“双增”工作攻坚组。攻坚组实行“双组长制”，由区委组织部副部长、两新工委书记叶玲娣和区农业局局长叶庆武共同担任组长，下设综合协调（宣传信息）组和督查考核组，前期抽调8人集中办公。

2017 年 7 月 11 日，莲都区委组织部副部长、区“双增”工作攻坚组组长叶玲娣带领相关人员到联城街道金周安置区块菜市场、老竹镇新陶村集体物业项目进行实地调研。

2017 年 7 月 12 日，莲都区“双增”工作攻坚组副组长王琳带领攻坚组人员到区国资公司对接经济薄弱村项目增收工作。针对西银苑、东升菜市场、高铁站停车场等优质国有资产项目，如何投资入股分红展开深入的探讨。

2017 年 7 月 14 日，丽水市委常委、莲都区委书记杜兴林专题调研集体经济薄弱村消除工作，实地走访了解联城街道金周“大搬快治”安置地块、“花街综合市场”项目（筹建）和老竹畲族镇新陶村集体经济物业项目。区委副书记、政法委书记胡伟华，区委常委、组织部部长周显荣，副区长卢进等陪同调研。

2017 年 7 月 25 日，莲都区农业局局长、区“双增”工作攻坚组组长叶庆武召集攻坚组成员召开工作例会并就下一步工作进行了部署。他强调，要围绕目标，精准帮扶，以区级联建项目为主，完善督查考核机制。

2017 年 7 月 27—28 日，莲都区“双增”工作攻坚组成员分小组到各乡镇（街道）对 7 月 14 日莲都区农民增收、消除集体经济薄弱村工作座谈会精神传达落实情况、薄弱村消除计划方案，以及“一村一策”台账的制定情况等内容进行了专项督查。

2017 年 8 月 7 日，莲都区委副书记、政法委书记胡伟华到碧湖镇缸窑村、联城街道花街村专题调研“双增”工作。实地察看了缸窑村的光伏增收项目建设工作，强调村“两委”（村中共党支部委员会和村民自治委员会）干部要统一思想，扎实推进，多措并举，不断发展壮大村级集体经济。

2017 年 8 月 8 日上午，莲都区农业局局长、区“双增”工作攻坚组组长叶庆武带领相关工作人员到雅溪镇岱后村实地调研消除集体经济薄弱村工作，并围绕项目发展规划进行现场办公。下午，带领村主要干部到青田县“康之源农业有限公司”金银花种植基地学习、取经。

2017 年 8 月 10 日晚，莲都区委副书记、区长陈豪主持召开集体经济薄弱村消除工作推进会，强调要以坚定的政治责任感，扎实推进集体经济薄弱村消除工作。区委常委、组织部部长周显荣，副区长卢进参加会议。

2017 年 8 月 15 日，莲都区“双增”工作攻坚组副组长吴小梅带队到莲都区国资公司对接优质物业项目入股分红事宜，专门听取了王荷总经理的意见和建议，深入讨论了“委托国资，享受固定分红”或“合作出资，国资控股”两种形式的优劣。

2017年8月18—22日，莲都区“双增”工作攻坚组成员分组对欧碧园物业项目、机关幼儿园（括苍园）改造项目、光伏联建项目，以及各部门在薄弱村的闲置资产（包括学校、粮站、会堂）等进行了再对接、再排摸。

2017年8月29日，丽水市委常委、区委书记杜兴林专题听取了莲都区“双增”办关于消除集体经济薄弱村的工作汇报，强调一定要以创新思维谋有效发展，全力攻坚，确保完成“消薄”任务。

2017年8月29日晚，莲都区农业局局长、区“双增”工作攻坚组组长叶庆武组织召开工作例会，深刻学习领会史济锡书记讲话精神，讨论和修改莲都区《关于全面消除集体经济薄弱村三年行动计划的实施意见（审议稿）》。会上，组长叶玲娣就下一步工作提出意见和建议。

2017年8月30日，莲都区委副书记、区长陈豪在听取区“双增”办关于当前消除集体经济薄弱村有关工作以及遇到的问题和困难后，进一步强调要提高站位，分析自身不足，补齐短板，破解难题，尤其要注重项目的实效性，多谋“短平快”项目，切实增强村集体“造血”功能。

2017年8月31日，莲都区委常委、组织部部长周显荣调研莲都区消除集体经济薄弱村工作时，指出消除集体经济薄弱村工作是一项政治任务，要重视对项目运行的日常监督和管理，及时掌握各乡镇（街道）工作进展情况，确保完成今年的考核目标任务。

2017年9月6日，莲都区委常委、组织部部长周显荣到丽新畲族乡调研基层党建及“双增”工作。座谈会上，周部长指出要高度重视，抓紧时间，加快进度，打造具有畲乡特色的“党建+经济”发展模式和工作亮点。

2017年9月8日，莲都区委常委、组织部部长周显荣到黄村乡调研“双增”工作。

2017年9月10日上午，莲都区副区长卢进召集区农办、区农业局、区教育局、区国资公司、区“双增”办等部门召开消除集体经济薄弱村工作专题座谈会，深入研究讨论区级光伏联建项目事宜。

2017年9月11—12日，莲都区“双增”工作攻坚组副组长熊鑫俊会同区农办、区教育局相关人员到城区中小学对其校舍屋顶是否适合建设光伏项目情况进行调查摸底，为莲都区下步联建光伏项目做好前期准备。

2017年9月11—13日，莲都区“双增”工作攻坚组工作人员分乡镇到村实地查看集体经济薄弱村物业项目建设进度情况，了解村里实际建设过程中碰到的问题与困难，并督促其加快进度，规范操作，争取早日完成项目建设。

2017年9月18日，莲都区委副书记、区长陈豪主持召开的第九次区政府常务会议，会议审议通过《莲都区关于全面消除集体经济薄弱村三年行动计划》，为莲都区下一步消除集体经济薄弱村工作指明了方向。

2017年9月18日上午，丽水市消除集体经济薄弱村视频会议召开，副市长王小荣传达了市委书记史济锡、市长朱晨的重要指示内容。视频会后，莲都区迅速行动，召开会议贯彻落实相关会议精神，区委常委、组织部部长周显荣、副区长卢进出席会议并讲话。

2017年9月25日，莲都区委副书记、政法委书记胡伟华专题听取了区“双增”工作情况汇报，要求进一步提高认识，整合项目资金，拓宽增收渠道，明确发展方向，确保完成当年“脱贫”转化任务。

2017年9月25日，为更好地宣传莲都区集体经济发展典型，树立集体经济增收莲都样本，由云图文化传媒有限公司制作的宣传片《行进在强村富民路上》正式开机拍摄。

2017年9月27日下午，时任浙江省委副书记、省政协主席李金明等一行人到莲都区调研村集体经济发展工作，并实地走访老竹畲族镇沙溪村，调研“党建+民宿经济”发展模式，为推动莲都区村集体经济发展提供了宝贵意见和建议。

2017年10月10日下午，莲都区“双增”工作攻坚组副组长吴小梅一行到农民新社区建设发展有限公司对接薄弱村集体经济发展物业联建（花街综合市场）项目进展情况。

2017年10月11日下午，莲都区“双增”工作攻坚组副组长吴小梅一行到碧湖镇对接经济薄弱村物业经济发展项目（瓯碧园）。

2017年10月13日，莲都区“双增”办组织召开莲都区农村集体经济薄弱村建设项目专家评审会，各项目业主围绕项目建设规划进行了详细汇报，与会专家针对每个项目都提出了很多合理化意见和建议。

2017年10月17日上午，丽水市委常委、莲都区委书记杜兴林，副区长卢进及相关部门负责人到老竹镇峰鱼农业、清水小龙虾养殖基地调研产业布局及发展情况，并实地察看了梁村村渥川古民居项目建设情况。

2017年10月17日，丽水市委常委、莲都区委书记杜兴林携副区长卢进一行到丽新畲族乡实地调研大德中草药基地、咸宜光伏发电项目、黄岭上村。杜书记充分肯定了丽新畲族乡在发展生态产业，促进农村“双增”工作上的有效做法，并指出丽新畲族乡要充分保护和发挥生态优势，发展多样性生态经济，实打实抓好“双增”。

2017年10月26日上午，莲都区委常委、组织部部长周显荣到老竹镇新陶村、沙溪村，以及联城街道瑶畈村、港口村等地实地调研“双增”工作。强调要把党建工作和发展壮大集体经济、促进农民增收有机结合，让群众有实实在在的获得感。

2017年10月27日上午，丽水市农业局副局长、市“双增”工作督查组组长王永伟一行赴莲都区开展“双增”工作首轮专项调研督查。实地走访了太平乡小安村屋顶光伏项目和太平村集贸市场项目建设点，并参加了座谈。

2017年11月1日，丽水市委常委、莲都区委书记杜兴林带队深入仙渡乡、雅溪镇，实地调研农民增收和消除集体经济薄弱村等工作，并强调，要千方百计促“双增”，不断增强群众获得感和幸福感。副区长卢进陪同调研。

2017年11月3日，莲都区召开全面消除集体经济薄弱村工作推进会，丽水市委常委、莲都区委书记杜兴林出席会议并强调，要以稳定收益为根本，多管齐下，精准施策，全力全速推进消除集体经济薄弱村工作。莲都区委副书记、区长陈豪，区委副书记、政法委书记胡伟华，区委常委、组织部部长周显荣等参加会议。

2017年11月4日下午，莲都区农业局局长、区“双增”工作攻坚组组长叶庆武带队到碧湖镇蒲塘村实地调研火龙果基地及村集体经济发展规划项目。

2017年11月8日，仙渡乡邀请丽水市农业局经管处处长金立参加仙渡乡消除村集体经济薄弱村工作座谈会，会上金立处长结合实际情况为仙渡乡传经送宝。

2017年11月10日，莲都区委副书记、政法委书记胡伟华到联城街道专题调研农民增收工作。胡伟华强调，农民增收工作是一项极其重要的工作。

2017年11月13日下午，莲都区召开消除集体经济薄弱村项目推进会，会议就当前莲都区项目开展情况进行讨论。副区长卢进、区“双增”工作攻坚组组长叶庆武及相关部门负责人参加会议。

2017年11月13日下午，莲都区政协主席谷江南带领农办、水利等相关部门到结对帮扶村紫金街道祝庄村进行调研。

2017年11月14日，莲都区委副书记、政法委书记胡伟华一行调研村集体经济发展工作，实地走访天宁寺综合楼、太平村农贸市场等村集体经济发展物业项目。

2017年11月15日，莲都区政协副主席叶晓东、区编办主任戴旭伟一行到集体经济薄弱村秋塘村调研。

2017 年 11 月 16 日，莲都区委副书记、区长陈豪一行到老竹镇赤坑村、丁公村、新陶村调研“双整”“双增”工作，并实地走访处州蜂业基地，了解企业发展情况。区政府办公室、区委组织部、区委宣传部负责人陪同。

2017 年 11 月 17 日上午，莲都区孙蓓蕾副区长一行到结对帮扶村碧湖镇上阁村调研“双增”工作。要求进一步把准吃透国家相关政策，探索合作方式，整合项目资金，争取早日完成脱贫任务。区环卫局局长蓝海霞陪同。

2017 年 11 月 23 日上午，莲都区集体经济薄弱村消除和光伏项目建设情况专题会顺利召开。丽水市委常委、莲都区委书记杜兴林，莲都区委副书记、区长陈豪，区委副书记、政法委书记胡伟华，区委常委、纪委书记、监委主任宋珍花，区委常委、组织部部长周显荣，副区长卢进等参加会议。

2017 年 11 月 23—24 日，由区委副书记、政法委书记胡伟华带队，莲都区考察团前往缙云县和龙游县考察光伏小康建设和薄弱村消除工作。区委常委、组织部部长周显荣及相关部门负责人参加。

2017 年 11 月 24 日下午，莲都区委副书记、政法委书记胡伟华组织召开光伏建设和消除集体经济薄弱村会议，总结考察缙云县和龙游县经验，研究莲都区相关工作。副区长卢进参加座谈。

2017 年 11 月 27 日下午，莲都区委办公室主任陶旭峰到集体经济薄弱村——官桥村帮扶指导村集体经济增收工作。

2017 年 11 月 28 日上午，莲都区委副书记、区长陈豪赴丽新乡调研“双增”工作。

2017 年 11 月 28 日下午，莲都区召开“双增”工作领导小组办公室会议，就村级光伏项目、乡镇级光伏项目进行再论证，明确由区光伏办公室组织实施，明确由区农业局牵头，区财政局、区机关事务管理局、区国资公司等单位配合，对城区范围内的机关事业单位租房现状、租金情况、资金情况等进行调查统计。

2017 年 11 月 30 日，在黄村乡召开全区“光伏小康工程”现场办公会。

2017 年 12 月 3 日上午，莲都区副区长卢进听取“双增”工作攻坚组组长叶庆武、叶玲娣的集体经济薄弱村消除工作情况汇报。下午叶庆武组长召集“双增”工作攻坚组成员，传达了丽水市“双增”工作组长会议精神，并就下一步工作进行了部署。

2017 年 12 月 4 日，莲都区委常委、组织部部长周显荣到黄村乡巡查联系河道并实地考察村集体经济项目，指导“双增”工作。

2017 年 12 月 8 日，莲都区委常委、组织部部长周显荣到碧湖镇、老竹镇调研“双增”工作。

2017 年 12 月 11 日，莲都区政协副主席任文红、区团委书记陈一娟到太平乡大畈村开展消除集体经济薄弱村调研，了解大畈村集体经济情况、存在的困难和问题等。

2017 年 12 月 14 日，莲都区“双增”工作攻坚组成员分组到各乡镇（街道）督查集体经济薄弱村消除及财务公开工作，查阅相关台账和账务处理情况，进一步夯实基础，防止数字脱贫。

2017 年 12 月 18 日，丽水市农业局经管处处长、丽水市“双增”工作第二督察组组长金立一行赴莲都区指导村集体经济发展工作。

2017 年 12 月 19 日晚，莲都区委副书记、区长陈豪听取“双增”工作攻坚组组长叶庆武的双增工作情况汇报。

2017 年 12 月 21 日下午，莲都区“双增”工作攻坚组组织召开会议对乡镇（街道）代理会计进行“消薄”工作业务指导，按照省、市相关会议要求，进一步统一收入口径，确保完成 2017 年考核任务。

2017 年 12 月 29 日上午，莲都区农发现代园区试点项目村股份经济合作社持股碧湖镇“双增”工作项目签约仪式圆满完成。

2018 年 1 月 3 日下午，丽水市农业局经管处处长、市“双增”工作攻坚组副组长金立一行来莲指导“消薄”工作。

2018 年 1 月 8 日下午，莲都区副区长卢进牵头召开“消薄”工作座谈会，就 2018 年工作重点和思路展开了讨论，提出成立区级集体经济发展有限公司初步设想。

2018 年 1 月 11 日，莲都区委组织部副部长、攻坚组组长叶玲娣召集区机关事务管理局、区财政局、区国资公司、区法制办等部门召开部门联席会议，专题讨论组建区级集体经济发展有限公司方案等相关事宜。

2018 年 1 月 16 日，莲都区委副书记、区长陈豪听取“消薄”工作推进情况汇报。区委常委、组织部部长周显荣、副区长卢进参加会议。

2018 年 1 月 17 日，莲都区召开 2017 年度乡镇（街道）党（工）委书记抓基层党建工作述职评议会。丽水市委常委、莲都区委书记杜兴林要求压实责任、全速全力推进“消薄”工作。

2018 年 1 月 19 日下午，莲都区委常委会扩大会议召开，丽水市委常委、莲都区委书记杜兴林强调，要讲政治、敢担当，全面推进“消薄”工作，确保在 2018 年年底前全面完成集体经济薄弱村消除工作。

2018年1月24日，莲都区委副书记、区长陈豪主持召开全区集体经济薄弱村消除工作协调会。区委副书记、政法委书记胡伟华，区人大常委会副主任周贤华，副区长卢进等参加会议。

2018年1月30日，浙江省农业厅经管处处长李剑锋带队赴莲都区考核督查“消薄”工作。莲都区委副书记、政法委书记胡伟华，区委常委、组织部部长周显荣陪同。

2018年2月12日，莲都区“双增”工作攻坚组召开工作例会，深入讨论组建区级集体经济发展有限公司方案（初稿）及其他相关事宜，要求尽快形成立公司章程等材料。

2018年3月1日，丽水市委常委、莲都区委书记杜兴林调研“乡村振兴”工作，听取了区“双增”工作攻坚组“消薄”情况汇报。

2018年3月2日下午，莲都区“双增”工作攻坚组组织召开区政府专题会议工作落实会，对2018年“消薄”工作总体要求和项目前期申报进行了具体部署。

2018年3月7日，浙江省农业厅经管处副处长顾剑明一行赴莲都区考察指导“消薄”工作。丽水市农业局副局长吕晓东，莲都区委常委、区委组织部部长周显荣陪同考察和座谈。

2018年3月8—9日，对莲都区上报的新增拟建项目进行了逐乡镇（街道）、逐项目对接梳理汇总，努力构建“区、乡、村”三级项目库。

2018年3月12日，莲都区委组织部副部长、“双增”工作攻坚组组长叶玲娣召集莲都区国资公司召开区级物业修缮项目对接会，要求集中精力，认真梳理对接，争取项目早日开工建设。

2018年3月15日晚，莲都区“双增”工作攻坚组办公室组织召开部门联席会议，对雅溪镇联建项目进行对接。

2018年3月16日，莲都区委组织部副部长、“双增”工作攻坚组组长叶玲娣牵头对接老竹镇“消薄”项目。

2018年3月19日，莲都区“双增”工作攻坚组办公室工作例会，讨论区、乡两级集体经济发展有限公司注册流程及其他事宜。

2018年3月22日，莲都区在浙江省农业厅组织召开的全省“消薄”工作会议上作“消薄”典型交流发言。

2018年3月22日下午，莲都区区长专题会议召开，明确提出要在当年5月底前全面实现“两个百分之百”目标任务，要求倒排时间尽快完成区级集体经济发展有限公司成立注册等相关事宜。

2018年3月25—28日，莲都区“双增”工作攻坚组办公室联合区纪委、督查室开展“消薄”项目首轮督查。

2018年3月28日，莲都区“双增”工作攻坚组办公室召开工作例会，研究制定各乡镇（街道）集体经济发展有限公司所占股份比例及收益分配方案。

2018年4月3日，莲都区“双增”工作攻坚组办公室牵头召开“消薄”工作部署会。要求各乡镇（街道）按时完成公司注册，为全面“消薄”注入新的活力。

2018年4月12日，天通控股股份有限公司来莲都区考察太平乡巨溪村结对帮扶工作，村企结对，助力“消薄”。

2018年4月17日，浙江万向集团来莲都区考察对接集体经济薄弱村结对帮扶工作，实地走访和查看碧湖镇联济村和丽新乡上塘畈村。

2018年4月19日上午，浙江省“千企结千村，消灭薄弱村”暨消除集体经济薄弱村现场推进会在温州永嘉召开。丽水市委常委、莲都区委书记杜兴林在会上作了题为《坚持党建引领　发力全面消薄》的典型发言。

2018年4月24日，浙江省国有资本运营有限公司来莲都区考察对接集体经济薄弱村结对帮扶工作，实地走访碧湖镇岩头村。

2018年5月3日，莲都区乡村振兴动员大会上，丽水市委常委、莲都区委书记杜兴林为莲都区区级“消薄”公司——丽水市莲都兴村集体经济发展有限公司授牌。

2018年5月4日，莲都区14个乡镇（街道）集体经济发展有限公司全部挂牌成立。

2018年5月8日上午，丽水市委常委、莲都区委书记杜兴林专题调研“双增”工作，实地查看了解联城街道和大港头镇乡、村两级“消薄”项目。

2018年5月8日下午，莲都区“双增”召集区机关事务管理局、区财政局、区国资公司等部门科室负责人召开“消薄”工作会议，传达学习丽水市委常委、莲都区委书记杜兴林重要讲话精神，深入讨论成立区、乡两级资产运营公司相关事宜。

2018年5月13日晚，莲都区“双增”工作攻坚组办公室召开提前全面消除集体经济薄弱村工作部署会。莲都区农业农村局局长、“双增”工作攻坚组组长叶庆武要求大家紧盯目标，理出任务清单，排好时间表，确保提前完成“消薄”任务。

2018年5月15日，莲都区委副书记、区政法委书记胡伟华专题调研“消薄”工作。区委常委、区委组织部部长周显荣，副区长卢进陪同调研。

2018年5月16日，丽水市委常委、莲都区委书记杜兴林专题调研“双增”工作，实地走访查看仙渡乡和黄村乡“消薄”项目。

2018年5月21日，第十七次区政府常务会议专题研究“消薄”工作，审议通过丽水莲都兴村集体经济发展有限公司首次分红方案。

2018年5月22日，莲都区委组织部副部长、“双增”工作攻坚组组长叶玲娣，区农业农村局局长、“双增”工作攻坚组组长叶庆武带队赴温州永嘉县学习“消薄”工作。

2018年5月23—24日，莲都区“双增”工作攻坚组办公室联合区农业局农经站对14个乡镇（街道）开展交叉大检查，确保收入入账真实、准确，助力全面“消薄”。

2018年5月25日，莲都区委常委、组织部部长周显荣召集区直有关部门就丽水市“百企结百村，消灭薄弱村”暨消除集体经济薄弱村现场推进会的筹备工作召开会议，要求各部门齐心协力，圆满完成市里交办的任务。副区长卢进参加会议。

2018年6月29日，召开莲都区村企结对工作动员会，发动国企、民企自觉自愿参与“消薄”帮扶行动，明确企业结对帮扶对象，签订帮扶协议书。

2018年6—7月，宁波市鄞州区与海曙区的统战部、工商联领导多次带队来莲都区实地考察，与莲都区签订《结对帮扶协议书》和《友好商会协议书》。

2018年7—9月，针对莲都区结对项目落地难问题，莲都区“双增”工作攻坚组办公室多次联合区农办、区财政局、区工商联、区经合办等部门召开部门联席会议，共同商讨结对项目相关事宜。

2018年8月14日上午，莲都区14个薄弱村与宁波市鄞州区、海曙区的14家企业代表在莲都会议中心碧湖厅举行了集中签约仪式。会后，各结对企业纷纷来莲都区实地考察了解结对村情况。

2018年8月20日下午，莲都区召开“乡村振兴合伙人”推进会，区委组织部副部长，区委两新工委书记叶玲娣出席会议并讲话。

2018年9月4日，莲都区“双增”工作攻坚组办公室牵头召开全区乡镇（街道）分管领导“消薄”工作部署会，要求根据自身优势，主动对接结对企业，尽早确定结对项目。

2018年9月6日，浙江省国有资本运营有限公司党委委员、纪委书记李天平一行来莲都区考察结对村（岩头村、魏村村）项目建设情况。强调要注重项目实效，细化工作方案，区委常委、碧湖镇党委书记叶建光，区委组织部副部长、

“双增”工作攻坚组组长叶玲娣陪同考察。

2018 年 9 月 7—12 日，莲都区 14 个乡镇（街道）开展开展消除集体经济薄弱村专项互查工作。

2018 年 9 月 11 日，莲都区委组织部副部长、区“双增”工作攻坚组组长叶玲娣到雅溪镇进行基层党建和“消薄”工作巡查，实地察看了“红色岱后”接待中心项目建设情况，要求施工单位全力以赴，争取早日完工。

2018 年 9 月 11 日，丽水市农业农村局副局长吕晓东带队来莲都区督查“消薄”工作，实地走访查看了碧湖镇浦塘村和河口村物业项目建设情况，要求紧盯建设进度，确保按期保质完成。

2018 年 9 月 13 日下午，莲都区委组织部副部长、“双增”工作攻坚组组长叶玲娣召集区财政局、区农业农村局、区经合办等部门领导召开“消薄”工作项目研讨会，共同商讨莲都区到义乌抱团联建结对项目相关事宜。

2018 年 9 月 20—21 日，莲都区“双增”工作攻坚组办公室联合区农经站工作人员前往各乡镇（街道）开展消除集体经济薄弱村工作专项检查。

2018 年 9 月 26 日下午，莲都区卢进副区长组织召开“消薄”项目工作推进会，区委组织部副部长、“双增”工作攻坚组组长叶玲娣，区农业农村局局长、“双增”工作攻坚组组长叶庆武，区财政局、国资公司、机关事务管理局等有关部门及乡镇（街道）分管领导参会。会上，卢进副区长认真听取 19 个民生实事物业项目及村企结对工作情况汇报，强调要抓好下阶段“消薄”工作，为实现乡村振兴助力。

2018 年 10 月 9 日，莲都区委常委、区组织部长周显荣到黄村乡调研“消薄”工作时，要求党员干部要创新增收举措，用好帮扶政策，为村集体经济注入新的活力。

2018 年 10 月 11 日，莲都区委副书记、区长陈豪在太平乡调研“消薄”工作时，明确提出“认识不能放松、加强动态监管、紧盯项目落地、立足自身挖潜、严禁违规举债”五点要求。

2018 年 10 月 15 日，莲都区副区长卢进一行到区“双增”工作攻坚组办公室主题调研“消薄”工作，要求进一步压实责任，破解难题，限时圆满完成莲都区村企结对和民生实事物业项目，确保村集体经济收益的稳定性和长效性。

2018 年 10 月 17 日，莲都区召开村企结对及民生实事物业项目推进会，丽水市委常委、莲都区委书记杜兴林要求进一步统一思想认识、明确工作任务、落实工作职责．并列出三张工作清单，确保有序推进民生实事物业项目。

2018年10月18日，莲都区“双增”工作攻坚组办公室召开工作例会，攻坚组组长叶玲娣传达学习丽水市委常委、莲都区委书记杜兴林在全区村企结对及民生实事物业项目推进会上的重要讲话精神，强调要高站位、严要求，加强沟通与协调，切实增强责任感、使命感。组长叶庆武逐一分析点评当前民生物业项目进展和村企结对项目谋划情况。

2018年10月23日，丽水市督查组赴碧湖、黄村等乡镇（街道）开展民生实事物业项目督查指导工作，莲都区“双增”工作攻坚组办公室陪同督查。

2018年10月29日上午，莲都区“双增”工作攻坚组办公室工作人员到太平乡督查太安电站技改项目。

2018年10月31日，莲都区“双增”工作攻坚组办公室工作人员前往雅溪、太平查看乡镇联建项目、民生实事物业项目和村企结对项目相关台账资料和进度情况。

2018年11月8日，莲都区委常委、组织部部长周显荣专题调研“消薄”工作，强调要进一步提高思想认识，压实责任、主动担当、务实求效，扎实推进各项工作开展，确保各项工作落实到位。

2018年11月9日，莲都区“双增”工作攻坚组组长叶庆武、常务副组长章军伟带队到浙江省农业农村厅经管处进行工作汇报。

2018年11月10日上午，莲都区委副书记、区长陈豪赴碧湖镇督查秸秆焚烧和重大动物疫病防控工作，并实地察看了岩头村村企结对“消薄”项目“农贸市场+文化礼堂”项目，以及魏村村“消薄”项目光伏发电项目。

2018年11月10—15日，莲都区“双增”工作攻坚组办公室联合区委组织部、区纪委、区农业局组成专项督查组，对全区14个乡镇（街道）“消薄”工作进行回头看。

2018年11月12日，莲都区人大常委会副主任周贤华到黄村乡督查指导消薄、秸秆焚烧、黑臭河整治、非洲猪瘟防控等工作情况。

2018年11月12日，莲都区政协副主席虞海雄一行到峰源乡督查指导集体经济薄弱村消除、重大动物疫情防控、黑臭水体整治、农作物秸秆焚烧等工作。

2018年11月15日，浙江省农业农村厅徐建华巡视员一行到仙渡乡检查指导“消薄”工作。

2018年11月20日，莲都区委副书记、区长陈豪专题听取“消薄”工作情况汇报。

2018年11月24日，莲都区副区长卢进牵头召开部门联席会议，专题研究

“消薄”过程中遇到的重点、难点问题，以进一步优化完善公司运行机制，做到产权清晰、管理科学、运行规范。区委组织部、区财政局（国资委）、区国资公司、区审计局、区农业农村局、区“双增”工作攻坚组办公室等部门相关科室负责人参加会议。

2018年11月26日，莲都区政府常务会议专题听取近期“消薄”工作情况汇报。

2018年12月6日下午，丽水市农业科学院专家何卫中来丽新畲族乡山村村实地考察黄金茶基地。乡领导班子全体乡干部与各村“两委”组团陪同参观学习。

2018年12月13日晚，莲都区“双增”工作攻坚组办公室组织召开工作例会，会议传达学习了市、区两级“消薄”工作有关会议精神以及文件。会上，攻坚组组长叶玲娣、叶庆武分别就当前莲都区“消薄”工作中急需解决的困难、问题进行交流探讨并对下步工作进行详细部署，力争圆满完成各项工作任务。

2018年12月14日，莲都区委常委、常务副区长王世强，副区长卢进专题研究太平乡太安电站产权明晰问题。

2018年12月17日上午，莲都区委副书记、区长陈豪专题听取巡视督查“消薄”整改和民生实事工作汇报，会议由区委常委、纪委书记宋珍花主持。区委常委、区组织部长周显荣，副区长卢进等领导参加会议。

2018年12月17日晚，莲都区组织开展乡镇（街道）“消薄”项目书记大比拼交流演讲比赛，全方位展示宣传了莲都区一年来“消薄”项目谋划以及取得的累累硕果，比赛特别邀请莲都区副区长卢进，丽水市农业农村局经管处处长季炳根、丽水市委组织部组织处副处长周律如等市、区领导担任评委嘉宾。

2018年12月23日下午，莲都区农业局局长、区“双增”工作攻坚组组长叶庆武利用休息时间带队到太平乡、雅溪镇和碧湖镇重点查看民生实事物业项目建设情况，确保各项目按时保质完成。同时，谋划发展雅溪镇岱后村的番茄种植项目，以产业示范带动村集体经济快速发展，使其成为雅溪镇“消薄”样板村，并努力打造成为莲都样板村。

2019年2月25日，莲都区“双增”工作攻坚组办公室项目组会同房建专家一行对雅溪镇岱后村“消薄”项目进行实地验收指导并提出专业见解。

2019年4月2日上午，丽水市“消薄”工作情况汇报暨项目分析会在丽水市农业农村局召开。会上，丽水市委组织部徐丽勇副部长对莲都区总体工作思路和17个剩余薄弱村的项目分析表示肯定。

2019 年 4 月 16 日，丽水市“双增”工作攻坚组办公室宣传组组长周若毅一行到雅溪镇岱后村调研指导“红军营”项目。

2019 年 5 月 27 日下午，莲都区委组织部副部长、攻坚组组长魏俊到“双增”工作攻坚组办公室听取各项工作进展汇报，强调要以更高的站位理解“消薄”，以更真的态度谋划项目，以更实的举措抓好项目。

2019 年 6 月 14 日下午，莲都区“双增”工作攻坚组办公室联合区委组织部、区财政局、区发改局、区自然资源和规划局、区住房和城乡建设局等部门专家对 2019 年“消薄”项目进行评审。

2019 年 6 月 15 日下午，丽水市农业农村局副局长吕晓东一行来莲都区调研指导“消薄”项目，实地查看岱后“红军营”项目。

2019 年 6 月 16 日上午，莲都区副区长卢进到雅溪镇岱后村专题调研“红绿融合”发展村级集体经济情况并进行座谈。

2019 年 7 月 3 日，莲都区委副书记、区长陈豪到太平乡调研指导“消薄”工作。

2019 年 7 月 14 日上午，莲都区全面消除集体经济薄弱村工作领导小组会议在莲都会议中心召开，会议总结上半年工作情况，分析了存在的困难以及对下步工作进行了全面部署。区委副书记、区长陈豪，区委副书记、政法委书记胡伟华，区委常委、组织部部长周显荣，区委常委郭云强，副区长卢进等领导参加会议。

2019 年 7 月 19 日，莲都区委常委、组织部部长周显荣到碧湖镇调研指导“消薄”工作。

2019 年 7 月 31 日，莲都区副区长卢进到碧湖镇实地查看“消薄”项目。

2019 年 8 月 7 日下午，莲都区委副书记、区长陈豪到雅溪镇调研指导“消薄”工作。

2019 年 8 月 11 日上午，莲都区“双增”工作攻坚组组长魏俊、叶庆武召集有关部门人员召开工作会议，重点讨论研究基层党建重点工作推进会暨“消薄”工作部署会相关事宜。

2019 年 8 月 14 日，莲都区“消薄”现场会召开，实地观摩太平乡和碧湖镇“消薄”项目。

2019 年 8 月 15 日下午，莲都区基层党建重点工作推进会暨“消薄”工作部署会在莲都会议中心召开。会议由胡伟华副书记主持。

2019 年 9 月 12 日，丽水市“双增”工作攻坚组办公室一行来莲都区调研指导“消薄”工作，实地走访查看了岩泉街道和黄村乡部分村集体经济发展情况。

2019 年 9 月 16 日上午，莲都区 2019 年区派农村第一书记（指导员）动员会在莲都会议中心召开。会议要求各农村第一书记（指导员）认真履行岗位职责，助力乡村振兴发展。

2019 年 9 月 17 日，莲都区委常委、组织部部长陈永超到碧湖镇调研指导“消薄”工作。

2019 年 9 月 24 日下午，莲都区委常委、组织部部长陈永超到区农业农村局调研指导“消薄”工作。要求进一步提标、提速，确保圆满完成各项工作任务。

2019 年 9 月 26 日上午，莲都区“双增”工作攻坚组办公室一行到老竹畲族镇、联城街道进一步抽查核实经营性收入完成情况，确保收入真实可靠。

2019 年 10 月 9—11 日，莲都区“双增”工作攻坚组办公室联合区农业经济经营管理站相关人员到仙渡乡、雅溪镇、峰源乡、联城街道、老竹畲族镇等乡镇（街道）实地走访查看消薄项目和收入情况。

2019 年 10 月 15 日上午，莲都区副区长卢进到峰源乡调研指导村级集体经济发展相关工作。

2019 年 10 月 16—18 日，莲都区委副书记、区政法委书记胡伟华到碧湖镇开展“三服务”工作，并深入了解村级集体经济发展相关工作。

2019 年 10 月 19 日下午，莲都区“双增”工作攻坚组组长叶庆武召集相关人员对 2019 年各村“消薄”验收情况进行分析研究。

2019 年 10 月 24—25 日，丽水市“消薄”工作培训会在遂昌县举行。

2019 年 11 月 5 日下午，丽水市委常委、莲都区委书记徐光文到太平乡调研健康养生项目并了解村集体经济发展情况。

2019 年 11 月 15 日，莲都区委常委、统战部部长翁伟标到太平乡戴彰村调研指导“消薄”工作和集体经济增收项目谋划情况。

2019 年 11 月 15 日，莲都区委常委、组织部部长陈永超到黄村乡调研指导“消薄”工作。

2019 年 11 月 27—30 日，全部完成对莲都区 208 个村的总收入和经营性收入审核验收工作。

强村之法

——莲都区强村工作案例

一、问海借力法——莲都区“强村公司”发展案例

浙江省委、省政府为实现全省区域协调发展提出了“山海协作工程”，推动浙江西南山区和舟山海岛为主的欠发达地区加快发展。近年来，丽水市莲都区全面贯彻落实省委、省政府关于实施消除集体经济薄弱村发展壮大集体经济的要求，坚持“输血”和“造血”并重，以“强村公司”为平台，多措并举，多渠道、多形式促进农村集体经济持续健康发展，谱写乡村振兴新篇章。自2018年5月在全市率先成立区乡两级集体经济发展有限公司以来，现已获得各类投资收益1022万元，累计向股东分红628.4万元，有效助推农村集体经济发展。

巧搭平台，优化经营机制：2018年5月，莲都区在丽水市率先成立丽水市莲都兴村集体经济发展有限公司，并下设14个乡级子公司，注册资本6000万元，共有股东15个，其中14个乡镇（街道）集体经济发展有限公司认缴注册资本2400万元，占总股本40%；区国资公司认缴注册资本3600万元，占总股本60%，明晰产权，颁发股权证，直接赋权到村。同时，不断优化和完善公司章程，强化内部管理，健全体制机制，采取统一项目规划、统一经营管理、统一收益分配的方式，抱团发展物业经济和“飞地”项目，用于全区统筹托底保障。

创新模式，发展物业经济：积极探索资产项目化经营模式，发展混合所有制经济，不断丰富集体经济实现形式。2018年7月，由区级“强村公司”——丽水市莲都兴村集体经济发展有限公司与丽水市莲都区国有资产管理有限公司签订项目合作协议，投入“消薄”资金1457万元，专门用于区政府过渡用房、原区残联大楼、莲都区办事中心、金谷宾馆4处老旧房屋（国有资产）的修缮，并规定该4处房产出租后的70%的收益将用于农村集体经济发展。修缮项目由丽水市莲都区国有资产管理有限公司统一经营、管理和对外出租，按三七比例分红，区

“强村公司”每年可获得70%的租金收益511万元。

问海借力，深化山海协作：2019年12月17日，经莲都、义乌两地政府的共同努力，双方正式签订合作共建《义乌—莲都山海协作“消薄”产业园项目合作协议》。依托义乌市山海协作平台优势，由莲都区“强村公司”——丽水市莲都兴村集体经济发展有限公司注入义乌高新区建材科技有限公司原始股本金（500万元）和消薄资金（2500万元），第一至第五年收益按照10%的固定回报，即每年可获得300万元收益，全面助推莲都区低收入农户增收和村级集体经济发展壮大。

二、改革红利法——碧湖农业园区持股分红案例

2017年以来，莲都区积极探索财政补助资金股权化试点改革，构建农企利益联结机制，让更多的薄弱村享受到农业现代化发展改革带来的红利。此举不仅有利于提高财政资金的使用效益，还有利于实现政府扶持企业发展、企业反哺村集体经济发展壮大的多赢局面。

2017年12月，积极出台《国家农业综合开发现代农业园区产业化项目村股份经济合作社持股指导意见》，将原来用于扶持农业龙头企业的部分财政补助资金，以村股份经济合作社持股的方式投入到企业的产业化项目中，由龙头企业每年向持股的村股份经济合作社固定分红，分红收益将用于各村集体的公益事业。

此次试点项目企业包括丽水绿园种禽开发有限公司、丽水市鱼跃酿造食品有限公司等6家农业龙头企业，每家龙头企业被持股的股金为150万元，共计900万元。各持股主体为莲都区国家农业综合开发现代农业园区范围内的碧湖镇白口村、石牛村、下赵村等23个村股份经济合作社，持股期限为20年，由企业每年按股金8%固定分红比例，即每家龙头企业每年分红12万元，共计72万元/年，2018年5月，碧湖镇的23个薄弱村已享受到首笔改革分红，为村集体经济的发展注入了新的活力。

三、翻陈出新法——碧湖镇下南山村案例

下南山村始建于明万历年间，迄今已有400多年历史。近年来，在市、区两级政府的支持和帮助下，唤醒沉睡资源，引入工商资本的“活水”，积极探索和实践“下南山古村落复兴模式”，将下南山古村落打造成为原生态度假村，使其

从原来的“负债村”蜕变成为远近闻名的“明星村”，实现了富民强村。至2019年10月底，该村集体经济总收入已近40余万元、经营性收入达18万元，实现了高质量“消薄”。“欢庭·下南山”原生态度假村作为古村落保护性开发样板得到了社会各界的肯定和密切关注，其提出的“精品民宿+文创基地”新业态被《人民日报》头版点赞。

自2004年下南山村实施整村搬迁以来，许多老房子因村民搬迁，无人看管维护，导致老屋荒废，民居漏雨、梁架倾斜、墙体开裂，千年古村逐渐衰落。2017年，为更好地保护利用下南山古村落，在村党组织的引领下，引进中国乡村振兴领航者——浙江联众集团先后投资6000余万元对老村进行整村保护性开发。村民将古民居交由村集体统一管理，村集体以现有土地、房屋及设施的使用权作为出资，与联众集团签订30年的经营权转让协议，前5年租金为20万元/年，之后每5年上浮8%，作为资源入股保底分红，分红收益由村集体与村民按三七比例分成。同时出租的还有下南山杨梅市场，每年租金5万元，归村集体所有。仅此两项增加村集体收入11万元。2019年度假村整体年营收已超1300万元，实现企业、村集体和农户的多方共赢。

昔日的空心村，通过“古村+众创”模式，经历了一场焕颜重生，打造了全国首个古村落度假综合体——“欢庭·下南山”原生态度假村，以古村传统文化为主题的度假业态，满足城市居民对差异化乡村旅游度假的需求，恢复古村活力，带动周边区域发展，实现美丽乡村建设与乡村旅游的完美结合，成为“美丽乡村建设”的典范。目前已推出一期客房42间，床位58个，会议室3个，餐饮容纳150人，形成了咖啡吧、书吧等“精品民宿+文创基地”的新业态。

四、管理惠村法——万象街道丽华村案例

丽华村地处莲都区南端，为丽水城内面积最大的行政村。该村历史文化底蕴极为深厚，古迹众多。近年来，该村始终坚持党组织在丽华村经济社会发展中的领导核心作用，不断深化“党建+”工作方式，有效整合资源，通过科学运营、民主管理，2019年，该村年总收入达600余万元，其中经营性收入达575万元，年增幅14%左右；村集体现拥有固定资产市值近3亿多元。

四两拨千斤，创造大财富：随着城市化进程加速，村里原有的1800多亩①土

① 1亩≈667平方米，全书同。

地基本全部被征用。村“两委”利用土地返还指标审批项目，于2002年建成喜尔顿罗马假日大酒店、现代广场大酒店等两处集体资产，当时价值5000万元。建成后，村“两委”不做“一锤子”买卖，而是长远谋划，经过党员大会和村民代表大会表决，没有将集体资产拍卖“一分了之”，实现了资产的保值增值，为以后发展道路上的更大财富创造了商机。

栽下梧桐树，引来金凤凰：该村通过成立村招商工作办公室，成功引入喜尔顿罗马假日大酒店、现代广场大酒店、幼儿园、沿街店铺等入驻，有效盘活了集体资产，实现自身“造血”。其中，喜尔顿罗马假日大酒店、现代广场大酒店两家酒店每年收入达430万元左右；沿街的47间店面，每年达150万元左右的营业收入；丽华村幼儿园每年实现81万元租金收入，为丽华村百姓的增收、集体经济的发展奠定了坚实基础。一个富裕、文明、和谐的丽华村正绽放出无限活力。

五、红绿融合法——雅溪镇岱后村案例

莲都区雅溪镇岱后村地处雪峰山上和稽勾古道边，四面环山，景色优美，红色历史文化底蕴深厚。2014年被评为丽水市市级爱国主义教育基地。但是，由于产业结构单一、村民大多外出打工，村集体更是积贫积弱，发展后劲不足，是典型的贫困村。

穷则思变。随着脱贫攻坚的深入推进，如何发挥村内红色资源优势，做好“红+绿”融合文章，让绿水青山真正变成金山银山，实现富民强村，这个问题一直困扰着该村党支部书记谢春仙。2018年岱后村因地制宜，就地取材，在肩负党建教育的光荣使命下，捧住绿水青山的金饭碗，通过多次考察、开会研讨，最终确定“消薄”项目——“红色岱后”党建教育基地（红军营），探索出了“红色文化+绿色生态”的党建+旅游模式。

岱后村红色岱后接待中心项目一期投资180万元，在原岱后小学的建筑基础上改建会议室、标间、集体宿舍等，重新修缮“红军食堂”“红军路”等旅游配套设施。目前已正式开营，年接待游客5000人次以上，带动消费达15万元以上。游客们不仅可以通过重走红军路、重吃红军饭，重温革命历史，还能上山采茶，挖笋，制作清明果、番薯干、山粉面等，体验诸多农事乐趣。

该村集体经济年总收入从2016年的7万元提高至2019年的38.15万元，经营性收入首次突破5万元，成功实现薄弱村到明星村的华丽转变。以红色革命文

化兴村，以绿色生态环境强村，以农业产业发展富村是岱后村摘掉薄弱村帽子的“致富经”，相信岱后村一定能乘风破浪，实现富民强村！

六、村景融合法——大港头镇利山村案例

大港头镇地处莲都区、松阳县、云和县三地接合部，是国家级生态示范镇、首批十大“浙江最美乡镇”、省级旅游强镇，也是丽水巴比松油画的发祥地、“古堰画乡”的核心景区。

位于大港头镇东南部的利山村，在省扶资金的大力扶持下，依托“古堰画乡”景区的辐射带动，立足景区村的自然优势和少数民族特色，紧抓美丽乡村建设大投入的契机，引进工商资本1000多万元，兴建物业综合楼和峡谷穿越户外拓展项目营地，将昔日破败的小山村，打造成为美丽畲寨、诗画利山，并成功创建3A级景区村，为村集体经济注入活力，为当地群众增收致富开辟出崭新路径。

该村通过将其中一处村大会堂出租给年利来公司，经营乡村酒店，将另一处村办公楼打造成党群服务中心的同时，建成可容纳250人、150人、50人三种不同规模的会议室，村集体每年可获得经济收益10多万元。其中，会议室租金收益7.5万元/年，每年接待各类会议、培训近4万人次，增收近3万元/年。

如今，风光秀美的利山村，青瓦白墙，马头翘角，洋溢着徽派风格的特色景观成为当地一大特色，吸引着全国各地游客前来写生、摄影、养生、休闲，每年接待慕名而来的游客达15万人次。

2019年，实现村集体经济总收入63.69万元，辐射带动当地旅游收入500多万元。如今，村民的钱袋子鼓了，人们的幸福感和获得感也更高了。

七、服务增收法——岩泉街道枫树湾村案例

枫树湾村，村古、山美、水秀，历史悠久、文化底蕴深厚，旅游资源丰富，是丽水远近闻名的“杨梅之乡”，拥有上百年的杨梅种植历史，全村种植面积达2700多亩，杨梅成为村民主要经济来源。近年来，该村通过举办杨梅节等农旅活动，不断创造杨梅产业附加值，在实现村民的钱袋子越来越鼓的同时，开创了村集体经济服务创收的新局面。

借助本地良好的政策和丰富的旅游资源，越来越多的枫树湾村群众开始从事民宿产业经营。截至2017年年底，枫树湾村共发展民宿19家，112间客房，175

个床位，年接待上海、杭州等大城市游客达5000多人次。2019年，不仅成功实现经济薄弱村“摘帽”，村集体经济总收入达到41万元，经营性收入也增加至10.29万元。

如何在民富和村强之间寻找平衡？2017年年初，村支部书记余丽祥在听取了村两委和群众的意见以后，决定由村里成立民宿协会和民宿服务中心，对会员进行民宿经营、管理、服务等方面知识培训，交流先进经验和做法。同时，建立游客投诉机制，对会员单位服务质量进行有效监督，不断提升服务品质。该协会每年牵头举办大型杨梅节农事活动，通过亲子采摘、风情表演和农事体验等活动让更多的人参与其中，记住乡愁，以进一步打响村庄知名度。另外，还充分挖掘当地特色，将老人们土法手工制作的杨梅干、杨梅酒、葡萄酒等作为旅游“伴手礼”，深受游客喜爱，年销售额达10多万元，有效促进了一二三产业的融合发展。

八、土里刨金法——丽新畲族乡黄弄村案例

莲都区丽新畲族乡黄弄村位于丽武公路沿线，距离丽水市区约24千米，村民大多以种植大豆、水稻、玉米等农作物为主要收入来源，村集体经济薄弱。2017年成功引进优质农业项目——丽水安邦护卫有限公司（以下简称安邦公司）的农业生态综合体项目，总投资1亿元，5年内完成。

自项目启动以来，乡干部及村干部及时梳理黄弄村集体资源、盘点村闲置资产，积极配合项目的实施，并成功帮助企业流转土地500余亩。建成生态果蔬基地，种植粮食、蔬菜及经济作物近50个品种300余亩，水果15个品种近200亩；种植铁皮石斛20余亩，开发石斛花、石斛面、石斛盆景等一系列产品；散养土鸡500余只。基地全部采用太阳能灭虫灯，有效降低了化学农药的使用率，提高了农产品质量的安全系数。

2017年年初，村里又将废弃多年、破败不堪的原黄弄小学校舍以每年2万元的价格租用给安邦公司，安邦公司投入资金500余万元，将其打造成了占地2700余平方米，集起居、餐饮、会议与农耕体验为一体的中式水墨田园风接待中心——“安邦家园”，进一步推动了当地一二三产业的融合发展。

2018年以来，该公司共支付村集体土地流转租金200余万元，涉及农户近300户，为当地农民解决就业1.6万余人次，每年带动农民工资性收入增长近300万元。不仅提高了农业经济效益，带富了一方百姓，也实现了村集体经济长

期“造血”。

九、搭车生财法——碧湖镇岩头村/魏村村案例

处于碧湖平原的岩头村和魏村村，堰水潆洄，沃野千里，是古时的“粮仓”，至今，村民们仍以种植农作物为主要收入来源，产业结构单一，这也使得两个村长期以来集体经济疲软、薄弱。

2018 年，在浙江省“消薄”攻坚战中，岩头村和魏村村搭乘着“村企结对”的快车，彻底改变了集体经济薄弱的现状。2018 年 6 月，在莲都区有关部门的积极运作下，浙江省国有资产运营公司与岩头村签订了村企结对合作协议，出资 150 万元，用于新建农贸市场，并在屋顶进行光伏项目建设，目前该项目已全部完成，预计每年可为村集体增加收入 20 余万元，辐射带动周边经济收入 800 多万元。7 月，魏村村与浙江省发展资产公司签订了村企结对协议，由浙江省发展资产公司出资 100 万元，村集体投入 80 万元用于光伏发电项目建设，11 月底并网发电后，每年为村集体增加收入近 10 万元。

截至 2019 年年底，魏村村共实现集体经济总收入 39 万元，其中年经营性收入达 14 万元。“有了这 10 多万元的经营性收入，村子里以往想办却又无力办的事，都能提上日程了，这无疑为村子的发展注入了一支强心针。”魏村村党支部书记蓝察兴高兴地说。

十、党建引领法——老竹畲族镇新陶村案例

新陶村位于老竹畲族镇，山清水秀，景色宜人。近年来，该村依托其优美的生态环境和深厚的红色文化底蕴，以南乡革命纪念馆为载体，大力发展乡村红色旅游，每年前来休闲观光的游客络绎不绝，实现了从负债村到明星村的华丽转变。

2013 年，在外经商 20 多年的郑建全为带动大家实现共同富裕，回村当了村支部书记，在他的带领下，先后筹措资金 1000 多万元，开工建设南乡革命纪念馆、文化广场、观光廊桥等党建综合体，现已成为丽水市红色教育基地，吸引着越来越多的人来参观、考察、学习和培训，成为当地乡村旅游事业的一个风向标。

2017 年，为解决游客“吃”和“住”的问题，村里积极向上争取资金，整

合集体经济发展项目资金，共计投入 80 余万元，将废弃多年的旧校舍装修成南乡食堂，先后发展特色民宿 8 户，拥有床铺 127 个，到访团队游客由村集体统一安排住宿和就餐，收入由村集体与民宿业主五五分成，实现了村集体和村民之间的“双赢”。

此外，该村在打造美丽乡村升级版的同时，也在积极引入工商资本打造新屋红色营地旅游项目，包括峡谷闯关、高空拓展、滑草等项目，开业至今，年接待游客 5 万人次以上，2019 年实现村级集体经济总收入 268 万元，辐射带动村内旅游收入 500 多万元，为当地群众增收致富开辟出崭新的路径。

十一、借鸡生蛋法——丽新畲族乡村企结对案例

发展壮大村集体经济是强农业、美农村、富农民的重要举措，是实现乡村振兴的必由之路。为解决当前壮大村集体经济存在的项目缺少、技术缺乏、资金缺口、服务缺位的一系列难题，丽新畲族乡送服务、送技术、送项目、送资金，强力推进“千企结千村，消灭薄弱村”专项行动，探索高质量、可持续的“消薄”路径。

2018 年以来，该乡充分发挥乡贤作用，以村股份经济合作社投资强村公司的模式，投资乡贤王增财领航的启程教育集团东港小学联合项目，每年固定分红，保证了稳定性和收益率。各村通过乡强村公司向该项目投资资金总计 780 万元，其中包括 2018 年省扶持资金（联建资金）150 万元、村企结对资金 275 万元、余杭区结对帮扶资金 150 万元、平湖结对资金 165 万元及民宗帮扶资金 40 万元。投资资金由各村委托乡强村公司丽水市盛新集体经济发展有限公司分 4 期打入启程教育集团，并签订资金参股分红协议，约定启程教育集团每年按各村投资额的 8%给予分红，保证了稳定性和收益率。

2019 年，该项投资惠及 9 个行政村，各村的投资额分别为上塘畈村 120 万元、黄弄村 35 万元、咸宜村 45 万元、畎岸村 35 万元、黄岭上村 30 万元、山村村 100 万元、马村村 105 万元、白岸口村 110 万元、吾赤口村 200 万元，每年可为各村增加 2. 4 万 ~16 万元不等的经营性收入。

十二、乡贤回归法——雅溪镇金竹村案例

说到金竹村，大家都不约而同想地到“傅朝林”三个字。傅朝林原是金竹

村的“老村委主任”，1997年辞去担任了10年的村主任职务外出经商。2008年，又主动回村担任了村支部书记和村民委员会主任等职务，决心带领村民一起奔向致富路。过去，金竹村由于地远山偏，村里60%的村民长年在外打工或经商，集体经济发展滞后，村集体经营性收入几乎为零。

因为村里产业结构单一，村民们的经济来源大多以种植水稻为主。傅朝林积极发动村里的党员干部集思广益，并领衔创办了丽水金竹农事植保种植管理专业合作社，开始探索标准化、规模化种植，除了对水稻进行统防统治、集中培育秧苗，还统一开展机械收割。不仅大大降低了种植成本，而且其所生产的“北竹大米”口感细腻，深受消费者喜爱。该合作社也先后获得莲都统防统治植保示范组织、省级示范性合作社等荣誉。

为了解决大米销售问题，傅朝林多次向上级领导和结对帮扶部门（莲都区供销社）商讨对策。最终，莲都区供销社将下属企业一间店面（面积70平方米左右，年租金7万余元）无偿提供给金竹村使用，作为农产品展示销售窗口，建立了一个长效的销售推广平台。此外，为了扩大销售，合作社与区供销社进行联姻经营，通过丽水绿盒电子商务有限公司线上线下平台，以5元/斤①的价格进行销售，金竹村今年种植水稻300亩，产量预计可达195吨，按照协议售价，可直接带动全村增收40万元。

2017年，傅朝林与村里的党员干部们多次商议后，制定了《金竹村“消薄”十条建议》，通过征集金点子、吸收好建议，盘活现有资源，开源节流，谋划好项目等实实在在的举措，全力以赴为“消薄”摘帽。2017年年底，该村实现集体经济总收入32万余元，其中经营性收入达8万多元，实现了质的飞跃。

如今提起傅朝林，雅溪镇金竹村的村民们都赞不绝口。他不但让村民腰包鼓起来了，也让村集体经济突飞猛进。他在村支书的岗位上尽职尽责，十年如一日地忠实履行着一个共产党员的职责，他将责任化为动力，真正带领全村一起奔向致富路。

十三、点沙成金法——黄村乡黄泥墩村案例

黄泥墩碧水湾乡村旅游综合体项目位于莲都区黄村乡黄泥墩村岩头自然村严溪河畔的碧水湾，碧水湾被誉为“莲都的雅鲁藏布江”，是丽水市区的“天然浴

① 1斤=500克，全书同。

场”。项目距市区约12千米，交通便捷、风景优美，每年夏季到这里游泳、纳凉、烧烤游玩的人群络绎不绝，有一定的乡村旅游发展基础。

2018年以来，黄村乡党委、政府高度重视，积极谋划，整合各类财政扶持资金800多万元，由乡级强村公司——水缘集体经济发展有限公司出资200万元（每年获得固定分红25万元），利用区域内的自然资源优势，借助黄泥墩村乡贤力量，采用“强村公司+村集体+工商资本（乡贤）”共同参与的模式，打造乡级大型联建沙滩旅游项目。

目前，该项目一期主体工程已基本完工，主要建设内容有：水上儿童乐园、拦水坝、亲子沙滩、天然游泳场、服务中心、观景台等，并已正式开园。为了带给游客们最真实的“沙滩体验”，场地中的沙子全部是从福建海滩选购，远道而来。盛夏季节，日均接待游客可达2000余人次，不仅带动周边集体经济薄弱村的脱贫转化，实现长期“造血”，也能解决50名左右村民的就业问题，让当地老百姓实现家门口的增收致富。

十四、村企联姻法——结对帮扶案例

2018年，莲都区紧扣乡村振兴新使命，深入开展“千企结千村，消灭薄弱村”专项行动以及乡村振兴合伙人等一系列帮扶活动，为村集体经济振兴发展提供了资金、技术、人才等有力支撑，掀起了一股村企结对帮扶的新热潮。

丽水市百兴真菌生物科技有限公司成立于2010年9月，2016年打造丽水市第一家以“蘑幻菇林”为主题的农旅融合观光工厂景区，对现有工厂进行整体休闲化提升、旅游化改造、品牌化升级，实现从单一的生产及品牌代工产业转型升级为集生产、科普、观光、休闲、购物、餐饮为一体菌类特色主题体验园的现代农业。

园区由菇菇游客中心、菇菇世界、菇菇市集、菇爷吴三之蘑锅有机菌菇餐厅、菇菇手工坊等组成。丽水市百兴真菌生物科技有限公司借助“莲都区乡村振兴讲习所”平台，积极融入“百企结百村，消灭薄弱村”行动，以产业带动扶贫，当好乡村振兴合伙人。

目前，莲都区已成功结对32家企业，其中省属国企2家，省民企3家，宁波市属国企4家，宁波市鄞州区企业9家，宁波市海曙区企业5家，丽水市本级企业5家，莲都区级企业4家。明确发展项目4个，总投资257万元，预计年收益30万元。接下来，莲都区将充分发挥党建引领增收作用，进一步整合资源，精准定位，狠抓工作落实，以“组团帮扶”方式，借助企业优势和力量，通过结对项目“引进来，走出去”，寻求双方平衡点，以项目为载体，探索发展农贸市场抱团联建、劳动力承租、引智发展、农产品销售等多种增收模式，为乡村振兴注入新动能。

十五、产业富村法——太平乡富山头村案例

覆盆子（也称树莓）是一种蔷薇科悬钩子属的木本植物。生长于向阳山坡、路边、林边及灌丛中。性温，味甘、酸。覆盆子之名，出自李时珍之口。其功能主要为益肾、固精、缩尿。富山头村横坑自然村地处太平乡西北部，平均海拔700多米，常年气温偏低。由于得天独厚的自然条件，农户靠采摘野生覆盆子晒成干果出售创收。

2014年，该村开始有少部分农户零星从山上移栽种植覆盆子，而莲都区农业局每亩1000元的种植小水果补贴政策是针对集中连片种植20亩以上的农户。村主任在了解了这一情况后，召集村班子成员商讨对策，向各个农户宣传这一政策，在鼓励农户种植的基础上，引导农户规模种植，目前种植农户数达到200多户，已通过验收的基地面积有105亩，获得财政补助资金10.5万元。2016年每亩纯收入就已达到3000多元，2019年的干果收购价达150元/斤，每亩纯收入更是达到5000多元。自2018年以来村里已投资种植150余亩，2020年可增加集体经济收入7万元。下一步村里计划购买烘干设备发展深加工，使其既可销售鲜果，也可制成果酱、果汁、食品添加剂等多种产品。

富山头村虽地处偏僻，但村“两委”干部团结、肯干，能因地制宜，引导农户发展种植覆盆子，使其形成规模化产业，带动农户增收、致富。

第三章　经验交流

党建引领　全面消除集体经济薄弱村

（2018年3月22日，莲都区在浙江省“消薄”工作典型交流会上的交流发言）

根据2016年年底浙江省化解村级集体经济薄弱村标准，莲都区的208个行政村，仍有集体经济薄弱村118个、占全区行政村总数的56.7%。面对这一艰巨任务，莲都区把发展壮大村级集体经济，作为践行以人民为中心的发展思想、扎实推进乡村振兴战略的生动实践，起到很好的示范效应。

回眸2017年，我们攻坚克难，收获满满。丽水市委常委、莲都区委书记杜兴林切实履行好消除集体经济薄弱村第一责任人职责，把该项工作紧紧放在心上、抓在手中、扛在肩上。莲都区委、区政府高度重视，认真贯彻落实中央、省、市决策部署，多次召开会议专题研究，审议通过了“消除集体经济薄弱村三年行动计划”，明确了“三年任务两年完成”的工作定位，上下齐心，奋力前行。通过一年来的努力，莲都区共消除村级集体经济薄弱村101个，完成率达85.5%，为2018年全面“消薄”奠定了坚实的基础。

一年来，莲都区开好“消薄”的方子，以系统思维找“病灶”、开“药方”，做好整合文章，凝聚攻坚力量。区委、区政府及时成立了以区委书记和区长为组长的“双增”（农民增收、村集体经济增收）工作领导小组，明确了区直17家成员单位的责任分工，确保涉及部门、政策、流程等一目了然。把“消薄”工作作为“点将台”，由区委组织部分管组织工作副部长和区农业局局长共同担任“消薄”攻坚组组长，择优抽调8名优秀年轻干部，组建“双增”攻坚团队，制订全区118个集体经济薄弱村攻坚方案，明确时间表、路线图，实行挂图作战、挂牌督办、销号管理。精心打造“区领导、第一书记、农村工作指导员、驻村干部”四支帮扶队伍，明确了“十个一”工作机制（每季度组织一次主题党日活动、理清一本账、每季度参加一次“组团下访”、制订一份规划或方案、联系一个项目、改善一批基础设施、开展一次技能培训、每季度开展一次环境整治、捐赠一批物资、开展一系列帮扶活动），强力推进薄弱村转化。2017年，全区共召开“消薄”工作专题部署会议28次，开展专题调研80余次，梳理发展对策120

余条。

一年来，莲都区找准“消薄”的路子，“一村一策”、多村联建、区级统筹，村富与民富互促互进、相得益彰。在政策兑现方面，对土地征收、土地整治后返还村集体的留用地和多余土地，优先用于发展村集体经济；积极整合现有涉农项目资金，大幅度提高专项资金比例，并从2017年起连续两年，每年安排3000万元专项“消薄”资金；对于村集体投资兴建的物业项目，在政策许可范围内给予规费优惠减免。在机制创新方面，创新探索多元化资本运作机制，以公开租赁、承包经营等方式盘活会堂、村级办公场所等物业资源，实现资产增值；对难以落实项目的经济薄弱村，将项目资金以入股形式投入区国资公司下属的菜场、停车场等优质资产，由其统一运作经营，给予固定分红。在项目建设方面，深入推进扶贫重点村基础设施建设和结对帮扶，对货物流通较集中，可实施项目帮扶的集体经济薄弱村，采取屋顶光伏、农贸市场、游客接待中心、水电站等项目统筹解决。

一年来，莲都区强健“消薄”的班子，加强党的基层基础建设，充分发挥基层党员干部在打赢脱贫攻坚战中的中坚力量、决定因素。积极“引贤”回归，让一批能干事、会干事、干成事的乡贤回得来、留得住，形成人才回乡、资金回流、项目回归的良好局面。把发展壮大村集体经济纳入村级组织换届“三项承诺”，将“双增”攻坚战作为党员干部“履新”的练兵场，让“领头羊”第一时间聚焦履职、就位领跑。全区208个村“两委”人人签订创业承诺书，118个经济薄弱村党支部书记人人签下责任状，承诺届内必须完成“消薄”任务，树立起新班子鲜明干事导向。强化考核增动力，围绕扶持政策、强村办法、廉洁自律等内容，办好“双增”课堂，助力村干部开拓致富思维，增强致富本领；建立平时考核和进度督办机制，将消除薄弱村工作考核结果纳入新农村建设考核以及领导干部实绩考核；实行“乡镇（街道）+结对帮扶部门”双向评议机制，组织开展“村集体经济发展先进村”评比，从严锻造莲都铁军。

展望2018年，我们坚定站位，蓄势待发。发展容不得迟疑、经不起折腾。我们将牢记发展使命，不驰于空想、不骛于虚声，更加主动地融入大局、服务大局，找准发展中的症结和工作中的薄弱点，走好高质量“消薄”攻坚的每一步。

一、提高认识，牢筑思想同心圆

2018年，我们要提前全面消除集体经济薄弱村，需要全区上下进一步统一思想认识，强化责任担当，学懂弄通消除贫困与乡村振兴发展的重大意义和相关政策理论，超前谋划，主动作为，聚焦经济发展，实现乡村振兴。要充分发挥基层党组织战斗堡垒作用，将“双增”工作列入乡镇（街道）和农村党组织主题党日的重要内容，围绕扶持政策、强村办法、廉洁自律等内容，办好“双增”课堂，助力村干部开拓致富思维，增强致富本领开展大讨论大调研，让每个党员积极献言献策，并通过组建县、乡、村“乡村振兴讲习所”，为农经、农技和其他部门发挥作用提供平台，形成思想同心圆。

二、聚焦重点，增强项目执行力

工作效果如何，关键在于执行力强不强。我们将紧紧围绕实现两个“百分之百”任务（即所有村集体经济总收入达10万元以上，经营性收入达5万元以上）以及年总收入增速不低于10.4%的目标，进一步谋划工作思路，结合省财政扶持试点县（财政补助资金2000万元）、省级“光伏小康”工程（总投入1.5亿元）以及美丽乡村、小城镇综合整治等工作，对已明确的金周花街综合市场项目、光伏项目、物业修缮等7个区级联建项目、13个乡镇（街道）联建项目和65个村级自建项目要狠抓项目落地，争取早日见效。根据“一项目一对策”，于3月底前形成区、乡、村三级项目库汇编，细化任务进度，排出时序表，确保按时保质完成“消薄”项目。同时，鼓励各乡镇（街道）、村集体之间抱团发展，联建物业项目或引入工商资本，寻求“乡村振兴合伙人”，形成“利益共同体”。

三、搭载平台，创新发展新机制

把发展经济的着力点放在实体经济上，发展新产业新动能。创新机制，搭载平台，于3月底前，由区“双增”工作攻坚组办公室负责牵头成立区级集体资产运营公司（兴村公司），注资2400万元，出台相关政策、章程，通过实体化运作，对全区集体经济发展项目进行统一管理运营，明晰股权利润分配方案，确保每村经营性收入5万元以上，实现项目资金的保值增值。同时，实现乡镇（街道）全覆盖，由乡镇（街道）成立乡镇级集体资产运营公司对村级集体资产、项目进行委托管理和投资，股权到村，提高项目资金的使用效益。

争先进位大赶超，容不得半点马虎。作为丽水“长子”，我们要有勇气更要有担当，快马加鞭，为集体经济发展乃至乡村振兴提供更多的莲都经验、莲都样板。我们将强化考核引领，树立结果导向第一标准，以成绩论英雄，以结果论成败，激励先进、鞭打慢牛，层层压力传导，使得人人有担子，个个有事干。将“消薄”工作列入乡镇（街道）各级书记党建责任清单，纳入年度目标责任制考核，把薄弱村“摘帽”列入村“两委”干部重要创收内容。通过每月定期或不定期对各乡镇（街道）进行的工作督查、通报，实行动态扣分，使得各乡镇（街道）、村集体必须加满油去拼，加速度去跑，让争先进位融入血液、化为自觉，从严锻造莲都铁军。

坚持党建引领 发力全面消薄

（2018年4月19日，丽水市委常委、莲都区委书记杜兴林在浙江省“千企结千村，消灭薄弱村”现场推进会上作典型交流发言）

2017年以来，莲都区认真对标省委省政府关于消除集体经济薄弱村的部署要求，突出各级党组织和党员干部在“消薄”工作中的主心骨、主力军、主引擎作用，通过区级统筹、乡镇联建、村级自建，“一村一策”、精准发力，推动集体经济薄弱村脱贫转化。莲都区共有208个行政村，其中省定薄弱村118个，目前已消除101个，完成率达85.5%，取得了阶段性成效。我们的主要做法如下。

一、强化组织动员，让党旗在“消薄”一线飘起来

一是突出区委统领，形成攻坚合力。成立区委区政府主要领导为组长的“消薄”工作领导小组，专门制订“消薄”工作行动计划，明确落实各级各部门的“消薄”责任。部署开展城乡结对“走亲联心”活动，组织党政机关、企事业单位、两新组织（新经济组织与新社会组织）与118个集体经济薄弱村直接联系，确保每个薄弱村都有1家以上结对帮扶单位。2017年，落实帮扶资金3050万元，帮助解决实际问题136个。

二是建强基层堡垒，提升战斗能力。区里专门发文，在所有薄弱村建立功能性党组织——“消薄工作党支部”，将区级联系领导、第一书记、乡镇干部等纳入党支部，发挥“消薄”党支部一线调查研究、一线指挥调度、一线督促落实的作用。组织农村党员开展“如何发展壮大村集体经济”大讨论，征集“消薄金点子”679条，建立农民讲习所220个，充分发动农村党员群众积极参与“消薄”工作。

三是加强考核督促，激发干事动力。建立区、乡、村三级“双增”考评体系，实行清单管理，挂图作战、挂牌督办。每季度召开乡镇（街道）“消薄”工

作交流会，定期或不定期对各乡镇（街道）进行工作督查通报，亮承诺、晒成绩、补不足，并将“消薄”工作考核结果纳入新农村建设考核及领导干部实绩考核，以成绩论英雄，以结果论成败，督促镇村干部加满油去拼、加速度去跑。

二、强化资源整合，让要素在“消薄”一线聚起来

一是用足“消薄”政策。以项目资金“输血”，有效整合涉农项目资金，今年已安排3000万元专项资金，争取到省扶试点资金2000万元。以土地政策“活血”，对土地征收、土地整治后返还村集体的留用地和多余土地，优先用于发展村集体经济。以股份红利“造血”，成立区、乡两级“集体经济发展有限公司”，注册资金2400万元，颁发股权证，直接赋权到村；碧湖镇24个村股份经济合作社，通过持股国家农业综合开发现代农业园区的项目股份，每年获得72万元分红。

二是用活“消薄”资源。坚持因地制宜、因村制宜，注重挖掘自然、人文等特色资源，以公开租赁、承包经营等方式盘活村级会堂、闲置学校、小水电站等物业资源，实现资源活化、资产增值。如岱后村依托“中共丽水县委旧址”，将旧祠堂、旧学校改建为“红色岱后”党建实训基地，实现村集体经济增收10多万元；下南山村盘活闲置古民居，引进联众集团的“欢庭·下南山”生态度假村项目，推进村景融合发展，2017年集体经济总收入突破50万元、年经营性收入达38.9万元。

三是用好“消薄”项目。秉持“项目为王、项目制胜”理念，创新探索多元化运作机制，形成区、乡、村三级“消薄”项目库，落实项目85个，总投资1.3亿元，预计年收益1365万元。如黄村乡碧水湾沙滩天然浴场旅游开发项目，由工商资本、4个经济薄弱村、村民三方共同出资500万元，目前该项目已启动，预计可为村集体实现年增收40余万元。

三、强化人才支撑，让队伍在“消薄”一线强起来

一是高规格配强“第一书记”。下派64名区直部门党组书记担任村“第一书记”，负责联系村帮扶增收，“消薄”任务没有完成，不换岗不换人。要求“第一书记”做好“十个一”工作，即讲好一次主题党课、理清一本账、参加一次“组团下访”、制定一份规划、联系一个项目、改善一批基础设施、开展一次

技能培训、开展一次环境整治、捐赠一批物资、开展一系列帮扶活动，举全单位之力，完成联系村“消薄”任务。如太平乡富山头村，在村“第一书记”帮扶指导下，利用独特的高山地理优势，发展种植高山树莓800余亩，实现农业增效、农民增收。

二是高标准育强村级“领头雁”。积极打好“选、用、管、育、爱”组合拳，以村级组织换届为契机，突出“依事择人”用人导向，选出大专及以上学历“两委”干部206人，较上届提高87.3%，提升了村干部整体素质。采用“走出去”“请进来”方式，开展“精准化”教育培训，进一步增强了村级“头雁”带富能力。区级每季度举办工作对抗赛，乡级每月开展村干部擂台赛，激励村干部担当干事有作为。

三是高质量吸引“乡贤回归”。深入实施“乡贤回归”工程，吸引人才回乡、资金回流、项目回归，为村庄发展、集体经济增收注入新动力。如老竹畲族镇新陶村在外创业20多年的郑建全回村担任支部书记后，依托革命斗争历史和遗迹，打造南乡革命纪念馆红色教育基地，年接待游客5000余人次，实现了民富与村强“双赢”。

下一步，我们将全面贯彻落实本次会议精神，以“争先进位大赶超、首善担当创一流”的作风，进一步拉高标杆、比学赶超，在2018年6月底前实现“两个百分之百”（全区208个村集体经济总收入均达10万元以上、经营性收入均达5万元以上）的目标任务，向着高质量发展奋力奔跑，谱写富民强区新篇章。

村企结对手牵手　共话发展注新能

（2019 年 4 月 2 日，莲都区委副书记、区长陈豪在省属企业“千企结千村，消灭薄弱村”专项行动现场会上的讲话）

“流珠溅玉瓯江水，争奇竞秀括苍地”。莲都区是丽水市唯一的市辖区，这里历史悠久，人文荟萃，生态环境得天独厚，先后被评为中国优秀旅游城市、国家森林城市和全国文明城市，也是名副其实的休闲之乡、摄影之乡、油画之乡、水果之乡和长寿之乡。本次会议所在的碧湖镇，山水隽秀，田园风光旖旎，旅游资源丰富，境内有古堰画乡景区、国家级重点文物保护单位通济堰和九龙湿地国家级湿地公园，是历史悠久的千年古镇和国家级生态镇。

一直以来，莲都区高度重视“消薄”工作，并把“千企结千村，消灭薄弱村”专项行动作为深入践行“两山”理念、高水平推动乡村振兴、打赢精准脱贫攻坚战的头等大事来抓。在浙江省委、省政府以及丽水市委、市政府的坚强领导下，在浙江省国资委和各省属企业的关心支持下，深入开展村企结对帮扶，共结对优质企业 33 家，确定建设项目 19 个，总投资 881 万元（例如，我们今天所在的碧湖镇岩头村，获得了省国有资本运营有限公司的帮扶资金 150 万元，完成了农贸市场改造和村文化礼堂修缮两个项目，每年为村集体增收约 20 万元。距离这里不足 3 分钟车程的魏村村，浙江省发展资产经营有限公司出资 100 万元扶持建设光伏发电项目，每年可为村集体增收约 10 万元），2018 年全区 208 个村村均集体经济总收入和经营性收入分别达到 43. 14 万元、16. 87 万元，农村集体经济发展迈向了新台阶。

今天，浙江省国有资产监督管理委员会带领 12 家省属企业汇聚莲都，共议结对大计，共商帮扶项目，这既是对浙江省委、省政府决策部署的积极回应，更是对莲都区“消薄”工作的最大支持和鼓励。我们将以本次会议召开为契机，认真学习借鉴兄弟县（市）的好做法、好经验，汲取大家提出的好建议、好方案，持续推进“千企结千村，消灭薄弱村”结对帮扶专项行动，用足“消薄”政策、用活“消薄”资源、用好“消薄”项目，和企业一道探索更多的“活血”“造血”机制，努力走出一条具有莲都特色、有示范性的村集体经济发展道路。

坚持党建引领　实现全面“消薄”

（2018年5月30日，莲都区委副书记、区长陈豪在丽水市“百企结百村，消灭薄弱村”专项行动现场会上作典型交流发言）

莲都区委、区政府始终高度重视扶贫增收和全面小康建设工作，自觉对标浙江省委省政府、丽水市委市政府关于消除集体经济薄弱村的部署要求，突出各级党组织和党员干部在“消薄”工作中的主心骨、主力军、主引擎作用，通过区级统筹、乡镇联建、村级自建，“一村一策”、精准发力，推动集体经济薄弱村脱贫转化。截至2018年5月28日，莲都区208个行政村村集体经济总收入均达到10万元以上、村均27.49万元，经营性收入均达到5万元以上、村均10.88万元，实现了全面“消薄”。我们的主要做法如下。

一、聚焦组织动员，开好“消薄”方子

坚持“首位之区”首善担当，始终把“消薄”工作作为一项重要政治任务来抓，全面压实区、乡、村三级责任，凝聚村级集体经济发展合力。

一是强化组织领导，形成攻坚合力。成立区委、区政府主要领导为组长的“消薄”工作领导小组，专门制订“消薄”工作行动计划，明确落实各级各部门的“消薄”责任。部署开展城乡结对“走亲联心”活动，组织党政机关、企事业单位、两新组织与118个集体经济薄弱村直接联系，确保每个薄弱村都有1家以上结对帮扶单位。2017年，落实帮扶资金3050万元，帮助解决实际问题136个；2018年，安排专项资金3000万元，用于项目攻坚。

二是建强基层堡垒，提升战斗能力。区里专门发文，在所有薄弱村建立功能性党组织——“消薄工作党支部”，将区级联系领导、第一书记、乡镇干部等纳入党支部，发挥“消薄”党支部一线调查研究、一线指挥调度、一线督促落实的作用。组织农村党员开展“如何发展壮大村集体经济”大讨论，征集“消薄金点子”679条，建立农民讲习所220个，充分发动农村党员群众积极参与“消

薄”工作。

三是加强考核督促，激发干事动力。建立区、乡、村三级“双增”考评体系，实行清单管理，挂图作战、挂牌督办。每季度召开乡镇（街道）“消薄”工作交流会，区委常委（扩大）会议、区政府常务会议、“消薄”领导小组会议先后26次研究“消薄”工作，定期或不定期对各乡镇（街道）进行工作督查通报，并将“消薄”工作考核结果纳入新农村建设考核以及领导干部实绩考核，以成绩论英雄，以结果论成败，督促镇村干部加满油去拼、加速度去跑。

二、聚焦资源整合，找准“消薄”路子

突出项目引领，坚持因地制宜、因村制宜，大力发展农旅融合、特色农业、光伏小康等产业项目，壮大村级集体经济发展实力。

一是谋好“消薄”项目。秉持“项目为王、项目制胜”理念，创新探索多元化运作机制，形成区、乡、村三级“消薄”项目库，落实项目90个，总投资2.93亿元（其中光伏小康工程投资额为1.5亿元），预计年收益1475万元。例如，正在实施的区级统筹项目——金周花街综合市场，项目总投资5200万元，建筑面积7500平方米，建成后每年可为我区集体经济发展公司带来400多万元收益，真正实现项目“造血”功能。

二是盘好“消薄”资源。注重挖掘自然、人文等特色资源，以公开租赁、承包经营等方式盘活村级会堂、闲置学校、小水电站等物业资源，实现资源活化、资产增值。如碧湖镇南山村盘活闲置古民居，引进联众集团的“欢庭·下南山”生态度假村项目，推进村景融合发展，2017年集体经济总收入突破50万元、经营性收入达38.9万元。

三是用好“消薄”政策。以项目资金“输血”，有效整合涉农项目资金，争取到省扶试点资金2000万元。以土地政策“活血”，对土地征收、土地整治后返还村集体的留用地和多余土地，优先用于发展村集体经济。以股份红利“造血”，成立区、乡两级“集体经济发展有限公司”，注册资金2400万元，颁发股权证，直接赋权到村；碧湖镇24个村股份经济合作社，通过持股国家农业综合开发现代农业园区的项目股份，每年获得72万元分红。

三、聚焦人才支撑，建强“消薄”班子

通过打好“第一书记”“领头雁”“乡贤回归”三张牌，创新人才培育机制，集聚发展人才和智力支撑，注入村级集体经济发展活力。

一是高规格配强“第一书记”。下派64名区直部门党组书记担任村“第一书记”，负责联系村帮扶增收，“消薄”任务没有完成，不换岗不换人。要求“第一书记”做好“十个一”工作，即讲好一次主题党课、厘清一本账、参加一次“组团下访”、制定一份规划、联系一个项目、改善一批基础设施、开展一次技能培训、开展一次环境整治、捐赠一批物资、开展一系列帮扶活动。如太平乡富山头村，在村“第一书记”帮扶指导下，利用独特的高山地理优势，发展种植高山树莓800余亩，实现农业增效、农民增收。

二是高标准育强村级“领头雁”。积极打好“选、用、管、育、爱”组合拳，以村级组织换届为契机，突出“依事择人”用人导向，选出大专及以上学历“两委”干部206人，较上届提高87.3%，提升了村干部整体素质。采用“走出去”“请进来”方式，开展“精准化”教育培训，进一步增强了村级“领头雁”带富能力。区级每季度举办工作对抗赛，乡级每月开展村干部擂台赛，激励村干部担当干事有作为。

三是高质量吸引“乡贤回归”。深入实施“乡贤回归”工程，吸引人才回乡、资金回流、项目回归，为村庄发展、集体经济增收注入新动力。例如，老竹畲族镇新陶村在外创业20多年的郑建全回村担任支部书记后，依托革命斗争历史和遗迹，打造南乡革命纪念馆红色教育基地，年接待游客5000余人次，实现了民富与村强“双赢”。

多管齐下发展物业经济
加快村级集体经济“脱帽”步伐

（2017年8月，本文在《全省消除集体经济薄弱村视频会议典型交流材料》中发表）

莲都区村级集体经济发展基础薄弱。2012年，全区333个村中符合省定标准的集体经济薄弱村293个、占88.0%；2013年年底，通过村规模调整后，村总数为208个，其中集体经济薄弱村164个、占78.8%；2016年年底，根据省定化解薄弱村标准，仍有集体经济薄弱村118个、占56.7%，需要在三年内完成“脱帽”任务。

面对这一艰巨的任务，2017年以来，莲都区委、区政府进一步加强组织领导、加大工作力度、明确责任体系，在丽水市率先成立“双增”（促进农民增收、促进村级集体经济发展）工作攻坚组，全面打响消除集体经济薄弱村攻坚战。计划到2017年年底，消除集体经济薄弱村54个，年经营性收入5万元以上的村占总村数的35%以上；到2018年年底，消除剩余64个集体经济薄弱村，年经营性收入5万元以上的村占总村数的60%以上；2019年，建立健全村级集体经济发展长效机制。主要做法如下。

一、压实责任，集中攻坚

根据“三年任务、两年完成”的工作定位，全力推进工作落实。一方面，明确职责、合力推进。及时调整了区、乡镇（街道）两级消除集体经济薄弱村工作领导小组，明确党委、政府作为集体经济薄弱村消除工作的责任主体，主要领导负总责，层层分解落实责任。丽水市委常委、莲都区委书记杜兴林强调要始终把这项工作放在心上、抓在手中，2017年7月14专题调研了集体经济薄弱村消除工作，并在7月26日召开的全区上半年社会经济形势分析交流会暨乡镇（街道）汇报会上再次强调要补短板、破难题、挑重担，切实抓好该项工作。莲都区委副书记、区长陈豪多次听取汇报、专题调研指导，提出明确具体的要求。莲都区委副书记、区政法委书记胡伟华，区委常委、区组织部部长周显荣，副区长卢进等领导具体抓、抓具体。各有关部门各司其职、各负其责，合力推进集体经济发展。另一方面，整合资源、集中攻坚。从组织部、农业局、农办、供销社等单位择优抽调了8名责任心强、有基层工作经验的干部（其中副科级以上干部3名、拥有中高级技术职称人员4名）集中办公，于2017年7月7日正式挂牌成立莲都区“双增”工作攻坚组。攻坚组实行“双组长制”，由莲都区委组织部副部长、两新工委书记叶玲娣和区农业局局长叶庆武共同担任组长，下设综合协调（宣传信息）组和督查考核组，每周由攻坚组组长召开工作例会，及时推进工作落实。7月下旬，由莲都区政府督查室牵头，分成3个督查小组对各乡镇（街道）工作推进情况进行了专项督查。同时，建立各乡镇（街道）消除薄弱村工作信息联络员制度，落实人员14名，建立起工作运行网络。

二、总结经验，寻找不足

由莲都区农业局牵头，对前些年发展壮大村级集体经济情况进行全面梳理，总结提炼出4种有效的运行模式：①资本运营型。对会堂、村级办公场所等房产，采取公开租赁、承包经营等方式进行盘活，实现集体资产保值增值。例如，老竹畲族镇新屋村，借力美丽乡村建设，以撤并后的校舍修缮为旅客接待中心，对外进行营业创收；岩泉街道银场村写字楼项目，建成后对外出租，收取租金收益。②项目兴业型。对农贸货物流通较集中的村，采取独资或与他人合作新建农贸市场。例如，碧湖镇沙岸村农贸市场项目、太平乡下坻村农贸市场项目。③制度配套型。结合村级公益事业建设一事一议财政奖补政策进行项目建设。例如，峰源乡库坑村新建村级组织综合楼，用于兴办农家乐创收。④委托公司管理型。28个集体经济薄弱村通过村民代表大会决议，将农村集体经济发展资金（共计1792万元，不含村级自筹资金）委托莲都区国资公司进行统一管理、单独核算，由区国资公司给予每个经济薄弱村每年5万元的固定分红。同时，也发现，鉴于莲都区经济薄弱村数量较多，且大部分地处偏远山区，立地条件差，交通不发达，村级经济底子薄，自筹资金困难，寻找经济效益好的项目难度较大，以村为单位建设项目要充分论证，区级层面要统筹谋划、多管齐下。

三、挂图作战，分类施策

2017 年 3—6 月，由莲都区农业局牵头，多轮组织 118 个集体经济薄弱村进行“一村一策”项目申报，初步排摸出各村的项目建设意愿。7 月，由莲都区“双增”工作攻坚组办公室牵头对 118 个逐乡镇（街道）、逐村进行项目对接、项目可行性筛选，在报经区消除集体经济薄弱村工作小组审核同意后，拟采取多种方式予以统筹解决。①以乡镇（街道）、村为主体实施项目解决一批。拟在前期充分对接的基础上，采取屋顶光伏项目建设、农贸市场建设、游客接待中心建设、生态公墓建设、生产基地建设等落地一批项目，统筹解决一批。根据全区资产资源条件和往年相关村自建项目情况分析，准备落地项目 30 个左右。②以联建形式入股国资公司分红解决一批。拟对无法落实项目的经济薄弱村，由区里统一将项目资金以入股分红形式投入莲都区国资公司下属的菜场、停车场等优质资产予以经营，给予固定分红，统筹解决一批。目前，正在对接落实市区范围内联城街道“大搬快治”安置地块菜市场项目。③以投资入股“古堰画乡旅投公司”解决一批。计划以入股分红形式投资“古堰画乡旅投公司”，由其统一运作、管理、分红。具体事项正在商谈中。④结合美丽牧场建设、利用牧场屋顶实施光伏项目解决一批。目前正根据前阶段筛选出来的拟新建美丽牧场项目，对接落实光伏项目。⑤注重短期脱困和长期发展相结合，确保脱困不返困。对已脱困的村，加强对接服务，提质提效，促进农村集体经济发展。

四、完善政策，保障发展

着重抓好四方面工作：①保障发展用地。确保优先安排村发展集体经济项目用地，对土地征收后返还村集体的留用地，优先用于发展村集体经济。从年度新增建设用地指标中划出适当比例用于优先发展村集体物业经济。②加大资金投入。整合现有的新农村建设、扶贫开发、山区经济等涉农项目资金用于支持村级集体经济发展的比例。除省扶资金外区财政安排专项扶持资金，加快消除集体经济薄弱村。积极引导结对帮扶、村企结对、山海协作等方面的资金项目向薄弱村集体经济发展倾斜。建立发展村级集体经济奖励基金。③实行规费减免。村集体投资兴建的物业项目，审批部门在政策许可的范围内给予优惠，可免则免、可减则减、可返则返。④加大金融支持。金融机构对符合条件的村集体经济发展项目给予信贷支持，探索开展农村集体土地承包经营权、林权等抵押贷款。

作者：丽水市莲都区农业局　梁建霞

莲都区东港小学资本运营项目

（2020 年 4 月 26 日，浙江省财政厅发布了《扶持村级集体经济发展的浙江实践优秀案例选编》，莲都区推荐的以村股份经济合作社投资强村公司的模式，投资东港小学项目，每年按照投资额 8%给予各村固定分红的案例入选资本运营型优秀案例）

一、基本情况

项目地块位于东港路与关下路交叉口的东北处，总用地面积为 46482 平方米，地上总建筑面积为 45104.8 平方米，地下总建筑面积为 10336.66 平方米，容积率为 92%，绿化率为 35%，学校建成后规模为 48 个班，能接收 2160 名学生，项目总投资约为 2.2 亿元。该项目现已交付使用。

充分发挥乡贤作用，以村股份经济合作社投资强村公司的模式，投资乡贤王增财领航的启程教育集团东港小学联合项目，每年固定分红，保证了稳定性和收益率。丽新畲族乡各村通过乡强村公司向该项目投资资金总计 780 万元，其中包括 2018 年省扶持资金（联建资金）150 万元、村企结对资金 275 万元、余杭区结对帮扶资金 150 万元、平湖结对资金 165 万元及民族帮扶资金 40 万元。投资资金由各村委托乡强村公司丽水市盛新集体经济发展有限公司分 4 期打入启程教育集团，并签订资金参股分红协议，约定启程教育集团每年按各村投资额的 8%给予分红。

二、主要做法

发展壮大村集体经济是强农业、美农村、富农民的重要举措，是实现乡村振兴的必由之路。为解决当前壮大村集体经济存在的项目缺少、技术缺乏、资金缺口、服务缺位的一系列难题，丽新畲族乡送服务、送技术、送项目、送资金，强力推进“千企结千村，消灭薄弱村”专项行动，探索高质量、可持续的“消薄”路径。一是村企抱团，做大蛋糕。乡党委书记发挥“领头雁”作用，带领相关班子、支部书记积极对接结对企业，共争取和落实了6个企业结对5个村的帮扶资金275万元。二是两级运营，做强底盘。莲都区的区、乡两级均已成立强村公司，实行两级运营模式，很好地推进了资金的整合和使用。丽新畲族乡通过盘活资源，强村公司运营资金近600万元，用于可持续的“消薄”。三是乡贤助力、谋划项目。充分发挥乡贤作用，以村股份经济合作社投资强村公司的模式，投资乡贤王增财领航的启程教育集团东港小学联合项目，每年固定分红，保证了稳定性和收益率。

三、具体成效

2019年，该项投资惠及9个行政村，各村的投资额分别为：上塘畈村120万元、黄弄村35万元、咸宜村45万元、畎岸村35万元、黄岭上村30万元、山村村100万元、马村村105万元、白岸口村110万元、吾赤口村200万元，每年可为各村增加2.4万~16万不等的经营性收入。

作者：丽水市莲都区农业农村局　梁建霞

莲都区在全市率先全面完成“消薄”任务

——丽水市委常委、莲都区委书记杜兴林接受莲都区文化传媒中心记者的专访

（2018年5月30日，在丽水市“百企结百村，消灭薄弱村”动员会暨消除集体经济薄弱村工作现场推进会上，莲都区宣布实现全面“消薄”，比预期的时间提早了半年）

记者：今年，莲都区在城中村改造任务比较重的情况下，还能提早半年完成，主要得益于什么？接下去莲都将如何让“消薄”工作不反弹？

杜兴林：全面消除集体经济薄弱村是一场必须打赢、没有退路的攻坚战。我领会，“消薄”巩固的是农村执政根基，促进的是高水平全面小康，最终体现的是为民情怀，时不待我，只争朝夕。2017年以来，我们认真对标省委省政府、市委市政府关于消除集体经济薄弱村的部署要求，把“消薄”作为“一号工程”，坚持党建引领，发力全面“消薄”。截至目前，已提前半年多时间全面完成“消薄”任务，全区208个村集体经济总收入、经营性收入平均数分别达到27.49万元、10.88万元，远超10万元、5万元的达标线，农村发展迈向了新的阶段。

“消薄”从“输血”向“造血”转变，真正让村级集体经济“活”起来，村民腰包“鼓”起来。回顾“消薄”历程，虽然城中村改造、政策处理、文明创建巩固提升等大事要事难事接连不断，但我们突出区委统领，强化组织动员，强化资源整合，强化人才支撑，高规格配强“第一书记”，在经济薄弱村建立“消薄党支部”，让党旗在“消薄”一线飘起来，要素在“消薄”一线聚起来，队伍在“消薄”一线强起来。尤其注重科学施策、精准发力，因地制宜、因村制宜，开“方子”，找“路子”，专门安排专项资金3000万元，争取省扶试点资金2000万元，成立区、乡两级“消薄”公司，建设“消薄”项目，并以公开租赁、承包经营、回租倒包等方式，盘活村级会堂、小水电站、闲置土地和学校等

资源，招招相连、环环相扣，“消薄”从“输血”向“造血”转变，真正让村级集体经济“活”起来，村民腰包“鼓”起来。

走在新时代乡村振兴之路上，“消薄”只有“进行曲”，没有“休止符”。展望未来，其一，政府要更有作为，要把各项惠农政策落到实处，加快建设“消薄”项目，推动“建设乡村”向“经营乡村”转变，让集体资产保值增值，以期更有效益、更加公平、更可持续的发展。其二，市场当更加有效，要建立健全符合市场经济要求的集体经济运行机制，鼓励并引导资本、技术进入农村，壮大绿色经济，注入“源头活水”。其三，基层需更富活力，特别要发挥“乡贤”能人、乡村振兴“合伙人”等的示范表率作用，带领群众增收创业，不断做大集体经济“蛋糕”，让“消薄”业绩经得起群众和历史的检验。

富起来！一本证书撬动乡村振兴大课题

——浙江省人大代表吴小梅接受记者专访

（新蓝网——中国蓝新闻客户端2018年1月27日讯，浙江之声记者李振阳报道）

2017年的政府工作报告中提出，要推进承包地、宅基地三权分置改革，让农业成为有奔头的产业、农民成为有吸引力的职业、农村成为安居乐业的美丽家园。一本“农村土地承包经营权证”如何撬动乡村振兴的大课题呢？

新当选的浙江省人大代表吴小梅，是丽水市莲都区农村土地承包经营权流转服务中心主任。这次，她特地带来了一本“农村土地承包经营权证”。

“它这个二维码扫一扫就有语音播报，以后在电脑里都可以查了。”

吴小梅说，九山半水半分田的丽水市，如今乡村环境变好了，但发展富农项目所需的土地仍是最大的制约。

2018年1月初，丽水莲都区黄村乡的100多家农户拿到了丽水市第一批新版“农村土地承包经营权证”。确权，是农村承包耕地所有权、承包权和经营权“三权分置”的基础。吴小梅说，党的十九大提出，第二轮土地承包到期后再延长30年，让农户们吃下了一颗“定心丸”。

“老百姓证发下去了，不经营的话，它可以流转，稳定所有权，落实承包权，放活经营权。”

将土地经营权流转、归集、统一规划，解决了项目落地所需土地的问题。2017年的政府工作报告中提出的“家庭农场+合作社”模式让吴小梅很受启发。可如何让好不容易流转起来的土地“长”出富农的“果实”呢？丽水代表团还有一位代表叫胡虹芳，她经营着一个占地50亩、以种植多肉植物为特色的家庭农场。吴小梅代表决定上门取经。

吴小梅：“我分管家庭农场培育。”

胡虹芳：“我们是浙江省省示范农场。”

吴小梅：“都已经是省示范了，肯定含金量高。我们那里都是丘陵山区，发展这种几十亩的适度规模农场还是比较适合的。”

胡虹芳代表说，当年为争取农场项目落地，她一家一家跑农户，说服了二三十户农户，足足跑了半年多。

胡虹芳："我们那个时候是自己一户一户去找农户租过来的。没有想到找村里或者找镇里，让他们统一规划。现在如果再去弄的话，肯定是去找他们了。"

吴小梅："委托流转，就委托村集体，那业主可能会省力点。"

两位代表一拍即合，相约大会后，吴小梅去胡虹芳的农场实地探访。

你有好的项目运作，我有好的土地流转模式，互相取经、互相取长补短，吴小梅说，这样乡村振兴的路会越走越宽、越走越有奔头。

"我的亲戚最近从法国回来，他说出去40年了，他感觉回来丽水的变化真的很大，丽水的乡村现在比法国的乡村都好了。"

吴小梅告诉记者，2018年年底前，她所在的丽水市莲都区要消除118个薄弱村，全区208个村每村年总收入要达到10万元，其中经营性收入达到5万元。作为一个从业28年的老"农口"人，她的心里生出新的希望。

"到时候大家觉得乡村振兴起来了，外出的人也愿意回来了，经济也发展起来了，真正达到农业强，农民富，乡村美。"

第四章　典型报道

莲都：全力消除村级集体经济薄弱村

2017 年，浙江省丽水市莲都区共消除村级集体经济薄弱村 101 个，完成率达 85.5%，为 2018 年全面“消薄”奠定了坚实的基础。莲都区把发展壮大村级集体经济，作为践行以人民为中心的发展思想、扎实推进乡村振兴战略的生动实践，起到很好的示范效应。

根据 2016 年年底浙江省化解村级集体经济薄弱村标准，莲都区的 208 个行政村，仍有集体经济薄弱村 118 个、占全区行政村总数的 56.7%。面对这一艰巨任务，丽水市委常委、莲都区委书记杜兴林切实履行好消除集体经济薄弱村第一责任人职责，把该项工作紧紧放在心上、抓在手中、扛在肩上。莲都区委、区政府高度重视，认真贯彻落实中央、省、市决策部署，多次召开会议专题研究，审议通过了“消除集体经济薄弱村三年行动计划”，明确了“三年任务两年完成”的工作定位，上下齐心，奋力前行。

一年来，莲都区开好“消薄”的方子，以系统思维找“病灶”、开“药方”，做好整合文章，凝聚攻坚力量。区委、区政府及时成立了以区委书记和区长为组长的“双增”（农民增收、村集体经济增收）工作领导小组，明确了区直 17 家成员单位的责任分工，确保涉及部门、政策、流程等一目了然。把“消薄”工作作为“点将台”，择优抽调 8 名优秀年轻干部，组建“双增”攻坚团队，制定全区 118 个集体经济薄弱村攻坚方案，明确时间表、路线图，实行挂图作战、挂牌督办、销号管理。精心打造“区领导、第一书记、农村工作指导员、驻村干部”四支帮扶队伍，做到每一个薄弱村都有区领导联系、都有区直机关单位主要领导任第一书记、都有农村指导员和驻村干部，凝聚起浓浓正能量。

一年来，莲都区找准“消薄”的路子，“一村一策”、多村联建、区级统筹，村富与民富互促互进、相得益彰。在政策兑现方面，对土地征收、土地整治后返还村集体的留用地和多余土地，优先用于发展村集体经济；积极整合现有涉农项目资金，大幅度提高专项资金比例，并从 2017 年起连续两年，每年安排 3000 万元专项“消薄”资金；对于村集体投资兴建的物业项目，在政策许可范围内给予规费优惠减免。在机制创新方面，创新探索多元化资本运作机制，以公开租赁、承包经营等方式盘活会堂、村级办公场所等物业资源，实现资产增值；对难以落实项目的经济薄弱村，将项目资金以入股形式投入区国资公司下属的菜场、停车场等优质资产，由其统一运作经营，给予固定分红。在项目建设方面，深入推进扶贫重点村基础设施建设和结对帮扶，对货物流通较集中，可实施项目帮扶的集体经济薄弱村，采取屋顶光伏、农贸市场、游客接待中心、生产基地、美丽牧场等项目统筹解决，拟建项目30多个。

一年来，莲都区强健“消薄”的班子，加强党的基层基础建设，充分发挥基层党员干部在打赢脱贫攻坚战中的中坚力量、决定因素。积极“引贤”回归，让一批能干事、会干事、干成事的乡贤回得来、留得住，形成人才回乡、资金回流、项目回归的良好局面。把发展壮大村集体经济纳入村级组织换届“三项承诺”，将“双增”攻坚战作为党员干部“履新”的练兵场，让“领头羊”第一时间聚焦履职、就位领跑。全区208个村“两委”人人签订创业承诺书，118个经济薄弱村党支部书记人人签下责任状，承诺届内必须完成消除任务，树立起新班子鲜明干事导向。强化考核增动力，围绕扶持政策、强村办法、廉洁自律等内容，办好“双增”课堂，助力村干部开拓致富思维，增强致富本领；建立平时考核和进度督办机制，将消除薄弱村工作考核结果纳入新农村建设考核以及领导干部实绩考核；实行“乡镇（街道）+结对帮扶部门”双向评议机制，组织开展“村集体经济发展先进村”评比，从严锻造莲都铁军。

产业富村、资本活村、管理惠村、党建强村，莲都区唱响了强村富民的凯歌，推动了美丽乡村的振兴！

文章来源：人民论坛网，2018年1月15日
作者：梁建霞

丽水莲都百次“组团下访”破解乡村振兴难题

“这两年我们银坑自然村路通了、水通了，生活更方便了，这是政府真正为村民百姓打通了‘最后一公里’。希望以后乡里‘组团下访’能经常来白岸口!”丽水市莲都区白岸口银坑自然村的村民蓝松德拉着驻村干部说道。

自2017年丽新畲族乡“畲乡论坛”开展“组团下访”以来，白岸口村“两委”干部借机借力，不断落实交办的民生实事项目，10个月，村里就发生了大的变化。2017年10月底，完成了饮用水项目；2018年3月，实施了道路硬化项目；6月，土地调剂全面完成征收；7月，文化礼堂项目准备实施浇筑，岭前坑水渠拦水坝项目已经立项并准备实施……一条条乡村振兴之路越走越宽。

为破解“身在基层却不了解基层、同讲一种方言却没有共同语言、面对群众却服务不了群众”的问题，2017年9月，莲都区制定了乡镇（街道）“组团下访”工作机制，由乡镇党政班子带队，结合职能部门，分门别类组建团队，一起下访完成宣传政策精神、谋划发展思路、促进社会治理、督查工作落实、指导党的建设五项工作，确保各乡镇（街道）每月安排一次以上“组团下访”、每年到各村（社区）开展一次以上集体走访。

“‘组团下访’让问题摆上桌、人员面对面、责任当场扛，有效整合资源，充分发挥合力，促进了相关问题的解决和工作的落实，督促各级干部积极为群众办实事，使‘单兵作战’变为‘集团战役’，从而实现思路大家想、工作集体干、矛盾齐解决!”莲都区委组织部相关负责人说。

在莲都每个乡镇（街道）的组团下访都有自己的特色：紫金街道干部与部门下派干部“组团”，对问题和矛盾进行集体“会诊”“把脉”，最终促成水东老村的签约率达100%；碧湖镇发动全体镇干部、村干部、党代表等800多人以“乡村振兴”为主题，采取“走访、专访、回访”等形式，下访群众9000多户，排查矛盾纠纷200多起，征集“乡村振兴”金点子200多条；黄村乡开出乡村振兴“党员爱心专列”，在传统的二十四节气上做起了文章，每逢一个节气就进行一次“组团下访”，一村一站为村民们上门配送各项便民服务……

据统计，截至2018年7月，全区14个乡镇（街道）共开展“组团下访”153次，收集群众反映涉及交通、文化、经济发展、项目建设等方面问题627个，解决问题403个，群众满意率为95%，以“组团下访”推动乡村振兴取得了显著成效。

文章来源：新华网，2018年7月16日

仙渡乡“山海党建”推动村企结对

2018年以来，浙江省丽水市莲都区仙渡乡首创“山海党建”协作新模式，谋求在更高层次、更宽领域、更优质量上做好党建引领村企结对工作，助推乡村振兴。

打造一个平台，创新机制长效推进“山海党建”。打造一个由协作双方党委为合作主体的工作协同平台，明确工作机制和职责。

创设三大载体，创新模式全面推进“山海党建”。组建协作支部，乡党委与宁波热电党委、结对村党支部与企业支部全面结对。建立“山海党校”，开展多种形式的互动教学交流，提升党员党性修养。

开展五大行动，创新形式立体推进“山海党建”。开展“联合主题党日”行动、“红色资源”挖掘整理行动、志愿服务和“乡贤暖心”行动、党建阵地援建行动、人才指导帮扶行动。

“山海党建”协作模式启动以来，仙渡乡党委已与宁波开投集团共同成立了“山海党校”，开展联合主题党日活动、慰问困难党员、参观革命纪念馆等活动10余次，双方“走亲调研”10余次，企业无偿援助仙渡乡近百万元用于党建阵地提升改造。

文章来源：《农民日报》，2019年2月21日
作者：蓝秀

莲都探索财政补助资金股权化改革
入股龙头企业 农户坐享分红

2018年4月16日，在丽水市莲都区蒲塘村，村委会主任朱伟军和村干部正在商讨该村文化营地的运营方案和室内设计等事宜。“我们村打算把荒废多年的蒲塘小学原校舍改造成文化营地，等今年下半年领到企业的固定分红，项目推进得就更快了。改造完成后，屋顶光伏发电、营地租金等收入预计每年有15万多元。”朱伟军高兴地说，作为23个持股行政村之一，每年的分红补齐了很多项目的资金缺口。

2017年12月，莲都区出台国家农业综合开发现代农业园区产业化项目村股份经济合作社持股指导意见，将原来用于扶持农业龙头企业的部分财政补助资金，以村股份经济合作社持股的方式投入到企业的产业化项目中，龙头企业每年向持股的村股份经济合作社固定分红，分红收益可以用于村集体的各类公益项目。

据了解，试点项目企业包括丽水绿园种禽开发有限公司、丽水市鱼跃酿造食品有限公司等6家农业龙头企业，每家龙头企业被持股的股金为150万元。碧湖镇党委书记叶祖平表示，此举不仅有利于提高财政资金的使用效益，还有利于实现政府扶持、企业发展、集体壮大、农民增收的多赢局面。

据悉，与这6家企业相对应的持股主体为莲都区国家农业综合开发现代农业园区范围内的碧湖镇白口村、石牛村、下赵村等23个行政村股份经济合作社。企业每年均按股金8%固定分红比例，即每家龙头企业每年分红12万元，共计每年72万元，向村股份经济合作社支付股权收益。企业和碧湖镇政府签订持股协议后，碧湖镇的23个行政村能持续20年享受到企业的固定分红。

莲都区现代农业园区管委会主任陈金奎表示，莲都积极探索财政补助资金股权化改革，就是为了构建紧密的农企利益联结机制，让更多的农户享受到农业现代化发展的红利。

文章来源：《浙江日报》，2018年4月17日
作者：蓝俊 周虹霞

莲都区“网来网去”谋划集体经济薄弱村项目落地

莲都区村级集体经济发展基础薄弱，根据省定化解薄弱村标准，仍有集体经济薄弱村118个、占56.7%，需在三年内完成“脱帽”任务。莲都区委、区政府自加压力，力争提前一年全面完成118个集体经济薄弱村“脱贫”转化任务。根据“三年任务、两年完成”工作定位，以“一村一策”为导向，“网来网去”推进集体经济薄弱村项目落地。

一、“撒网”报项目

2017年3—6月，由莲都区农业局牵头负责，多轮驱动，对全区118个集体经济薄弱村开展地毯式项目排摸工作，细化工作方案，因村施策。明确各乡镇（街道）党委、政府作为集体经济薄弱村消除工作的责任主体，因地制宜，自摸家底，提出辖区内各集体经济薄弱村发展对策与措施，并实事求是填报“集体经济薄弱村‘一村一策’情况登记表”“项目申报表”，确保各集体经济薄弱村项目无一疏漏，做到应报尽报、应统尽统。

二、“拉网”理项目

2017年7月，由莲都区“双增”工作攻坚组办公室牵头对118个集体经济薄弱村预申报项目，逐乡镇（街道）、逐村进行项目对接、项目可行性筛选，经过梳理，拟建项目方案如下。

一是以乡镇（街道）、村为主体实施项目解决一批。在前期充分对接的基础上，采取屋顶光伏项目建设、农贸市场建设、游客接待中心建设、生产基地建设等落地一批项目，统筹解决一批。

二是以联建形式入股国资公司分红解决一批。对无法落实项目的经济薄弱村，由区里统一将项目资金以入股分红形式投入区国资公司下属的菜场、停车场等优质资产予以经营，给予固定分红，统筹解决一批。

三是以投资入股古堰画乡旅投公司解决一批。以入股分红形式投资古堰画乡旅投公司，由其统一运作、管理、分红，解决一批。

四是结合美丽牧场建设、利用牧场屋顶实施光伏项目解决一批。正根据前阶段筛选出来的拟新建美丽牧场项目，对接落实光伏项目。

三、“收网”论项目

2017 年 7 月 14 日，丽水市委常委、莲都区委书记杜兴林带队调研集体经济薄弱村消除工作，强调要以“项目为王、项目制胜”理念，全面推进项目建设。8 月 10 日晚，莲都区委副书记、区长陈豪主持召开集体经济薄弱村消除工作推进会，强调要坚持“四要四忌”原则（措施要长效、收益要稳定、管理要有序、决策要科学，忌盲目上项目、忌财政兜底预算化、忌产权不清管理无序、忌分散资金村村上项目），切实抓好项目实施。目前，莲都区“双增”工作攻坚组办公室从村集体经济长效收益出发，对前期拟定的四大类项目方案再次进行可行性论证，分析当前存在问题并提出下步推进计划，加快项目实施力度，确保项目早签约、早落地。

文章来源：《浙江省农业厅简报》，2017 年 8 月 22 日
作者：梁建霞

莲都区以四个“击”推进全国农村集体产权制度改革试点

2017年3月，经农业部、中央农村工作领导小组办公室批复，浙江省丽水市莲都区被列为全国农村集体产权制度改革试点区。莲都区按照“权属清晰、权责明确、保护严格、流转顺畅”的现代产权制度改革要求，高举改革大旗，扛起改革担当，有力推动了各项改革举措落地见效。

一、乘胜追击，被评为全国农村集体“三资”管理示范区

相继完成全国一事一议村级公益事业建设试点、全国政府购买农业服务试点的基础上，全力推进农村集体“三资”（资金、资产和资源）管理规范化建设，被评为2016年度全国农村集体“三资”管理示范区。尤其是认真抓好村级财务“双代理”工作，持续推进村级财务公开有效性建设，做到及时公开、让群众看得到，规范公开、让群众看得懂，依法公开、让群众看得清。

二、主动出击，被列为全省扶持村级集体经济发展改革试点单位

莲都区委、区政府及区财政局、区农业局主动对接、全力争取，被列为2018年浙江省财政扶持村级集体经济发展试点单位，争取到省级以上财政专项扶持资金2000万元。现已确定峰源乡夏庄村、雅溪镇岱后村、碧湖镇河口村和蒲塘村、大港头镇均溪村、岩泉街道秋塘村、黄村乡黄泥墩村、老竹畲族镇赤坑电站（以镇为单位联建项目）8个集体经济发展项目，有效激活村级集体经济，促进“村景融合”发展。

三、连续攻击，率先通过农村土地确权颁证工作专项验收

积极争取乡镇（街道）、相关部门的配合支持，果断进行影像采购，在丽水市第一个拿到全域范围内1：2000数字正射影像图。多次约谈作业公司，与作业公司签订补充协议，全力争取监理单位的技术支撑，逐步理顺了土地确权工作方方面面的关系，于2017年10月在丽水市率先通过省级专项验收。

四、分进合击，在全区扎实推进农村集体经济股份合作制改革

结合村级组织换届选举，完成了村股份经济合作社董事会、监事会的选举，做好村股份经济合作社证明书、银行账户、银行印鉴等变更工作。多种形式发展农村集体经济，完成了101个省定集体经济薄弱村消除任务、完成率达85%。按照依法、自愿、有偿原则，积极引导土地承包经营权、林权、农村房屋所有权、股权等进入产权流转平台交易，盘活农村资源资产，有效推动农村经济发展。

文章来源：《浙江省农业厅简报》，2018年1月18日
作者：梁建霞

“黄泥墙”变“黄金屋”
资源入股享红利

下南山村地处莲都区碧湖镇东侧，始建于明万历年间，迄今已有400多年历史。全村共有223户，583人，34名党员。近年来，在市、区两级政府的支持和帮助下，唤醒沉睡资源，引入工商资本的“活水”，积极探索和实践“下南山古村落复兴模式”，将下南山古村落打造成为原生态度假村，使其从原来的“负债村”蜕变成为远近闻名的“明星村”，实现了富民强村。至2019年年底，该村集体经济总收入已近40余万元、经营性收入达13万元，实现了高质量“消薄”。“欢庭・下南山”原生态度假村作为古村落保护性开发样板得到了社会各界的肯定和密切关注，其提出的“精品民宿+文创基地”新业态被《人民日报》头版点赞。

一、基本情况

下南山老村始建于明代万历年间（1573—1620年），是市级文物保护单位。现存清末至民国的民居42幢，建筑以夯土墙、木结构、小青瓦的三开间形式为主，依山而建，是浙西南土木建筑的典型案例，每年都吸引了大批画家、摄影家和学生写生、采风。因老村保存完好，《女大当婚》《蓝天鸽哨》等多部电影曾在此取景。2005年，因生产生活需要，下南山村整村搬迁下山。老村因长期无人居住，缺乏日常看管维护，加之泥木、青瓦屋结构本就不堪风雨侵蚀，致使大部分古民居漏雨严重、梁架倾斜倒塌、木构件霉烂、墙体开裂坍塌，吊脚楼、马头墙、檐下、瓦楞等历史记忆逐渐消亡。村民们对此深感惋惜，迫切希望政府帮助开发利用和盘活老村资源，带动村集体经济和村民增收，让百姓过上更美好生活。

二、主要做法

（一）做优环境，践行“绿水青山”

2013 年，下南山村被列入浙江省首批历史文化村落保护利用重点村后，莲都区先后投入 800 多万元，对 42 幢古民居进行抢救性修复，邀请日本一级造园师奥元健次参与项目设计，充分保存村落原有风水布局和原生态村貌，整体拆除与历史风貌有冲突的建（构）物 800 平方米，完成整修立面改造 11200 平方米，使每幢古民居保留了原生态村貌的黄墙黛瓦瓯越建筑风格，与自然融为一体。同时，坚持“以旧修旧”，就地取材，小石磨、坛罐等农耕生活物件成为造景的重要元素，并融进现代园林设计的庭院元素，每个院子就是一道风景，老村颜值不断升高并成为“乡愁记忆”的天然载体。2016 年，该村在浙江省历史文化村落保护利用重点村绩效评估中获评“优秀”等次。

（二）做强资本，助力“美丽经济”

2017 年，为更好地保护利用下南山古村落，在村党组织的引领下，引进中国乡村振兴领航者—浙江联众集团先后投资 6000 余万元对老村进行整村保护性开发。村民将古民居交由村集体统一管理，村集体以现有土地、房屋及设施的使用权作为出资，与联众集团签订 30 年的经营权转让协议，前 5 年租金为 25 万元/年，之后每 5 年上浮 8%，作为资源入股保底分红，分红收益由村集体与村民按三七比例分成。2019 年度假村整体年营收已超 1300 万元，实现企业、村集体和农户的多方共赢。

昔日的空心村，通过“古村+众创”模式，经历了一场焕颜重生，打造了全国首个古村落度假综合体——“欢庭·下南山”原生态度假村，以古村传统文化为主题的度假业态，满足城市居民对差异化乡村旅游度假的需求，恢复古村活力，带动周边区域发展，实现美丽乡村建设与乡村旅游的完美结合，成为“美丽乡村建设”的典范。目前已推出一期客房 42 间，床位 58 个，会议室 3 个，餐饮容纳 150 人，形成了咖啡吧、书吧等“精品民宿+文创基地”的新业态。

（三）做旺产业，转为“金山银山”

下南山村具有悠久的杨梅种植历史，村里也一直流传着“何仙姑送梅”和“仙梅送西太后”的民间传说。拥有杨梅基地 4000 多亩，杨梅市场 2 个，杨梅主要品种为黑炭梅，通常比一般杨梅早成熟 7～10 天，产量大、口感好、品质佳。

但由于产业结构单一，受气候、销售运输影响大，2012 年，该村农民人均纯收入不足 1 万元。

如何实现产业升级？一方面，结合自身产业实际，对杨梅基地进行网格化划片，成立由“80 后”和“90 后”年轻党员担任组长的红色先锋队和杨梅产业专家团，定期为果农提供技术指导和疏果服务，提升杨梅果品质量。接下来也将积极争取“南山杨梅”品牌商标的建立和推广。另一方面，抓住浙江联众集团——自带流量的共享经济平台，采取“互联网+”、电商销售、冷链物流等现代销售模式，引导、辅导南山果农加入电子商务创业队伍，将南山村特色杨梅推向联众会员，以及杭嘉湖、北上广等更广阔的市场。2019 年，杨梅价格一路飙升，每千克从往年的 20 元上涨至 50 多元，为果农们带来了实实在在的收益。同时，利用闲置边角地块，建成“1+1+1+N”的“3+N”模式村前广场，集杨梅农贸市场、生态停车场、村民文化活动广场为一体。除杨梅上市季节外，将杨梅农贸市场出租给联众集团作为度假村配套停车场，每年可为村里增收 5 万元。

三、取得成效

（一）促进了一二三产业融合发展

度假村开业后，客房入住率达 70%以上，已接待游客 13 万余人，吃住客 2 万余人。通过开办“南山讲堂”“讲习所”，吸引专家学者、本土能人、创客群体加入，共同探讨乡村振兴政策文件、战略思路、实践案例等。两年间，下南山村共接待考察团 1700 批次 5 万余人，知名度、美誉度进一步提高。在此带动下，南山村农产品采摘、农家乐、农事节庆、民俗体验、养生度假、美术摄影等业态发展壮大，农旅融合之路越走越宽。

（二）实现了村集体和村民的“双增收”

2016 年以前，下南山村集体经济较为薄弱，主要依靠政府补助。联众集团入驻后，仅经营权转让分红和杨梅广场出租两项，每年就可为村里带来 11 万元收入。此外，除固定的古民居入股分红外，村民们还可以在家门口通过餐饮、零售、务工等就业方式获得收入。2019 年，该村农民人均可支配收入突破 3.5 万元，村民日子越过越红火。如今，南山村家风更文明、民风更淳朴、村风更和谐，成为远近闻名的幸福村。

乡村古民居是历史文化的见证，是乡愁记忆的平台，更是宝贵的不可再生资源。在度假村项目建设过程中，始终坚持党建引领，把党管农村工作原则贯穿下南山古村落复兴各个方面各个环节，将基层党务、村务和商务高度融合，全面增强农村发展活力。始终尊重村庄的自然肌理和历史文脉，最大限度保护并传承古村落活态历史文化，让乡村成为城市向往之地，有效带动了农村区域经济发展。

文章来源：《浙江省消薄工作简报》，2019 年 11 月

作者：梁建霞

借村企结对“东风”
力促村集体经济持续“造血”

浙江省开展“千企结千村，消灭薄弱村”专项行动以来，莲都区积极对接，主动作为，抢抓机遇，不断为“村企结对”牵媒拉线、搭建平台，力促“村企联姻”，借助外力实现“薄弱村”向集体经济强村的转化。

自“千企结千村，消灭薄弱村”专项行动开展以来，莲都区委、区政府高度重视，各单位迅速行动，通过“组团”出访，主动找上门，主动请过来，以及电话、微信等方式，主动对接拜访各结对企业，积极寻求村企共融共赢点，力促结对项目早日签约落地。

截至2019年11月，莲都区已成功结对33家省、市、区级企业，浙江省国资公司、天能集团、宁波市轨道交通集团有限公司、纳爱斯集团、浙江山水控股集团有限公司等一大批省内的优质企业纷纷助力莲都乡村振兴。共确定拟建项目20个（联建项目3个），达成意向投资总额743万元，已到位资金675万元。主要有以下几种类型。

抱团投资型（联建）：例如，丽新畲族乡通过与宁波结对企业多次对接联系，山村村、白岸口村、马村村、上塘畈村、吾赤口村5个村抱团投资丽水市东港小学，目前总投资170万元，预计收益13.6万元。

发展产业型（联建）：例如，黄村乡利用自身发展优势，采用“村集体+农业经营主体（合作社）”模式，由戈刣村、和垟村、天堂村、池岭村、金鸟村等5个结对村投资50万元开发高山蔬菜种植项目，预计年收益5万元。

兴办物业型：例如，浙江省国有资本运营有限公司与碧湖镇岩头村的农贸市场改造（屋顶光伏）和村文化礼堂修缮项目，帮扶资金150万元，预计年收益20万元。该项目现已完成建设。

光伏收益型：例如，省发展资产经营有限公司与碧湖镇魏村村成功签约并确定光伏电站项目，出资额100万元，预计每年可为村集体带来10万元收益。该项目已开工建设，前期投入40万元，现已并网发电。

文章来源：《浙江省消薄工作简报》，2019年11月
作者：梁建霞

让“消薄”战成为高质量发展“助推器”

高质量发展是当前经济发展的主旋律，如何把山多田少的劣势转化为优势，因地制宜充分利用好莲都良好的生态环境、丰富的自然资源和古朴的乡村景观等优势，让“绿水青山变成金山银山”，实现高水平小康，让人民群众有更多的幸福感、获得感，是我们不断追求和努力的方向。

自浙江省“消薄”工作开展以来，莲都区牢记使命、首善担当，努力践行绿色发展理念，以“高质量发展转型年”为契机，将“消薄”工作列为“一号工程”，上下齐心，砥砺前行，在丽水市率先打赢“消薄”攻坚战。曾经的薄弱村，在高质量的“消薄”战中，获得新生，越来越多的村集体也在发生着翻天覆地的变化。

“我们做梦也想不到，‘下南山’还有今天。”50岁的符勇国是土生土长的下南山村村民，看着曾经被“抛弃”的老村建筑被修缮改造，如今还成了下南山村的致富“宝贝”，符勇国很是感慨！

“消薄”唤醒了千年古村。曾经的下南山经济发展滞后，几乎没有经济来源，满载历史的古村落残破不堪。村民们在实施整村搬迁后，住进了新居，但越来越破败的老村，成为村民心中的结。2017年，心结解开了，在莲都“消薄”政策的春风下，“联众度假”与该村签下合约计划投资6000万元，通过村集体从村民手里租用房子使用权再整体打包租赁经营，期限为30年。这份租约头5年租金为20万元/年，之后每5年租金上浮8%。2017年，下南山村集体经济总收入突破50万元，年经营性收入达38.95万元。

当然，下南山村只是莲都区“消薄”攻坚战中的一个缩影，像下南山村一样，通过“一村一策”，精准扶贫，实现振兴发展的薄弱村还有很多。

“消薄”工作成功开展的背后，是莲都区始终坚持党建引领，推动经济高质量发展的生动体现。2018年4月19日，莲都区委书记杜兴林在浙江省“千企结千村，消灭薄弱村”暨消除集体经济薄弱村现场推进会上作《坚持党建引领发力全面消薄》的典型交流发言。2017年以来，莲都区突出各级党组织和党员干部在“消薄”工作中的主心骨、主力军、主引擎作用，通过“开方子、找路子、强班子”，多措并举，精准发力，不断破解村级集体经济发展难题，着力增强村级集体经济的自身“造血”能力，夯实集体经济基础，推动集体经济薄弱村脱贫转化。

莲都区专门发文，在所有薄弱村建立功能性党组织——“消薄工作党支部”，将区级联系领导、第一书记、乡镇干部等纳入党支部。发挥“消薄”党支部一线调查研究、一线指挥调度、一线督促落实的作用。组织农村党员开展“如何发展壮大村集体经济”大讨论，征集“消薄金点子”679条，建立农民“讲习所”220个，充分发动农村党员群众积极参与“消薄”工作。部署开展城乡结对“走亲联心”活动，组织党政机关、企事业单位、两新组织与118个集体经济薄弱村直接联系，确保每个薄弱村都有1家以上结对帮扶单位。2017年，落实帮扶资金3050万元，帮助解决实际问题136个；2018年，安排专项资金3000万元，用于项目攻坚。

秉持“项目为王、项目制胜”理念，创新探索多元化运作机制，形成区、乡、村三级“消薄”项目库，落实项目90个，总投资2.93亿元，预计年收益1475万元。例如，正在实施的区级统筹项目——金周花街综合市场，项目总投资5200万元，建筑面积7500平方米，建成后每年可为莲都区集体经济发展公司带来400多万元收益，真正实现项目“造血”功能。再如，丽新畲族乡黄弄村将闲置小学出租给安邦公司经营安邦家园，并将村民闲散土地集中流转出租给该公司打造农业综合体配套项目，实现农业增效、农民增收的“双赢”。

通过高规格配强“第一书记”、高标准育强村级“领头雁”、高质量吸引“乡贤回归”等具体措施，用足“消薄”政策、用活“消薄”资源、用好“消薄”项目，让“消薄”不再局限于数字，更关乎百姓民生，关乎福祉共享，关乎乡村振兴！

责任在肩，任重而道远。全面完成“消薄”任务，不是目的，是新起点、新征程！下一步，我们必将以“争先进位大赶超、首善担当创一流”的作风，进一步拉高标杆、比学赶超，加快发展壮大村级集体经济，向着高质量发展奋力奔跑，谱写乡村振兴新篇章！

文章来源：《今日丽水》，2018年9月
作者：梁建霞

及早谋划凝心聚力 厚积薄发促成效

（自浙江省消除集体经济薄弱村工作全面启动以来，莲都区委、区政府高度重视、积极响应、精心组织，先后组织开展了多轮深度调研。丽水市委常委、莲都区委书记杜兴林在调研中也多次强调："要始终把'消薄'工作放在心上、抓在手中。"2017年7月，莲都区成立丽水市首个县级"双增"工作攻坚组，其主要做法也在丽水市进行交流。）

莲都区地处浙西南腹地，下辖14个乡镇（街道），208个村，总人口24.54万人。目前，该区有集体经济薄弱村118个，其中总收入10万元以下的有89个村，占比75.42%；5万元以下的村有53个，占比44.92%。近年来，莲都区委、区政府始终高度重视消除集体经济薄弱村工作，不断完善扶持举措，加快村级集体经济发展步伐。2012—2016年，各级财政累计投入资金2818万元，完成省级财政扶持项目34个。2017年7月，莲都区积极响应省、市号召，及早谋划，在全市率先成立"双增"工作攻坚组。

一、压实责任，合力推进

区、乡两级联动，分别成立消除集体经济薄弱村工作领导小组，明确党委、政府作为集体经济薄弱村消除工作的责任主体，主要领导负总责。为进一步压实责任，丽水市委常委、莲都区委书记杜兴林先后在2017年7月14日的专题调研座谈会和7月26日召开的全区上半年社会经济形势分析交流会暨乡镇（街道）汇报会上强调：要始终把这项工作放在心上、抓在手中，根据新形势、把握新要求，精准施策，突出重点，转变经济发展方式和创新发展模式，拓宽村级集体经济发展空间和实现途径。各有关部门同心协力、各负其责，合力推进集体经济发展。要补齐短板、破解难题、勇挑重担，切实抓好该项工作。截至2017年7月底，该区14个乡镇（街道）均签订了2017年"双增"工作目标任务责任状。下一步，莲都区将结合《莲都区集体经济薄弱村工作任务考核办法》，对各乡镇

（街道）消除薄弱村工作实行年度考核。

二、整合资源，集中攻坚

2017年7月7日，莲都区“双增”工作攻坚组在区委党校正式挂牌成立，并从组织部、农业局、农办、供销社等单位择优抽调了8名责任心强、有基层工作经验的干部（其中副科级以上干部3名、拥有中高级技术职称人员4名）集中办公。攻坚组实行“双组长制”，由莲都区委组织部副部长、两新工委书记叶玲娣和区农业局局长叶庆武共同担任组长，下设综合协调（宣传信息）组和督查考核组，每周由攻坚组组长召开工作例会，及时推进工作落实。2017年7月26—28日，由莲都区政府督查室牵头，分成3个督查小组对各乡镇（街道）工作推进情况进行了专项督查。同时，建立各乡镇（街道）消除薄弱村工作信息联络员制度，实现信息宣传工作有据可依，扎实推进。

三、挂图作战，分类施策

根据前期对各薄弱村的调查摸底，制定《莲都区消除集体经济薄弱村两年计划方案》，下达任务清单，并绘制《莲都区消除集体经济薄弱村作战图》，实行动态监管，及时掌握、了解情况，因村施策，精准扶贫，探索村级集体经济多种发展模式和实现形式。2017年7月，由莲都区“双增”工作攻坚组办公室牵头对118个逐乡镇（街道）、逐村进行项目对接、项目可行性筛选，在报经区消除集体经济薄弱村工作小组审核同意后，拟采取多种方式予以统筹解决。例如，以乡镇（街道）、村为主体实施项目解决一批，在前期充分对接的基础上，采取屋顶光伏项目建设、农贸市场建设、游客接待中心建设、生态公墓建设、生产基地建设等落地一批项目，统筹解决一批；以联建形式入股国资公司分红解决一批，对无法落实项目的经济薄弱村，由莲都区统一将项目资金以入股分红形式投入莲都区国资公司下属的菜场、停车场等优质资产予以经营，给予固定分红，统筹解决一批；以投资入股“古堰画乡旅投公司”解决一批，计划以入股分红形式投资“古堰画乡旅投公司”，由其统一运作、管理、分红，解决一批。

文章来源：《丽水市消除集体经济薄弱村工作简报》，2017年8月1日
作者：梁建霞

太平乡：“三个三”助薄弱村集体“摘帽”

自丽水市“双增”攻坚战全面打响以来，太平乡党委、政府始终坚持输血与造血并重，上下联动、科学谋划、严抓落实，充分挖掘本地资源环境优势，多渠道、多元化推动村级集体经济发展。截至2017年年底，全乡17个薄弱村年收入均超过10万元，顺利实现消薄“摘帽”。

“三举措”做好前期准备。一是准确领会工作要求。浙江省及丽水市消除集体经济薄弱村视频会议后，太平乡党委、政府第一时间召开班子会议专题研究，认真学习贯彻相关文件精神及省、市、区各级领导批示要求，深刻领会消除集体经济薄弱村工作的深刻内涵与重要意义，全乡统筹、科学谋划，明确提出2017年年底之前全面消除薄弱村的工作目标，并将其作为一项重大政治任务、书记工程紧紧抓在手上。二是深入摸清各村家底。面对薄弱村集体经济薄弱、发展后劲不足的现状，太平乡党委、政府先后5次召开全乡干部大会，研究部署“消薄”相关工作，逐村梳理资源优势、人才优势、资金优势，精准掌握各村资源禀赋和发展潜力，采取村级上报、乡镇审核的方式，逐村敲定“一村一策”发展方案，为村级集体经济发展精准引路。三是配齐配强攻坚力量。自全区薄弱村消除工作全面推开后，2017年5月16日，太平乡成立了以乡党委书记为组长的“双增”攻坚小组，明确乡“三资”办为责任科室，确定2名联络员专门负责工作对接，设立“双增”攻坚办公室，严格按照挂图作战、挂牌督办、销号管理的工作要求，强势消除集体经济薄弱村工作。

“三谋划”确保对症下药。一是谋划“搭车生财”。紧密依托太平港和巨溪两条河流水利优势，入股电站分红。将原本低效承包、产值不高的乡属太安水电站进行回收、技改，由小安村等邻近的5个薄弱村投资入股，按股享受发电收益，电站权属归乡工办，实行统一运行管理。技改后每年发电量可达100万千瓦，预计收益30余万元，每年每村可获收益6万元。二是谋划“翻陈出新”。聚焦产业提质增效，做大做强太平蜜橘、白枇杷等特色产业。通过对村集体老果园改造提升，不断优化其产业结构，2016 年以来，下扷村积极引进果树新品种及技术，新建温控智能大棚，成功实现“枇杷棚里住”，亩产值高达 10 万元，在原有 5 万元承包费用的基础上实现翻番。同时，将养生文化、农耕文化整合植入农业中，全力打造浙江省首家枇杷文化博览园。三是谋划“无中生有”。对产业优势和资源优势不明显的村，实行项目帮扶，变“输血式”扶贫为“造血式”扶贫。结合小城镇环境综合整治项目，太平村投资 64 万元开工新建集交易、娱乐、休闲为一体的太平集贸市场，规划设置 80 余个摊位，每月收取租金，建成后每年可为村集体增加 6 万元收益。

“三负责”落实主体责任。一是落实乡镇党委责任。把村集体经济发展作为“书记领衔”工程，确立“书记抓、抓书记”的核心导向，构建“乡党委、政府为主导，村级组织为主体，结对部门合力推进”的工作格局。实行“乡联系包干领导+驻村干部+村‘两委’干部”的工作机制，人人领责、各负其责，全面研究发展事项、解决实际问题，全力推进项目落实，确保薄弱村不脱贫不收兵。二是落实村党支部责任。充分发挥村党支部书记“领头雁”作用，人人立下军令状、签订责任书，把经济薄弱村脱贫转化列入村干部创业承诺的重要内容，通过村集体经济的壮大提升，不断提高基层组织战斗力。对于工作推动不力的村“两委”主职干部，乡纪委将适时进行约谈提醒，对工作考核不合格的村主职干部一律免职处理。三是落实第一书记责任。进一步细化完善“一对一”结对帮扶工作机制，通过建立“消薄工作党支部”，深入贯彻第一书记（农村指导员）“十个一”工作机制，做好上下沟通与协调，以“组团下访”为抓手，开展专题座谈调研，理清一本账，联系一个项目，强力推进薄弱村转化。目前，已开展薄弱村专题座谈 10 余次，梳理发展对策 21 条。

文章来源：《丽水市消除集体经济薄弱村工作简报》，2017 年 12 月 25 日
作者：梁建霞

第五章　乡镇回顾

科学谋划　造血生肌
打造强村富民“升级版”

——万象街道“消薄”工作经验

2019年以来，莲都区万象街道根据省、市、区下达的集体经济“消薄”工作任务，始终坚持以“八八战略”“两山理论”为指引，以“丽水之赞”“丽水之干”为动力，以“莲都作为”为标杆，把集体经济“消薄”任务作为一项重要工作来抓紧抓实，全面推动农村集体经济朝着绿色、健康、可持续的方向不断发展。通过不断探索和培育新的集体经济增长点，巩固、提高集体经济收入，进一步加快农村的经济发展，实现农民收入稳步增长，2019年的“消薄”工作喜结硕果，亮点纷呈。

一、基本概况

万象街道总面积7.26平方千米，曾是历代州、县治所在地，现为莲都区委、区政府所在地，是莲都区商业最繁荣、历史最古老和人口最密集的街道。下辖7个社区和4个行政村，总户籍人口约为5.3万人，其中农业人口5483人，约占总人口的10.35%，4个行政村均为城中村，分别是丽华村、水南村、丽南村和城南村，2019年4个村集体经济总收入为696.82万元。近年来，随着城市化进程的加快，4个城中村的地域优势愈发凸显，支撑村集体经济发展的生产要素也发生了变化，从原来依托传统的土地经济转变为以物业经济为主的第三产业经济，推动村集体经济增长驶入“快车道”，也成为村集体经济不断做大做强的“稳定剂”。

二、主要做法

万象街道始终坚持党建引领，发挥党员干部在“消薄”工作中示范作用，以更高的标准，一以贯之地把“消薄”政策落到实处，街道和村紧紧围绕发展“同频共振”“同向发力”，形成“一盘棋”的良好工作格局。

一是健全组织强保障。万象街道党工委、办事处高度重视村集体经济“消薄”工作，将“消薄”工作纳入重要议事日程。成立了街道和村两级“消薄”工作领导小组，由街道党工委书记亲自担任小组组长，由街道办事处主任和分管“消薄”工作的街道办事处副主任担任副组长，其他相关工作人员担任组员。4个村分别成立领导小组，村支部书记担任组长，村民主任和经办干部担任副组长，其他村“两委”干部担任成员，为“消薄”工作提供强大组织保障。同时，街道还及时召开了“消薄”工作部署会、研究会、“五问”研讨会，切实把上级政策贯彻到位，把责任压实到位。

二是组团下访解难题。针对村里发展遇到的困难，街道党政班子和职能科室干部，组团下访到村，在一线摸清情况、听取意见，有针对性的解决村集体发展难题。2019 年，街道共组团下访 10 余次，解决问题 20 余个。为了解决丽华村历史遗留问题，加快推进集体经济发展，街道班子多次组团到村理清症结，开会专题讨论，与市、区征收办及市国土局等部门进行紧密对接，为村里争取了 1000 万元的补偿，丽华村遗留 10 年之久的问题得到解决。

三是工作交流促提升。每季度召开“消薄”工作交流会，每位村书记轮流发言，畅谈“消薄”心得。同时，定期对各村进行工作督查、通报，亮承诺、晒成绩、补不足，并将“薄弱”工作纳入村干部的实绩考核，树立“以成绩论英雄”的鲜明导向。

三、紧扣“两大主线”，抓好优质“消薄”项目

万象街道下辖 4 个村虽然已经高质量完成“消薄”任务，但是并没有安于现状，始终坚持“村强则民富”的理念，找准优质“消薄”项目，持续大力支持发展村集体经济。2019 年以来，万象街道紧紧抓住重点项目和物业经济这“两条主线”，不断做大做强，进一步实现集体资产保值增值，形成村集体经济可持续发展的固定产业，全力打造村集体经济发展的“升级版”。

案例一：水南村

水南村在 4 个村中是集体经济相对较差的村，之前村里的工作经费非常紧张，日常开支只能依靠土地经济或需要政府帮扶，近年来，万象街道带领村干部

进一步解放思想，鼓励发展物业经济和经营性经济。水南村干部消除“等靠要”思想，克服了实际困难，在各部门的共同帮助下，于2014年建成了村委会办公楼。经村民代表大会决议后，将部分办公楼租给企业，每年为村集体增收28万元，同时，水南村还进一步盘活闲置资金，将64万元投放于莲都区国资公司，每年可从中分红5万元，为村集体带来稳定收入。2019年以来，街道和村干部更是紧紧抓住市区城中村改造的时机，齐心协力推进下水南区块大发展。2019年下水南区块共有7个重点征收项目必须完成清场任务进行开工建设的，其中包括了基建类、安居房、商业类，如大溪南路、水南公寓、华侨城等项目，这些项目的投资金额都是以亿元来计。不久的将来，下水南区块会形成以侨乡休闲文化为主题，以旅游、文创、养生三大功能定位的异域风情小镇，将不断改善下水南区块的经济结构，不断激发水南村的集体经济发展活力。

案例二：丽华村

有句话说“一部丽华史，半座处州城”。丽华村是一个有革命传统和文化底蕴的村，也是辖区4个村中经济发展最好的一个，但丽华村的“两委”干部并没有沾沾自喜、坐吃山空，而是饮水思源、精心谋划、精准定位、科学决策，进一步壮大集体经济。一方面，借助城中村改造的有利契机，万象街道与丽华村“两委”干部紧密配合，有力推进江滨商务中心项目用地的清场。丽华村的“两委”干部高瞻远瞩、谋划长远，根据用地规划，主动配合街道做好周边环境的美化，看到了江滨商务中心项目落成后对丽华村产生的经济效益；同时，对于存在不同意见或阻挠清场的村民，村干部主动出面做通他们的思想工作，消除了阻碍，顺利完成江滨商务中心项目清场工作。另一方面，丽华村始终坚持党组织在村经济社会发展中的领导核心地位，富而思进，依托城中村的区位优势，专心做好物业经济的“大文章”，通过科学决策，盘活资产，民主运营，“管”出了如今近3亿元的集体资产。早在2002年，村“两委”利用土地返还指标审批项目建成2处集体资产。建成后，村“两委”不做“一锤子”买卖，没有将集体资产拍卖“一分了之”，而是长远谋划，经过党员大会和村民代表大会表决，实现“腾笼换鸟”，成功引入喜尔顿罗马假日大酒店、现代广场大酒店等企业入驻，有效盘活了集体资产，仅两家酒店租金每年为集体增收约480万元。同时，丽华村始终坚持“民主运营+市场经济”相结合的方式，将属于丽华村的幼儿园和47间店面用于出租，每年为村集体增收150多万元。丽华村每年的集体收入从最初的8000多元增至现在的740多万元，每年平均增幅在14%以上，目前仍保持着稳步增长的势头。2019 年，丽华村成为丽水市委组织部召开全市“消薄”工作现场会的参观点之一，得到了各市、县参观者的一致好评。

“九层之台，起于累土”。万象街道下辖的 4 个村始终坚持把党建作为推动发展的“定盘星”，实现了集体经济从无到有再到强的“飞跃式”发展。接下来，万象街道将以此为起点，带领 4 个村“百尺竿头更进一步”，书写村集体经济发展的新篇章。

打好“消薄”攻坚战 白云街道在努力

——白云街道“消薄”工作经验

消除贫困，改善民生，实现共同富裕，是社会主义的本质要求。2017 年 6 月，浙江省第十四次党代会提出“增强集体经济薄弱村造血功能，全面消除集体经济薄弱村”，这是省委、省政府继消除家庭人均年收入 4600 元以下贫困户之后作出的又一项重大决策。2017 年 7 月，浙江省委、省政府出台了《关于实施消除集体经济薄弱村三年行动计划的意见》，消除集体经济薄弱村三年行动计划在全省范围全面实施，各地根据实际情况出发，因村制宜、分类施策，突出造血功能，拿出真金白银，使出真功硬招，全力投入“消薄”攻坚战。

根据莲都区委、区政府关于全面消除集体经济薄弱村三年行动计划的实施意见精神，白云街道党工委办事处和各村干部把“消薄”工作作为一项重要的工作来抓，增强村级集体经济持续发展能力，加强农村基层组织建设，夯实党在农村的执政基础，辖区 4 个行政村目前都不在薄弱村名单中。白云街道消除集体经济薄弱村的巩固工作情况如下。

一、基本情况

白云街道地处丽水城区西北部，面积 37. 68 平方千米，东起大洋路，南至丽青路、丽阳路，西与联城镇接壤，北依风景秀丽的白云山森林公园，现辖区内道路纵横交错，四通八达，地理位置优越，交通便利。辖区有灯塔、丽光、城西、城北 4 个行政村，还有白云、北郭桥、后庆、灯塔、三岩寺、接官亭 6 个社区。截至 2019 年 10 月统计，总户数 3205 户，农村农业人口 6853 人。

二、主要做法

白云街道面对取得的成绩，没有忽视眼前“消薄”工作中存在的问题，充分认识到了集体经济的重要性，推动资源变资产、资金变股金、农民变股东，探索农村集体经济新形势。正视问题并积极解决问题，增强“消薄”工作的信心和决心，有效解决全力攻坚和持续“造血”、整体“消薄”与主体“造血”之间的矛盾，处理好主动担当与被动应付之间的关系，精准发力，推动“消薄”工作继续走在前列。因地制宜探索符合白云街道各行政村实际的路子，以承包、租赁、流转等形式合理开发资源，发展资产型、合作型、物业型经济；全面发挥基层党建的优势，将党建工作与“消薄”工作紧密结合起来，街道党工委积极召开村干部擂台赛暨村集体经济发展“五问”研讨交流会。

加强组织领导，成立工作小组：村集体经济强不强，关系着农民增收、农业发展、农村美化。村集体经济不应也不能成为街道“三农”工作的一块短板。为此，街道党工委、办事处高度重视，统筹规划，因地制宜，成立全面消除集体经济薄弱村工作领导小组，由街道党工委书记、主任任组长，副书记和分管领导任副组长，安排专人负责日常工作对接、财务、审计等事宜，并与各个村签订“消薄”工作责任状。

加大就业帮扶，推进农民增收：一方面，宣传先进典型，积极引导、鼓励、支持村民干事创新业。例如，从 1996 年就开始从事来料加工的周春菊，带动周边低收入居民和邻近乡镇低收入农民增收；灯塔村村民徐志平投资 4800 万元建成市区服务功能一流的灯塔菜市场，激励了村民自主创业，并带动了就业。另一方面，发挥社保兜底作用，扶农扶贫。消除集体经济薄弱村，巩固集体经济发展成果，低收入农户的扶贫脱贫工作十分关键。通过调查摸底、严格审核，识别低收入农户，落实日常工作，加强低收入农户认定及动态管理工作。此外，街道分管领导积极对接培训学校，沟通洽谈辖区内符合条件低收入农户和有意向参加职业技能培训农户的培训事宜，提高农村劳动力素质和就业竞争力，授之以渔，确保“脱贫不返贫”，斩断“穷根”，提升自我“造血”能力，为农户增收致富创造条件，激励村干部担当干事有作为，进一步增强了村级“领头雁”带富能力。

加快改善人居环境，推动乡村文明和村容整洁：深入推进“厕所革命”，对辖区城中村内的露天旱厕全部进行填埋处理，新建改造公厕 6 座，完善了农村公共基础设施，加强公厕的日常维护和保洁；通过工程治水和制度治水，全面推进河塘清淤，严格落实河长制，加大日常巡查监督力度，加大小微水体整治与保护；相继开展了“春季雷霆行动”“夏日突围拆除行动”等大型活动，针对城北村、灯塔村等范围内的违章乱搭建问题进行集中攻坚；深入开展村居洁净，改善村民居住环境。

三、取得的成效

贯彻落实省、市、区关于消除集体经济薄弱村的决策部署，针对白云街道村情，有的放矢，制订切实可行工作方案，每年 4 个行政村都达到了市、区“双增”工作的要求，农村经营收入达 5 万元以上，总收入 10 万元以上。

灯塔村：加强了村集体资产的规范管理和使用，充分挖掘村集体资产发展潜能，探索出人民路菜市场、老沙发厂等集体资产除了出租以外的增收渠道，争取更大的收益。塔菜市场开业以来，有员工 47 人，其中本村村民 30 多人，同时解决了数百人的就业问题。灯塔村 2019 年经营性收入 29.85 万元，集体经济收入 39.69 万元。

丽光村：白云街道将丽水学院门口的摊位经营权转让，用以增加丽光村的经营收入。一方面，加强丽水学院门口摊位的日常管理，协调摊位费收缴；另一方面，加快走司法途径，解决资福圩土地经营权问题，拓宽营收渠道。丽光村 2019 年经营性收入 11.31 万元，集体经济收入 24.44 万元。

城西村：利用新村办公用房和活动中心建设，规划好创收项目，并且购买理财产品增加收入，扎实推进“消薄”工作。城西村 2019 年经营性收入 6.48 万元，集体经济收入 20.05 万元。

城北村：规范管理丽阳小学租金收入，推进村服务用房和老年活动中心的建设规划。城北的商贸大厦作为二三产业土地返还所建的大楼，以租赁的形式增加村集体经济收入，增加村级经济收入。城北村 2019 年经营性收入 12.51 万元，集体经济收入 26.59 万元。

强共识　挖潜力
促进村级集体经济发展
——紫金街道"消薄"工作经验

自2017年"消薄"工作启动以来，紫金街道办事处认真贯彻落实党的十九大报告提出的实施乡村振兴战略，按照区委、区政府"培育新引擎、建设大花园"的新定位，紧紧围绕增加集体经济"造血"功能这一目标，抓住"山海协作"这一契机，不断挖掘自身潜力，以乡镇联建、村级自建、村企结对等多种形式不断探索和培育新的集体经济增长点，提升各村集体经济自身"造血"功能。截至2019年11月底，街道下辖19个行政村全部达到经营性收入5万元，总收入10万元以上。

一、基本概况

紫金街道辖行政村19个，其中11个村集体经济总收入不足10万元，属于村集体经济薄弱村，明显呈现出城中村强山区村弱、经济发展不均衡的局势。受撤村建居、分田到户等政策影响，紫金街道村集体资产多已出让、分户到人，导致许多村集体经济薄弱。自2017年"消薄"工作启动以来，街道围绕增加集体经济造血功能这一目标，抓住"山海协作"这一契机，在"消薄"中挖掘潜力，先后完成村广告位提升集体联建项目1个，芦埠、海潮、古城、水东、厦河等村土地和房产出租自建项目5个，风化、开潭、瀑泉、湾岙村企结对项目4个，每年可增加村集体经营性收入180万元以上。

二、主要做法

街道根据实际情况内挖优势、精准施策拓宽发展渠道，扎实推进"消薄"工作。一是强化领导，加强督导。紫金街道党委政府高度重视，把消除村级集体经济薄弱村工作作为硬任务，常抓不懈，一抓到底。成立了以街道党工委书记为组长，农业分管领导为副组长，组织、民政、农业等相关部门工作人员为成员的工作领导小组，下设领导小组办公室，并明确了专人负责此项工作，深入开展消除集体经济薄弱村的督导工作。二是盘活存量资产。鼓励村集体对闲置或低效使用的办公用房、门面、厂房和仓库等资产，以租赁或入股形式参与市场经营。如水东村养老中心场地出租项目、厦河村中岸山公路边土地出租项目、古城村办公用房出租项目、海潮停车场项目、芦埠村物业项目、广告位出租项目等通过村集体自有资产对外租赁每年增加村集体经济收入 100 万元以上。三是购置城区商铺，增加集体收入。对立地条件差、交通不便、村级经济底子薄、自筹资金困难、发展现代农业和二三产业及建设物业用房缺乏条件的村，鼓励在城区购置商铺，发展村集体经济。如瀑泉村、杨坑村计划通过 2019 年中央和省级财政扶持村集体经济发展项目资金购买古堰画乡文化产业基地商业用房增加村集体经济收入。四是强化资金保障。加大对薄弱村的扶持力度，整合现有扶持发展资金项目，统筹安排相关财政资金，支持村级集体经济发展，并加大对村级组织运转、村级公共事业和基础设施建设力度。村级集体经济组织经依法批准的房产和建设用地，支持其办理不动产登记。五是强化对村干部考核。将消薄工作纳入对村主要干部的考核责任目标。消薄工作不力的，取消年度评优评先资格，对完成不了区级下达任务的，在下一届换届选举时，作为不宜人选。六是外借东风，实现互赢。街道借“村企结对”的契机，利用企业资金、管理等方面的优势结合各村的实际情况，开展资源互补、优势互补的结对帮扶行动，为村里可持续发展寻找新的途径。风化、湾岙、瀑泉、开潭与宁波市轨道交通集团有限公司、宁波一舟投资集团有限公司、宁波汉浦工具有限公司、丽水中航混凝土有限公司、丽水正阳水电发展有限公司结对成功，落实帮扶资金 250 万元，每年为村集体经济收入增加 34.5 万元。

相信在莲都区委、区政府正确领导下，在相关部门的支持帮助下，紫金街道在“消薄”工作中，会以“主人翁”的姿态和干劲，不用扬鞭自奋蹄，不辱使命向前行!

党建引领精准“消薄”多措并举彰显成效
——岩泉街道“消薄”工作经验

岩泉街道共有18个行政村，其中城中村11个，山区村7个，大都底子薄，基础差，为全面消除集体经济薄弱村，发展壮大村级集体经济，夯实美丽乡村建设物质基础，岩泉街道全面贯彻落实省、市、区相关要求和文件精神，把消除经济薄弱村工作作为重点工作来抓。在前两年的“消薄”基础上，2019年全面提升巩固18个村的经济收入。

一、主要做法

岩泉街道加强对消除集体经济薄弱村工作的重视程度、投入力度和创新维度，通过引好市场经济这股源头活水，做强“农旅融合、创新投资、村企结对”三类项目，强化以下三个方面的有效措施。

一是持续盘活集体资产资源，扩大效益增收覆盖面。引导各村有效利用闲置土地和集体资产资源通过拍租、招商引资等渠道获得稳定收益。例如，秋塘村投入小额资金对集体空地进行场地平整后公开拍租，年租金可增收11.8万元；下后弄村虽海拔高但离城市不远，有独特的云雾风景资源，街道通过多方对接，为修缮改造的老会堂项目落实了投资，与创办写真基地和油画展馆的文化传媒公司明确了合作意向，预计年租金5万元左右，同时，会堂修缮项目也争取到“一事一议”补助资金，并列入人大民生实事。引导有集体资产的城中村多拍租、少拍卖，例如，后甫店面每年租金收入169万元，既保存了村集体固定资产，又促进资产稳步升值。持续推进大额存款定期利息。在尝到“活转定”的甜头后，2019年更多的村在不影响村集体正常支出的情况下将活期存款转定期，增加了村集体经济收入。

二是培育“村企结对”优势项目，增强科技创新驱动力。抓住清华长三角研究院与雨伞岗村扶贫结对的有利契机，借势借力，争创“村企结对”项目增收亮点。一是通过结对有效推广新型农业科研技术，增强农户科技兴农、科技增收的意识和能动性，打好基础。二是用好每年30万元结对扶贫资金，谋好增收项目。长三角研究院5年内每年均安排30万元的扶贫资金入村，其中，10万元用于低收入农户增收，20万元用于发展村集体经济。目前雨伞岗村开始流转土地，积极筹备增收项目，确保扶贫资金使用的效益最大化。

三是做细“农旅融合”对接服务，提升发展主体能动性。根据各村实际情况，强化对各项目经营主体的过程性指导和对接服务，进一步增强“消薄”项目实施的可行性和能动性。例如，借力轩德皇菊在里佳源村基地的种植优势，由办事处对接皇菊公司给予技术指导，补助村集体15万元用于盆栽皇菊的苗木种植，成品后由村里组织农户进行销售，收入归村集体所有。又如，针对余岭村自建项目中红豆杉苗木销售难的实际问题，积极对接联络，努力为其拓宽销售渠道，使村集体占25%股份的200亩已成林红豆杉陆续外销获得收益。

二、取得成效

一是收入连年刷新，各村得到均衡发展。2018年岩泉街道18个行政村“消薄”总收入达879.07万元，经营性收入507.59万元，分别比2017年同期增长19.66%和12.29 %，2019年总收入1206.50万元，经营性收入767.47万元，分别比2018年同期增长37.25%和51.20%。同时，每个村总收入都达到了10万元以上，经营性收入达到5万元以上。

二是增收途径多元灵活，项目实施扎实有效。三年来共实施村企结对项目1个、联建项目2个、自建项目6个，主要通过集体物业招租、电站股份分红、农旅融合效益收入等方式实现增收，同时鼓励有大额存款的村活期转定期取得利息收益。目前9个项目均已完成，8个项目均已有收益入账，其中九里村自建项目九里宾馆出租项目年收益135万元，岩泉铁钉桥菜场摊位年收益35万元；大额存款“活转定”方面，2019年岩泉街道共有定期存款1.26亿元，取得利息收入435万元。这些增收途径有效激发了村集体经济发展的活力，增加了经营性收入。

三是形成完整的工作体系，权责明晰保障到位。自“消薄”工作开展以来，岩泉街道专门成立“消薄”工作领导小组，形成一套完整的“消薄”工作责任体系，即“街道党工委书记+村党支部书记+驻村干部+第一书记”，还成立了

“强村公司”——丽水市新岩集体经济发展有限公司，吸纳所辖 18 个行政村入股。整合资源，带动各村抱团，助推全面“消薄”。定期例会、主题党日集体讨论分析会、擂台赛等有效手段，加强了组织保障和机制建设。

“消薄”是一项艰巨而长期性的工作。岩泉街道已经形成了相对稳定的“消薄”模式，也取得了一定的成效，但相关产品的销售、项目的可持续性仍有待长期考察。在后续的“消薄”工作中，还应清晰认知自身优势与不足，不断谋划项目，找准路子，保障“消薄”工作效果的持续性和不反弹。

齐心协力　开创“消薄”新局面

——联城街道“消薄”工作经验

近年来，联城街道党委、政府高度重视消除集体经济薄弱村工作，根据省、市、区各级的工作部署和要求，坚持因地制宜，立足本地实际、多措并举，拓宽了乡村振兴新路径，圆满完成了三年“消薄”任务。至2019年年底，已实现村均集体经济年总收入、年经营性收入分别达113.29万元和11.52万元，村级集体经济发展迈上了新台阶。

一、加强组织领导，形成上下工作合力

街道成立了以街道党工委书记为组长、分管领导为副组长、各行政村支部书记为成员的消除集体经济薄弱村工作领导小组，各加强对消除集体经济薄弱村工作的领导、协调和指导，集中精力研究和解决发展村集体经济的大事难事。形成主要领导亲自抓、分管领导具体抓，一级抓一级，层层抓落实的工作机制。

二、建立考核机制、激发干部创业热情

建立相应的考核机制，对年经营性收入未能达到2万元的村，对该村村干部进行经济责任制考核，同时对驻村干部与村领导连带考核，同时，对超额完成“消薄”任务的村干部进行奖励。“消薄”工作重心下沉，充分发挥村级党组织在消除集体经济薄弱村工作的主动性和创造性。

通过“消薄”工作的考核激励措施，激发各村干部的主动性和创造性，形成良好的干事创业氛围。各村根据自身条件各显神通，千方百计增加集体经济收入。积极盘活村集体资产，例如，敏河、官桥、张村街、花街等村，充分利用集体土地、山林、闲置的房屋等用于出租获得收益。对于村集体资金比较充裕的行政村白前、常宅等，鼓励投资到街道的联建项目及通过银行定期存款获得利息

等，从而获得可观的收益。

三、加强街道统筹，积极谋划联建项目促增收

积极谋划联建项目。街道下属胜利电站，因渠道年久失修，渗漏严重，对周边的房屋、农田造成了危害，同时对电站的发电效益也造成不小损失。根据这一现状，街道多次召开相关会议研究后确定，将胜利电站维修工程列为街道的“消薄”联建项目。积极鼓励各行政村投资该项目，共有 13 个村投资到该项目中，每个村每年可以获得 5 万元的收益。该项目取得了较好的经济效益和社会效益。

四、借力村企结对，提升自我造血功能

充分发挥村企结对的作用。坑口村与宁波宁兴集团结对扶贫，街道和村“两委”主动对接宁兴集团，多次赴宁波对接扶贫工作，积极谋划项目，得到了宁波宁兴集团的大力支持。坑口村获得宁兴集团 50 万元的资金支持，用于村行政楼项目，预计该项目完成后，利用空余的房屋出租可获得每年 6 万元以上的收益。同时，坑口村充分利用本地好山好水好空气这一地域优势，将本地优质的农产品销售给对接企业，获得经济效益的同时也为莲都的优质农产品做了推广和宣传。

下一步，面对新一轮攻坚提升任务，联城街道必将以更大的决心和信心进一步谋划“消薄”项目、集思广益、开拓创新，挖掘新的增长点，使街道的“消薄”工作更上一层楼！

统筹谋划 创新发展
全面打赢“消薄”攻坚战

——碧湖镇“消薄”工作经验

一、基本情况

碧湖镇有43个行政村，因村庄数量多，各村“三资”家底、区位条件、集体收入基础差异较大，整体“消薄”任务较重。近年来，碧湖镇认真贯彻落实中央、省、市、区有关决策部署，实现了“消薄”工作的整体推进。2017年，碧湖镇有19个省定薄弱村，目标任务为完成9个村的“消薄”，实际13个村完成转化，超额完成当年任务。2018年，全镇43个村全部完成了“双百”任务。2019年度，全镇43个村全部完成了总收入10万元、经营性收入5万元的任务，村集体收入总计1690.69万元，经营性收入总计599.51万元。

二、主要做法

（一）坚持党建引领，顶格推进抓“消薄”

消薄既是经济工作，更是政治任务。为确保扎实通过省级验收，镇党委、政府开展了以下三方面举措。

一是找准痛点、精准施策。碧湖镇党委、政府多次召开专题会议，通过学习习近平总书记的相关著述和上级文件，提高站位、明确路径，通过逐村梳理“三资”，找准“消薄”痛点和难点，紧盯偏远薄弱村制订方案精准施策。

二是制作手册、比拼晾晒。专门制作《消薄工作手册》和《消薄账册》，全体镇干部、村干部及会计人手一本，通过开卷考试让干部熟知熟记，也通过晒家底让后进村脸红。

三是夯实组织、压实责任。实行包干负责制，全部班子成员包干到村，负责压实村干部责任、指导村干部谋划和推进集体经济项目，做到有计划、有人管。

（二）坚持盘活“三资”，规范操作抓“消薄”

要激发村干部的积极性，激活村集体经济的内生动力，关键是盘活“三资”和规范操作。所谓盘活“三资”，主要有以下三个渠道。

一是开发未承包到户的集体自然资源。经梳理，全镇43个村中，有33个村有集体土地、圩地、鱼塘。2018年，上述33个村集体自然资源全部实现对外发包招租。其中，有11个村发包年收入在5万元以上。例如，白口村将闲置的集体土地出租用于农业生产，每年可增加收入20万元。

二是盘活利用闲置废弃集体资产。经梳理，全镇43个村中，有42个村有闲置办公场所、综合楼、店面、老旧厂房和校舍。通过利用区位优势外包租赁、招商引资合资或合作、结合本地市场需求修缮改建，2018年共计有24个村实现集体资产盘活利用。其中，有13个村资产盘活年收入在5万元以上。剔除已通过资源发包“消薄”的石牛村和郎奇村，通过资产盘活可再“消薄”11个村。

较为典型的案例是南山村古民居项目。2004年，下南山实施下山脱贫整村搬迁，许多老房子因村民搬迁，导致老屋荒废，民居漏雨、梁架倾斜、墙体开裂，千年古村逐渐衰落。“欢庭・下南山”原生态度假村由联众乡村资源开发公司投资建设。下南山村民自愿将古民居交由村集体统一管理，并签订了30年的经营权转让协议。由村集体对古民居进行统一的规划设计、修缮经营、整体出租。联众集团和南山村签订了古民居的经营权转让协议，协议自2017年9月开始，期限为30年。前5年租金为20万元/年，之后每5年租金上浮8%。这部分租金村集体与村民按三七比例分成。同时出租的还有下南山杨梅市场，每年租金是5万元，归村集体所有。该项目为村集体增加年收入11万元。

三是通过定期存款和投资入股有效利用集体资金。经梳理，全镇43个村中，有23个村银行存款超过100万元。例如，松坑口村有集体资金1145万元（主要是村集体土地征用款），可通过定期存款利息“消薄”。投资入股，主要是多方筹集资金成立碧丰、碧兴、碧发3家村集体公司，按照公司有法人、有章程，各村有股权证的方式规范运作，每年按同股同权方式进行固定分红。通过投资入股，可再“消薄”16个村。

（三）坚持因地制宜、抱团取暖，项目引领抓“消薄”

2018—2019年，全镇总共建设了10个“消薄”项目。

联建方面，中溪、联济、中岙、龙岩、大吴山5个村都是偏远村，通过镇里统筹开展联建项目，这5个村均可达到经营性收入5万元的目标。

单建方面，项目有蒲塘知青文化营地、河口物流仓储项目、红南老学校修缮项目、概头厂房修缮项目等。

三、主要成效

一是村集体经济收入增加。2016年，在消除集体经济薄弱村工作正式启动之前，碧湖镇有19个省定村集体经济薄弱村。这些村受各种因素影响，村集体经济基础薄弱，组织运转困难，年总收入均在10万元以下。通过消除集体经济薄弱村三年行动，碧湖镇43个村村集体总收入由2017年的829.43万元，增加到2019年的1690.69万元，村均总收入由2017年的19.29万元增加到2019年的39.32万元，三年时间翻了一倍。2019年总收入增速达到16.8%，已经超过平均增速16.3%的要求。所有村均在2018年就实现了年总收入超10万元、经营性收入超5万元的目标。

二是村集体经济造血功能增强。村集体经济的造血功能主要看经营性收入情况。2017年，碧湖镇43个村经营性收入455.21万元，2018年441.28万元，2019年经营性收入达到599.51万元。相比较2018年，2019年经营性收入增长率达到35.86%，村均经营性收入达到13.94万元。经营性收入占总收入的比例也从2018年的30.48%提高到2019年的35.46%。村集体经营性收入的主要来源有三个方面，一是资产资源出租，二是投资入股分红，三是通过项目建成后产生收益。经营性收入来源的稳定性决定村集体经济发展的可持续性。集体经济造血功能因为有长期稳定的经营性收入来源而增强。

三是村干部发展村集体经济积极性提高。长期以来，村集体收入主要依靠财政补助，对于有些经济薄弱村来说，财政补助几乎是维持组织运转的唯一来源。村干部想要在村里做些公益事业，上级没有配套资金，村集体经济捉襟见肘，想干也干不成。自从开展消除集体经济薄弱村工作，各村村干部尤其是村支部书记，作为“消薄”工作的第一责任人，积极谋划“消薄”项目，争取项目补助。2018年，碧湖镇完成自建项目4个，年收益均达到5万元以上，其中，河口村物流仓储项目收益每年为10.3万元。2019年完成的河东村蔬菜分拣中心项目，项目年收益达到15万元。通过消除集体经济薄弱村工作，村集体收入增加，造血功能增强，村干部干事创业有了坚实的经济基础，底气足了，进而提高了村干部发展村集体经济的积极性。这样就建立起一个良性循环。

四、下一步的工作计划

浙江省已经明确提出了“消薄”工作提标提质的要求，丽水市委胡书记在碧湖镇就“消薄”工作进行暗访时也指出“集体要‘消薄’，村民也要‘消薄’”。针对上级要求和碧湖镇实际，下一步要重点做好以下工作。

一是规范“三资”管理提升经营意识。压实村级主体责任，在进一步盘活利用各村“三资”的基础上，加强“三资”管理，提升村干部对集体经济的经营意识。

二是项目引领提升造血能力。坚持把村集体、普通村民、低收入农户作为增收共同体，通过提前谋划“消薄”项目，提升村集体经济造血能力。目前已谋划建设无抗养殖农场、瓯碧园小区农贸市场、古井新村集市等“消薄”项目，争取得到莲都区的大力支持。

三是人才强基提升发展能力。积极拥抱长三角一体化，对标碧湖镇在农业、旅游业等方面的产业基础，对标长三角区域市场需求，坚持外引高校专家，内育乡土工匠，中联产业主体，以人才提升发展能力，以项目供给发展动能。

立足当下　着眼长远 跑出村级集体经济发展加速度

——大港头镇“消薄”工作经验

消除薄弱村是乡村振兴路上的“老大难”问题，也是提升民众幸福感的关键落脚点，为实现我国农村全面提升发展，薄弱村消除工作必不可少。自2017年浙江省实施消除集体经济薄弱村三年行动计划以来，大港头镇党委、政府高度重视“消薄”工作，为打赢“消薄”攻坚战，坚持因地制宜，立足本地资源禀赋，科学规划发展路径，分类施策，以项目建设为抓手，积极培育新业态，增强村级集体经济的“造血”功能，拓宽了乡村振兴新路径。

一、基本概况

大港头镇位于莲都区西南部，距市区23千米，下辖10个行政村，其中5个村为省定经济薄弱村。截至2019年11月底，大港头镇10个行政村都达到了村集体经济年收入10万元、年经营性收入5万元的目标，顺利完成了“消薄”任务，村年均收入达到37.05万元，村年均经营性收入达到7.6万元。

二、主要措施

（一）强化领导，制订“消薄”计划

成立大港头镇消除集体经济薄弱村工作领导小组，加强对消除集体经济薄弱村工作的领导、协调、指导，集中精力研究和解决发展村级集体经济的大事难事。同时，下设领导小组办公室，专职负责具体工作的综合协调、组织指导、督促检查、考核激励等。形成主要领导亲自抓、分管领导具体抓，一级抓一级、层层抓落实的工作机制。印发《2018年大港头镇消除集体经济薄弱村三年行动计

划和工作方案》，明确了分步实施、分步实现的“消薄”工作目标与举措。

（二）多管齐下，实现“消薄”目标

一是镇级统筹，联建项目促增收。结合大港头镇的资源优势，落实了两项镇级联建项目：①与旅投公司合作经营游船联建项目，总投资462万元，经营期限10年，每年固定收益43.8万元。②大港头镇饭店改造出租项目，该项目是由10个行政村与丽水市港和集体经济发展有限公司合作并签订协议，本着互利共济的分配原则，年经营收入达到5万元的村集体不参与分红，不足5万元的村集体补足5万元。这些项目的建成不仅能确保大港头镇经济薄弱村如期完成“消薄”任务，而且能拥有长期稳定的经营性收入保障。

二是自我造血，村级自建助“消薄”。因村施策，实施分类指导。大港头村民族饭店、河边村文化礼堂位于古堰画乡风景旅游区旁，周边风景优美、客流量大，有良好的经营条件，对两处设施进行翻新修缮，对外出租；北埠老茶园土壤肥沃，经过科学评估规划、改种经营等措施，对外承包出租。这些村级自建项目利用村级自身资源优势，进一步增加了村集体经营性收入。

三是联合发展，村企结对启新篇。大港头镇在“千企结千村，消灭薄弱村”专项行动大背景下，以“互动共享、共进双赢”为目标，积极探索资源共享、优势互补、共同发展新路子。西黄村分别与国家电网丽水市莲都区供电公司、波尔管业、中国人寿保险丽水分公司签订结对协议，通过提供项目启动资金、建设企业产品销售点等方式，为西黄村集体经济创收提供新途径。

（三）管理增效，账目应收尽收

经过村级收入自查以及镇“三资”办排查，全镇各村未出现村集体收入不入账的情况。截至2019年11月底，全镇村级总收入370.51万元，其中，经营性收入76万元，补助收入202.78万元，其他收入91.73万元。各村的财务收入及时上交村级资金账户，做到了应收尽收。

三、下一步举措

一是落实责任。消除“双增”工作与筑牢基层组织战斗堡垒的责任同步推进，落实党支部书记作为“双增”工作第一责任人，推动各村之间“互学、互比、互看”，倒逼村干部加强项目谋划，加快工作进度。例如，开展薄弱村干部的专题教育培训，提高村干部创新创业能力和经营管理水平。

二是优化项目。以乡村振兴战略为指导，挖掘发展村集体经济新的增长点。借力红色文化旅游、古民居养生园、土地流转经营承包等新领域新业态，积极优化项目，拓展集体经济发展新模式。鼓励村集体独资或联合农户、合作社参股开发建设特色农产品种植或养殖基地，发展现代高效生态农业，增加村集体经济收入。

三是联合作战。将联建项目作为增加村集体收入的重要手段之一，融合资源、集体发力、抱团发展，努力提高乡村旅游线和电站联建项目经济效益，高质量推进村级集体经济发展壮大。

四是强化帮扶。进一步做实结对帮扶工作。村企双方建立固定对接机制，精准对接，尽快运作。结合村集体需求，发挥地域优势，着力帮扶提升村庄自身“造血”能力。加大后续探讨调研力度，真正推动当地村集体经济发展。

五是规范管理。加强村干部廉洁自律和财经法规教育。组织村“两委”和村务监督委员会成员认真学习村集体财务管理相关文件，提高村干部法律和财经管理意识。按照“三资”管理的规定，做好资产、资源对外承包项目的发包、合同签订及结算兑现等工作，及时将集体的各项收入纳入村级资金账户并进行财务结报，严禁私存、挪用。

立足当前更要着眼长远。在三年“消薄”行动计划完成的基础上，下一步，大港头镇将持续发力，进一步谋深、谋细、谋实村集体项目。大港头镇将紧盯项目建设，脚踏实地，久久为功，不断壮大村集体经济。

“消薄”只是起点
提升群众的幸福感永无止境
——峰源乡“消薄”工作经验

村集体经济薄弱是阻碍农村经济发展的焦点问题，也是实施乡村振兴战略过程中的一块短板。浙江省第十四次党代会报告提出，增强集体经济薄弱村造血功能，全面消除集体经济薄弱村。峰源乡作为莲都区最偏远的乡镇，交通不便、劳动力流失导致经济基础薄弱，内生发展动力严重不足。近年来，峰源乡通过激发全体乡干部、村干部的力量，集思广益，做到“上下同欲”共谋发展，以“党建+经济”为引领，以乡级联建为基础，以村级自建项目为抓手，以企业帮扶结对为补充，提升“消薄”攻坚力量，多举措保证“消薄”工作顺利完成，完成了从“输血”到“造血”的转变。

一、基本情况

峰源乡共有 8 个行政村，其中省定薄弱村 4 个，分别是夏庄村、正岙门村、新砀村、毛山村。2018 年，峰源乡 8 个行政村都达成了村集体经济年收入 10 万元、年经营性收入 5 万元的目标，顺利完成了“消薄”任务。2018 年，峰源乡村均收入达到 40. 85 万元，村均经营性收入达到 6. 72 万元。2019 年，峰源乡村均收入达到 39. 74 万元，村均经营性收入达到 7. 43 万元。

二、主要做法

一是党委牵头，联建项目为“消薄”工作保驾护航。本着“先治病、再强身”的原则，对于部分自身发展潜力有限的薄弱村，通过联建项目徐坑电站、百家济电站股权收益分红形式提供保障，帮助薄弱村恢复正常运转，保障各村的经营性收入。此外，充分调动各村已有的资源，通过集体闲置资产承包、集体土地承包等方式，进一步增加了经营性收入。

二是党建引领，“党建+经济”激发内在发展动力。既要加大“外力帮扶”，又要激发“内生动力”，做到“扶持”“带动”有机结合，从根本上变“上热下冷”为“上下同欲”。①成立了“消薄”工作支部。由各部门第一书记担任支部书记指导消薄工作。②制定考核办法。峰源乡制定了《峰源乡全面消除集体经济薄弱村实施细则》，强化对村干部考核，将“消薄”工作纳入对村主要干部的考核责任目标。对于“消薄”工作不力的，取消年度评优评先资格。③建立科学激励机制。能够独立完成“消薄”任务的村，以经营性收入 5 万元为基础，经营性收入每增加 1 万元，奖励补助性经费 2000 元，经营性收入超过 20 万元则不再进行奖励；不能够独立完成“消薄”任务的村，减少该村补助性经费。

三是自我造血，村级自建项目着眼长期增收。贯彻落实乡村振兴发展战略，夯实峰源生态精品农业基础，促进农业产业转型升级。①持续推进农业发展，整合香菇生产资源，做大做强香菇产业；推广“猪小乖”土猪散养项目，促进农民增收。②发展峰源特色精品民宿，开辟独有的小高山气候纳凉特色民宿产业，打造小上坪村生态精品农业示范村，发展猕猴峡徒步旅行及露营旅游，打好农旅结合组合拳。③做好品牌推广大文章，推广峰源生态农产品和高山绿色茶叶，增加农产品的附加值，通过一系列的举措，增加农民收入。

四是培育“头雁”，凝聚“才”力为“消薄”提供人才支撑。人才是做好“消薄”工作、发展壮大村集体经济的核心力量，锻造一支能力强、有担当、肯作为的峰源“头雁”队伍，在实践中培育一批带头实用人才。发挥各村党员、乡贤和致富能人在“消薄”工作中的带头作用，发挥村“两委”干部在发展村集体经济中的主体作用，发挥驻村干部在“消薄”工作中的推动作用，让队伍在“消薄”一线强起来。

五是以督促效，加强资金监管形成长效机制。时刻牢记反腐败斗争永远在路上，廉政教育不能松。各村牢固树立廉洁自律意识，对“消薄”工作中的项目开展和资金使用严格按规范执行；乡“双增”工作攻坚组办公室加强日常监管，严格规范各村对“消薄”资金的使用，规范村集体资金的收支，对各村在建项目严格把关；乡纪委加强对乡村干部的廉政教育和典型案例学习，不定期对各村“消薄”工作进行监督检查，将各村“消薄”工作完成情况与村“两委”考核相挂钩，“消薄”工作开展不力的，取消评优评先资格的同时，按相关规定处理。

三、取得的成效

一是顺利完成了“消薄”任务。三年来，峰源乡8个行政村都达成了村集体经济年总收入10万元、年经营性收入5万元的目标。其中，新砀村、正岙门村、毛山村年经营性收入从2017年的零到几千元不等，增加到2018年的5万元以上；2019年全乡8个村前11个月经营性收入就已经达到5万元，庞山村和夏庄村的经营性收入已经达到10万元以上。

二是建成了一批“消薄”项目。①乡村联建项目徐坑电站、百家济电站股权收益以分红形式为村级“输血”，保障各村的经营性收入。②村级自建项目为自身“造血”，例如，庞山村农旅融合展销中心项目，对原建于明清年代木质结构风格建筑进行修缮，以开展小城镇环境综合整治工作为契机，做好农旅结合的文章。

三是发展了一批生态产业。①持续推进农业产业发展，整合香菇种植资源，做大做强香菇产业；推广“猪小乖”土猪散养项目，促进了农民增收。②发展了峰源特色精品民宿，开辟独有的小高山气候纳凉特色民宿产业，打造小上垟村生态精品农业示范村；发展猕猴峡徒步旅行及露营旅游，打好农旅结合组合拳。③做好品牌推广大文章，推广峰源生态农产品和高山绿色茶叶，增加农产品的附加值，通过一系列的举措，增加农民收入。

四是盘活了一批闲置资产。郑地村将闲置的原郑地小学的资产出租，并将八丘山塘承包给村民进行鱼苗养殖，每年能为村集体增收2000元以上；毛山村将村集体河道承包；此外，还有的村将本村的山林、集体茶山承包出去发展高山红茶。这些经营活动为村集体经济的发展注入了新鲜血液。

五是培养了一支铁军队伍。①充分发挥村级基层党组织的核心作用，以党支部书记为“领头雁”带领群雁高飞。②吸引叶红梅等乡贤能人回归，促进农业产业发展，带动村民增收致富。③锻炼了一批乡村铁军队伍，通过让干部在“消薄”一线挑大梁，不断增强干部干事创业的本领。

2019年，峰源乡已经完成所有村集体经济年总收入10万元以上、年经营性收入5万元以上的“消薄”目标。发展容不得迟疑、经不起折腾。“消薄”只是及格线，下一步工作的重心是健全发展和增收长效机制，实现村级集体自主经营、稳定收益，围绕乡村振兴的主旋律，不断发展壮大村集体经济，让群众有更强的幸福感和获得感。

输血与造血并重 力促村级集体经济薄弱村脱贫转化

——太平乡“消薄”工作经验

太平乡下辖19个行政村，其中省定薄弱村17个，全乡山多地少，村庄偏远，农村集体资源少，“消薄”条件弱。2017年和2018年，只有2个村能自我“消薄”，各村自我造血功能严重不足。为此，太平乡党委、政府高度重视，紧紧围绕“村级项目建设为基础、乡级项目联建为补充”的原则，坚持“输血、造血”并举，统筹抓好乡、村两级项目建设，通过人、项目、经营机制“全链条”推进，高质量推进村级集体经济发展壮大。截至2019年11月底，全乡19个村当年总收入860万元、经营性收入166万元，村均经营性收入达8.7万元，远超省里规定的村集体年总收入超10万元、年经营性收入达到5万元的“消薄”目标。

一、加强领导、重视考核，激发村级自主创新动能

成立太平乡“消薄”工作领导小组，由乡党委书记任组长，出台乡班子成员联系“消薄”工作责任制度、村“两委”主要干部“消薄”工作考核制度、“村企结对”专项行动联系指导制度，细化责任、强化分工、注重落实，将“消薄”责任逐级分解落实，形成全乡、全村抓“消薄”的工作局面。同时，根据丽水市“消薄”工作攻坚组办公室相关文件精神，将乡班子成员、普通干部年终考核与其所联系村的“消薄”工作挂钩。出台“消薄”工作考核办法，将“消薄”工作与村主要干部年终报酬相挂钩，对于不能及时完成“消薄”任务的村主要干部，扣除考核报酬，不列入下一届村组织换届候选人。此外，要求各村加强对占用村集体山林、长期不交承包款，或者承包期满后未及时进行招投标等行为进行清查，对存在问题限期改正，并将结果列入村主要领导绩效考核。

二、摸清底数、注重管理，杜绝村集体资产流失

召开村干部会议，要求各村填写太平乡村集体经济经营性收入情况调查表，将村集体经营性收入填写清楚，还没收缴的分红、租金、公墓出售等经营性收入要及时收缴入账。乡里组织工作人员下村进一步核查，以防漏报、瞒报，对摸底数据建档立案，并督促村里切实做好资产管理。对没有管理好的资产，倒排时间及时整改，做到应统尽统、尽快入账。经过整改，吾古村每年 16 万元水电站分红、戴彰村每年 1.9 万元杨梅山承包款、玉田村每年 0.45 万元老人活动中心房屋出租租金，以及横岗村、长乐村、吴弄村的小山塘租金等，都已入行政村总账。

三、积极谋划、挖掘潜能，强化自我“消薄”基础

充分发挥村级主观能动性，要求从村里实际出发，挖掘自身潜能，积极谋划 1~3 个短期能见效的“短、平、快”项目，增强自我“消薄”能力。截至 2019 年年底，全乡 19 个行政村共有自建项目 36 个。19 个村的自建项目全年可产生经营性收入 116 万元。其中，2019 年全乡建成屋顶光伏电站 18 座 852 千瓦，涉及城头、大河、下扷、玉田、留龙等 16 个行政村，总投资 595 万元，截至 2019 年 11 月 30 日，产生经营性收入 26 万元。通过自身挖潜，太平乡 19 个行政村强化了自我“消薄”基础，村“两委”干部增强了责任心，初步达到自我“消薄”的目标。

四、整合资源、包装项目，为全面“消薄”提供保障

太平乡各行政村山多地少，村庄偏远，农村集体资源少，“消薄”条件弱，光靠村里自身很难完成“消薄”任务，或者很难达到优质“消薄”。为此，太平乡党委、政府积极谋划乡级联建项目，鼓励有条件但投资渠道不畅的村入股分红。经过深入细致谋划，科学决策，决定将乡属集体企业太安电站作为乡级联建项目，鼓励留龙、小安、玉田等 9 个行政村投资入股，为全面“消薄”提供保障。太安电站利用这部分资金进行技术改造后，效益明显提高，从 2018 年 12 月 26 日开始发电，截至 2019 年 11 月 28 日，发电近 170 万千瓦时，收益 70 万元，

全年收益比2018年增加50%，2019年纯收入可达60万元，可用于“消薄”的资金约20余万元，每村可增加经营性收入1.5万~3.0万元。按照章程约定，在不低于股权分红的条件下，太平乡政府占有的66%股份收益部分让利给9个村，用于“消薄”。截至2019年11月30日，9个村共分红31.84万元，为全面“消薄”提供了强有力的保障。

五、多方对接、拓展平台，为优质“消薄”提供支持

积极与莲都区“消薄”工作攻坚组办公室对接，争取了288万元扶持村集体发展资金，根据太平乡各村的实际情况，分配给各行政村用于村集体经济发展，后因为村投资渠道不广等问题，经各村的村民代表同意，通过莲都果乡集体经济发展有限公司统一投资区强村公司，太平乡各行政村按投资比例分红。目前，太平乡19个行政村共获得分红36万元，为全乡优质“消薄”提供了强有力支持。

六、下一步工作计划

太平乡通过村级自建、乡里联建以及区强村公司分红，圆满完成了三年“消薄”任务。但是，从长远考虑，太平乡还有10个村未纳入乡级联建项目，未来实现经营性收入8万元乃至10万元的“消薄”目标仍然压力较大。为此，太平乡党委、政府计划参照太安电站的方式，组织另外10个村入股太平乡梨园电站，股改后预计每年每个村实现增收1万~1.5万元，实现乡级联建项目覆盖所有行政村。同时，谋划利用10个村入股的资金及上级争取的资金，建设一个覆盖19个村的光伏发电项目，为每个村增收1.5万~2万元。此外，将借助“灵康幸福小镇”的东风，积极谋划长远的乡级联建项目。将“灵康幸福小镇”建设与村集体经济发展相融合，借助这个东风，积极与灵康集团洽谈，选定投资回报稳定的项目（如医护学校）让部分村投资入股，或者项目建成后购置物业用房进行出租，获得经营性收入。同时，灵康集团主业为医疗医药，与其对接对一些村集体闲置土地可用于种植中草药，建设中草药基地，灵康集团负责中草药的收购，为村集体经济增收。

“红+绿”融合发展
促村集体经济高质量发展

——雅溪镇“消薄”工作经验

雅溪镇地处莲都区北部，镇域面积156.65平方千米，有耕地545公顷、林地12731公顷，共管辖19个行政村，人口21604人。雅溪镇是革命老区，是典型的山区乡镇，自然环境优越，生态资源丰富，民风淳朴，但是经济产业发展主要依靠农业经济。同时，雅溪镇所管辖的19个行政村都是集体经济薄弱村，开展消除集体经济薄弱村工作存在先天不足，任务异常艰巨。

雅溪镇党委、镇政府认识到发展村集体经济，全面消除经济薄弱村既是当前重要的政治任务，更是促进乡村活力发展、实现乡村振兴的重要途径。自开展“消薄”工作以来，雅溪镇党委、镇政府结合本镇实际，通过宣传发动、科学规划、因地制宜、循序渐进地分步施策，依托雅溪镇革命老区的文化底蕴、自然禀赋等优势积极探索发展壮大村集体经济的对策，确立了以产业融合发展促村集体经济增长的主基调，具体做法如下。

一、压实责任，领导干部齐上阵

2017年以来，面对消除19个集体经济薄弱村的艰巨任务，雅溪镇党委紧紧围绕莲都区委、区政府的工作部署，奋力奔跑，努力赶超，确立决心、信心要高质量取得“消薄”攻坚战的最后胜利。雅溪镇把“消薄”攻坚作为书记工程来抓，成立以镇党委书记、各村支部书记为组长的镇、村两级“双增”工作领导小组。2018年3月，雅溪镇党委书记与各村党支部书记签订《消除集体经济薄弱村专项工作责任书》，形成“书记抓落实”的工作责任机制，将“消薄”工作作为衡量党建业绩的度量尺。“消薄”工作形成了以镇党委书记为总抓手，带领各级干部奋勇争先、群策群力、齐抓共管的良好局面。

二、因地制宜，促项目落地生根

雅溪镇认识到要促进村集体经济长远健康发展，就要实打实地激发乡村产业活力，从根本上改变以往“输血”模式，增强村集体自身“造血”功能。雅溪镇在谋划、确立“消薄”项目过程中，根据各村实际，分析环境优势、产业优势，因村制宜谋划方案。同时，通过前期广泛的调查研究和充分征求意见，挖掘可发展项目。雅溪镇政府联合莲都区农业农村局、雅溪镇农业技术推广站等相关单位为各村项目谋划提供专业指导，各村充分调动村干部、党员、村民参与到商谈、谋划经济发展项目的工作中去。通过努力，雅溪镇谋划发展集体经济的一些做法受到了社会认可，谋划的项目也相继落实。2018 年 1 月 17 日《丽水日报》头版以《让杨梅林活起来》为标题报道了雅溪镇党委书记周文林深入雅溪镇洪渡村，通过多方调研，与村干部、村民代表商讨，征求村民意见，最终使洪渡村集体闲置杨梅林重新发包出租、产生效益的事迹。岱后、上黄等村编制了村级经济发展思维导图，详细罗列了本村人口数、党员情况、外出经商人员、村自然资源等详细信息，使如何发展村集体经济的思路更加明确、透彻。库川、金竹等村干部通过宣传本村环境优势，积极对接到村考察的投资单位，最终使河道漂流项目在雅溪落地。

三、产业融合，迎“消薄”喜人成果

雅溪镇以“两山”理念为指引，以产业融合发展为导向，充分挖掘自身文化底蕴、环境优势，激发乡村活力，促进村集体经济绿色高质量发展，带动农民增收，革命老区在新时期迸发了强大的生命力。2019 年 10 月底，雅溪镇 19 个行政村全面高质量完成了“消薄”工作任务。以往许多村集体经营性收益依靠单一的山林、田地出租，出租收益低薄，每年只有几千元的出租收益。现在雅溪镇各村集体经济收入的模式和效益发生巨大的转变。岱后村“红军营”项目，擦亮了雅溪镇红色旅游金字招牌，2019 年 4 月以来共接待游客 58 批次，5000 多人次，收入达到 16 万元，岱后村一举从经济薄弱村变为了创收明星村。丽水市区多家媒体对岱后村的变化进行了报道。雅溪漂流项目落户雅溪后，每年支付库川、金竹等村河道使用费 5 万元。2019 年 7 月，丽水市委书记胡海峰到雅溪镇金竹村调研后指出，金竹村等依托自身优势，精准对标抓“消薄”，立足实际谋项目，自我“造血”能力不断增强。镇级项目泄川电站项目每年为上金竹等6个村带来18万元的经营性收益。2019年，里东村筹资92万元的光伏自建项目完工并投入使用，装机容量达169.4千瓦，年收入可达10万元左右，为里东村带来稳定、持续的经营性收益。

四、下一步工作计划

2019年，雅溪镇在“消薄”工作中取得一定成绩，但也清楚认识到还存在许多不足，如村级自建项目少、增收能力低，造成这种现象既有客观因素也有主观原因。下一步，雅溪将进一步提高政治站位、落实责任，想方设法巩固提升雅溪“消薄”工作的质量。

首先是早谋划、早行动。雅溪镇将不断提升镇、村干部的政治素养，强化措施，明确责任，切实推动干部群众投入到真“消薄”、高质“消薄”工作中来。雅溪镇里东村的光伏联建项目已提上日程，项目地点位于雅溪镇里东村山体滑坡点，占地面积约42亩，经林业部门核实，实际可建光伏项目面积约5亩，由上黄、雅义、上陈、双源、岱后、泄下6个扶贫重点村联建，拟装机容量为500千瓦左右，投资约为290万元。同时规划的还有村级光伏单建项目，在季岭根村、周村村、金竹村、岩蒙村、库川村、上金竹村6个村，利用各村的集体办公楼和文化礼堂楼顶建设光伏项目，共投资约330.80万元。

其次是发挥典型村的示范带动作用。雅溪镇岱后、金竹、库川、双溪等村“消薄”自建项目取得不错的收益，这与村干部敢于担当、积极谋划是分不开的，雅溪镇党委、镇政府要求其他经济薄弱村以这些先进村为榜样，学习其发展思路和理念，从而指导本村的“消薄”工作。

最后是继续做好服务、保障工作。雅溪镇将继续由党政一把手亲自抓“消薄”，落实镇领导班子联系经济薄弱村制度，为各村“消薄”厘清思路、谋划出路，打消广大干部“消薄”工作疑虑，全身心投入到这场必胜的攻坚战中去。

坚持“四高”并举 打造强村富民新篇章

——仙渡乡“消薄”工作经验

丽水市莲都区仙渡乡下辖11个行政村，其中省定集体经济薄弱村9个，是一个典型的“民富村穷”近郊型山区乡。自2017年浙江省实施消除集体经济薄弱村三年行动计划以来，仙渡乡党委、政府高度重视“消薄”工作，始终把“消薄”工作作为一项重要政治任务来抓，坚持“四高”并举，不断破解村集体经济发展难题，推动薄弱村脱贫转化。截至2019年11月，已全部完成三年“消薄”任务，仙渡乡的村均集体经济年总收入和年经营性收入分别达到27.41万元和5.80万元，“消薄”工作取得了明显成效。

一、高站位建机制

仙渡乡党政班子多次召开专门会议对“消薄”工作进行研究部署，成立了由主要领导、分管领导及帮扶干部组成的帮扶队伍，从讲政治、讲党性、讲大局的高度紧抓“消薄”工作。

一是“回访固基”，清理一批。依托基层党建“回访固基”专项行动，突出问题导向，着力织密建强组织体系，清理一批不担当、不作为的村干部，提升村级党组织在“消薄”工作中的战斗堡垒作用。

二是干部下派，强化一批。选派11名“85后”优秀年轻干部进村担任“墩苗书记”“墩苗干部”，深入参与村级事务，助力村集体“消薄”。

三是后备培养，储备一批。建立村级“雏雁”人才库，通过交任务、压担子，让“雏雁”人才参与到“消薄”等重点工作当中，培养储备一批村级后备干部。

四是优化奖惩，激励一批。将年度村集体经济经营性收入新增部分（政府托底和结对资金除外）的10%作为村“两委”干部考核奖励，激发村“两委”干部在发展壮大村集体经济工作的主动性和积极性。

二、高标准抓建设

一是整合多种资源，增加创收途径。充分激发村集体创造性、能动性，通过修缮装修、规划开发、招商引资等方式，盘活村级闲置资产资源资金，打造村集体的自主“造血”功能。先期成功增收的项目也在全乡范围内起到引领示范作用。例如，张山后村原与张山后一级电站（系私人所有）签订永久性电站用水协议，约定取水费用仅 200 元/年。经村级努力，双方废除原永久性低价合同，重新约定以电站年营业额的 3%作为取水费用。经测算，这将为张山后村新增经营性收入约 6000 元/年。

二是促进山货出山，打造绿色产业。仙渡乡充分发挥桃产业优势，持续做好“走出去”和“引进来”两大品牌营销战略，实现品牌增值，促进农产品溢价。先后吸引 4 家企业通过委托村集体采购、包装、运输的方式进行水果采购，采购总金额达 27. 90 万元，实现村集体增收 11. 30 万元。

三是加大政策扶持，确保完成目标。仙渡乡二三产业薄弱，大量劳动力外出，不具备短期内发展二三产业的条件。仙渡乡党委、政府及时转变思路，尊重仙渡实际，加大扶持力度，建设一批乡党委、政府主导的联建项目，确保完成“消薄”任务目标。完成建设投资企业经营和园艺综合体 2 个乡级联建“消薄”项目，2 个项目投资总额达 240 万元，年固定投资回报总额达 28. 8 万元，红利惠及全乡 9 个行政村。同时，11 个行政村出资成立的乡级强村公司通过投资区级强村公司每年获取股份分红 10 余万元。

四是释放结对成效，实现问海借力。仙渡乡紧紧抓住村企结对发展机遇，借结对企业人才、资金、技术之力，努力加速实现“弯道超车”。中电海康公司结对仙渡乡皂树村，公司专门成立扶贫工作组，选派优秀干部到仙渡乡担任党委副书记，谋划建设甘薯种植及淀粉加工厂项目，由甘薯合作社、皂树村集体和乡强村公司共同出资 200 万元成立淀粉加工公司，采用“农户+甘薯合作社+淀粉加工公司”模式运营，实现村集体和农户双增收。目前，该项目已经开工建设，预计淀粉年产值 300 万元，平均增加农户年收入约 8000 元，村集体经营性年收入约 29. 95 万元。

三、高领域拓效应

一是“山海党建”引领“消薄”。仙渡乡在“千企结千村，消灭薄弱村”专项行动大背景下，针对不同地域、不同领域、不同性质的单位之间，首创实施“山海党建”协作新模式，坚持以党建为统领，以“互动共享、共进双赢”为目标，积极探索资源共享、优势互补、共同发展新路子，提升村企结对深度和广度。“山海党建”协作新模式启动以来，仙渡乡党委目前已与宁波开投集团共同成立了“山海党校”，集团党委下属机关第一支部来丽水开展主题党日活动，走访慰问困难党员、参观革命纪念馆，双方“走亲调研”10余次，企业无偿援助仙渡乡近100万元用于党建阵地提升改造和结对村“消薄”项目实施。

二是“乡贤联谊”助力“消薄”。仙渡乡在丽水市率先实现村级乡贤联谊会全覆盖，不断壮大乡贤队伍，深入挖掘“乡贤文化”，凝聚乡贤力量，充分发挥各类乡贤在文化传承、基层治理、乡村振兴、村集体“消薄”等领域的作用，引“知”回村、引“资”回村、引“智”回村。皂树村乡贤浙江中立建筑有限公司董事长周国强，主动融入皂树村“消薄”工作，通过带资金、带项目的方式助力村级发展，完成投资额170万元的投资企业经营项目，村集体年经营性收入增加20.40万元。

四、高水平谋发展

一是因地制宜更要因村制宜。仙渡乡“消薄”谋划项目时，除了考虑村级地理位置、建设空间等立地条件，更要考虑村级产业结构、“三资”情况、队伍力量等发展要素，在“消薄”存在客观难度的行政村，短期内开展见效快、有保障、要求低的“消薄”项目，确保完成任务。

二是用足资源更要用好资源。运用农村“三资”清产核资工作成果，收回一批优质资源、盘活一批闲置资源、提高一批低价资源，实现资源利用最大化。通过招聘职业经理人，探索乡强村公司实体化运营，提高“消薄”贡献率。通过村级自筹、财政补助等方式，妥善处理好梅田旅游接待中心问题，摆脱村级债务束缚，释放“消薄”动力。

三是村级“消薄”更要百姓“消薄”。皂树村甘薯种植及淀粉加工厂项目带动农户种植甘薯增收致富，吸引外出劳动力回乡就业，实现“精准扶贫”和

“消薄”两项事业有机统一，促进村集体和农户双“消薄”，具有示范引领作用。

四是立足当前更要着眼长远。在三年“消薄”行动计划完成的基础上，下一步，仙渡乡将持续发力，进一步谋深、谋细、谋实村集体项目，全面发展壮大村集体经济。谋划建设的乡级联建光伏电站项目，投资量大、投资周期长、涉及部门和村庄多，项目经济效益和社会效益大，目前，已经完成项目前期工作。仙渡乡立足长远、久久为功、持之以恒紧盯项目建设，确保重大集体经济项目顺利投产。

践行“两山”理念
续写村级集体经济新篇章

——老竹畲族镇“消薄”工作经验

消除经济薄弱村是农村工作的重要组成部分，也是加快农业农村现代化建设的重要一环。老竹畲族镇（以下简称老竹镇）镇属12个行政村中，有11个村集体经济收入较为薄弱。2019年以来，老竹镇坚定不移践行“两山”发展理念，以“浙西南革命精神”为契机，以“忠诚使命、求是挺进、植根人民”为工作导向，认清形势，因地制宜，谋划发展思路，切实打赢“消薄”攻坚战。

一、各村收入情况

老竹镇共有12个行政村，2019年总收入537.24万元，经营性收入170.17万元，镇属12个行政村均完成“消薄”任务。其中，经营性收入达到10万元以上的有老竹村97.45万元、新陶村10.48万元。赤坑村、郑丰村从2017年的零经营性收入，发展到2019年经营性收入超过5万元，为村集体建设发展提供了有力保障。

二、主要成效

老竹镇12个行政村的乡村特色和资源优势不尽相同，采取统一导向、分别谋划、鼓励创新的方式激励各行政村充分发挥自身优势，既注重自身的强弱项补短板，又各显神通争取扶持资金、吸引工商资本。

一是切实发挥“消薄”联建项目。目前，老竹镇有4个“消薄”联建项目，其中两个投入正常运营，一个在建设中，一个在谋划中。①老竹集贸市场联建项目，投资90万元左右，已投入正常运营，2019年为周坦村、后坑村、梁村村3个联建村带来投资收益2.6万元。②赤坑水电站联建项目，投资130万元，已投入正常运营，2019 年为赤坑村、丁公村、曳岭脚村、郑丰村 4 个联建村带来 2 万元投资收益。③周坦村光伏联建项目，投资 42 万元，联建村为周坦村、郑丰村、丁公村，该项目已完成建设，将在验收后投入使用，预计每年为各联建村带来 1 万元以上的投资收益。④曳岭脚砖瓦厂光伏联建项目，正在申报谋划中，预计投资 1800 万元，将使老竹镇 7 个重点扶贫村受益。下一步，老竹镇将主动谋划、积极对接相关部门，用好“消薄”以及扶贫资金，有效促进村集体经济增收。

二是充分利用帮扶结对资金。老竹镇积极争取帮扶资金，有针对性地谋划可行性项目。目前，徐庄村计划投资 80 万元建设光伏发电站，装机容量 86.64 千瓦，年收益预计可达 8 万元，已完成招投标手续，下一步将进行施工；赤坑村计划投资 65 万元购买灯塔菜市场两个摊位，年收益预计可达 5 万元；曳岭脚村充分利用闲置办公楼，投资 5 万元建设光伏发电站，装机容量 8 千瓦，预计年收益 0.7 万元，2020 年投入使用；榴溪村投资 65 万元，购买灯塔菜市场两个摊位，年收益预计可达 5 万元。

三是有效盘活现有资源。老竹镇各村因地制宜，充分利用闲置资源，积极与企业对接，通过土地流转、出售农产品、建设农旅融合景点出租等方式，切实增加村集体经营性收入。①用好土地流转的金钥匙。郑丰村与正好电力公司签订合同，建设正好农场项目，流转土地 200 余亩，年获得土地管理性收入 2.44 万元的同时，也为在村老百姓特别是低收入农户提供了良好的就业机会。下一步，郑丰村将继续整合资源，引入工商资本建设养猪场，2019 年年底该养殖场已经进入土地建设审批程序，预计土地流转及管理方面可使郑丰村每年获得 3 万元的经营性收入。②挖掘绿水青山的金山银山。郑丰村和徐庄村将通过流转、整合空闲土地种植畲药（前胡），形成种植规模，打造莲都区唯一畲药种植基地，有效增强市场竞争力。2019 年年底赤坑村的中药种植已经初具规模，郑丰村的基地正在进行土地流转程序。③筑巢引凤注入工商资本。新陶村建设南乡红色旅游及乡村休闲农旅项目，吸引了华宇旅游公司入驻，新陶村每年可获得 25 万元的租金收入。另外，新屋村石门源自然村通过整村搬迁、整村出租的形式，吸引浙江隐墅乡村旅游发展有限公司建设休闲度假民宿村，也将获得一笔可观的经营性收入。

三、存在的薄弱点

老竹镇“消薄”工作从“呀呀学语”到“蹒跚起步”，有“消薄”成效突出的老竹村，也有勉强达到“消薄”要求的丁公村，工作已初见成效，但是依旧面临以下问题。

一是思想站位参差不齐。干事创业能力强、思想站位高的村，如新陶村、郑丰村、沙溪村，虽然起步不同，却在村“两委”的带领下，积极谋划、努力创新，从零突破，达到了更高的位次。但是，仍有许多干部群众存在着等、靠、要的思想，认为“消薄”是政府政绩工作，不主动作为也会有兜底。这样的想法是滞后的，懒政思想的存在会使乡村振兴工作止步不前。

二是产业发展仍旧薄弱。一方面，产品及旅游路线单一。很多农旅产品、休闲观光园区及景点内涵单一，形式趋同，多以农家乐、农业节庆等形式运行，导致游客不能真正静下心感受，多属于一次性游玩；同时，观光、采摘、垂钓等活动方式单调，难以满足游客多样化需求。另一方面，生态农业存在短板，技术体系不健全、政策资金不完善、服务水平和能力建设不强等因素都制约了老竹镇的农业产业持续健康发展。

三是资源发掘利用不足。一方面，老竹镇作为畲族镇以及红色革命乡镇，是“浙西南革命精神”重要弘扬地，但目前民族特色文化及红色文化产业还没有得到充分的发掘利用，市场营销意识不强、手段不足，没有把资源优势转化为市场优势，产品缺乏市场竞争力。另一方面，各村均拥有良好的山水资源，但是将山水资源及土地资源通过流转盘活来实现村集体收益的村尚少。

四、下一步工作打算

一是提高站位，建设镇村新队伍。以“八八战略”为指引，通过“党建+”的形式，实施乡村振兴战略。以各村党员为基础，建设一支思想好、能力强、有作为的镇村干部队伍。发挥镇、村两级干部主观能动性，提高思想站位，将“消薄”工作纳入镇、村干部考核制度，要求各级干部主动作为、积极谋划，从制度上杜绝等、靠、要思想。乡村要发展、农民要增收，离不开干部群众的群策群力、辛勤劳动、积极作为。

二是招商引资，培育增收新引擎。依托老竹镇得天独厚的生态资源优势和民族乡镇的特色优势，积极开展招商引资工作。充分利用已有的华宇文化旅游、黄兰东西欢乐谷等旅游项目为切入点，以农旅融合为出发点，大力发展特色农业、精品农业，进一步规划完善以云溪花谷、处州蜂业、晓锋溪鱼、清水小龙虾等为代表的养殖基地的建设布局，逐步形成吃、游、玩产业链，筑好金丝巢引得凤凰来，为区域内各行政村都谋划农旅项目以及招商引资项目，加大村集体增收引擎。

三是村企结对，念好增收致富经。老竹镇列入村企结对帮扶工作的村共3个，分别是沙溪村、曳岭脚村、徐庄村，根据结对帮扶安排，分别与丽水市丽汽集团、宁波星箭航天、莲都区农村商业银行3家企业达成帮扶意向，均已完成协议签订。其中，徐庄村将利用村农贸市场屋顶安装光伏发电设施；曳岭脚村以农产品采购产业链为出发点，企业通过向村经合社采购本地的优质农产品，产生经营性收入；沙溪村挖掘畲族文化，谋划开发“山哈大席”项目和道弄源古名居养生园地项目，多渠道打响畲族品牌。老竹镇将积极对接，主动谋划，为企业和村集体架好沟通合作的桥梁，将村级结对工作做好并最大限度产生收益。

四是项目建设，夯实增收新基础。坚持“项目为王，项目制胜”理念，建立健全了项目领办责任制，有效加快项目进度，提升建设质量。下一步老竹镇将加快完成周坦光伏联建项目、曳岭脚砖瓦厂光伏联建项目，尽快投入正常运营获得收益，并且将继续谋划包括光伏联建、基础设施建设、新农村建设项目等，最大程度改变乡村面貌，为乡村发展、村集体增收打好基础。

不遗余力做好老竹镇的“消薄”工作，是镇、村两级干部群众的共同目标。老竹镇将紧扣目标抓推进，压实责任抓落实，全力以赴抓成效，心往一处想、劲往一处使，老竹镇将全力打赢“消薄”工作攻坚战。

依托山水优势
助推村集体经济高质量发展
——丽新畲族乡“消薄”工作经验

莲都区丽新畲族乡（以下简称丽新乡）地处莲都西部，位于莲都、松阳、武义三县交界，下辖 8 个行政村，其中 4 个村为省定经济薄弱村。2017 年以来，丽新畲族乡党委、政府始终坚持“生态产业优先、项目落地为王”的理念，广泛、深入接触社会资本、大中型优质企业，创造社会有效投资的制高点，拓宽了乡村振兴新路径。截至 2019 年 11 月底，全乡当年已实现村集体经济总收入 366.74 万元，较 2016 年增长 41%。其中，经营性收入 92.78 万元，是 2016 年经营性收入的 31 倍，村均集体经济总收入和经营性收入分别达 33 万元和 8 万元以上，是莲都区率先完成“消薄”任务的乡镇之一。

一是强化村企合作，引来“金凤凰”。乡党委、政府在摸清家底后，积极联系对接优质企业、优质项目，借力大平台将丽新乡的好山好水向金山银山转变。

近年来，丽新乡先后引进浙江大德经济林苗科技有限公司、安邦护卫有限公司、浙江交投丽新矿业有限公司等“金凤凰”栖息入驻，盘活了闲置山林、废旧校舍和空余劳动力资源。截至 2019 年年底，大德药业已经在咸宜、山村、上塘畈等村流转土地 1200 余亩，建成了益母草、红豆杉、灵芝等中草药种植基地，年均增加农民收入 520 万元。丽水安邦山耕文化园立项以来，租金、基建、设施等各项总投入累计超过 4000 万元，完成土地流转 500 余亩，支付土地流转租金 270 余万元，为当地农民解决就业 2.1 万余人次，促进农民工资性收入增长 300 余万元。交投丽新矿业有限公司投资 2.1 亿元建设咸宜玄武岩玢岩建筑石料矿山项目，预计每年可为村集体带来 5 万元的稳定收入。该项目已完工并投入使用，预计年均销售额可达 1 亿元，可提供就业岗位 300 余个，实现村集体、企业以及村民的多方共赢。同时，该项目年均增加乡财政税收近 500 万元。

二是谋划优质项目，打造“金饭碗”。丽新乡党委、政府始终把保证资金的稳定性、收益性放在首位，充分考虑企业和行政村的利益，最终确定收益稳定的东港小学项目作为乡“消薄”联建项目。项目地块位于东港路与关下路交叉口的东北处，总用地面积为46482平方米，项目总投资约为2.2个亿，学校建成后规模为48个班，能接收2160名学生，于2018年2月开工，现已投入使用。

在乡贤王增财的帮助下，乡里积极整合各村帮扶资金总计780万元，通过乡强村公司投入该项目，其中包括2018年省扶持资金（联建资金）150万元、村企结对资金275万元、余杭区结对帮扶资金150万元、平湖结对资金165万元及民宗帮扶资金40万元。投入资金由各村委托乡强村公司丽水市盛新集体经济发展有限公司分4期经由打入启程教育集团，并签订资金参股分红协议，约定启程教育每年按各村投资额的8%给予分红，预计年收益达62万余元。该联建项目的建成，不仅提升了村集体经济自身“造血”功能，也为乡贤助力“消薄”提供了鲜活样板。

三是发展特色产业，铺就“致富路”。坚持让专业的人干专业的事，结合自然条件优越，以及临近松阳茶叶市场等优势，多次邀请农业专家何卫中问诊把脉，同时以“畲乡论坛”为交流平台，组团下访，全面分析黄金茶、棠梨等特色农业产业发展可行性、种植效益等。2018年确定山村村为黄金茶种植示范点，试种了30亩，已经带动周边村庄形成了100多亩的种植规模。乡党委、政府将继续送技术、送项目、送资金、送服务到村，将滴灌、物理灭虫等技术运用到黄金茶种植基地，并指导各村做好茶园农旅融合规划，让金黄色的茶叶成为乡村旅游的亮点，真正锻造极具生态价值的“金叶子”。

另外，马村村棠梨园现有30亩左右，为更好地保护和开发马村村棠梨这一古老的乡土品种，让它成为马村村的“金名片”，为村集体经济提供新的经济增长点，经过多方讨论研究，2019年该村积极整合各类补助资金10万元，以“合作社+棠梨园”模式，由村股份经济合作社开发种植棠梨苗，统一销售管理，村民通过认购参与种植管理，预计每年可增加收益2万元左右，村集体有了持续增收的渠道。

未来几年，丽新畲族乡将面临一系列的重大发展机遇，衢丽铁路将经过丽新乡并在咸宜村设高铁站，另有一条南山高速互通至丽新乡的高速公路将要建设。届时，丽新畲族乡到主城区、高铁站、机场、古堰画乡等主要站点均将纳入半小时交通圈。乡党委、政府将积极应对面临的机遇和挑战，以“魅力畲乡图自强”的精气神落实“莲都作为”，践行“丽水之干”，为丽新畲族乡“消薄”工作注入源源不断的动力。

坚持“四个举措”
迈向村集体经济发展新征程

——黄村乡“消薄”工作经验

黄村乡地处莲都区东北部，与缙云、青田两县交界，是丽水市区一级饮用水源保护地，山多地少、交通不便，再加上受水源保护“禁养限种”政策等因素制约，经济产业发展滞后，2016 年共有省定集体经济薄弱村 9 个，“消薄”任务艰巨。

近年来，黄村乡党委、政府高度重视村集体经济发展工作，严格按照丽水市及莲都区党委、政府的工作部署，把“消薄”工作作为首要政治任务来抓，提高党员干部思想政治站位，创新发展理念，开展资源盘活，深挖发展潜力，推动联建项目落地，截至 2019 年 11 月底，全乡 11 个村当年共实现村集体总收入 301.59 万元，经营性收入 78.82 万元，取得了良好成效。

一、站位高一步

“消薄”工作关乎民生福祉，更是落实上级党委下达的政治任务，必须不折不扣完成。黄村乡在“消薄”工作推进中坚持高站位、高标准、高融合。

一是首善担当，强化党建引领。乡党委、政府成立以乡党委书记为组长，全体班子成员为组员的“消薄”工作领导小组，搭建好由乡到村的工作组织架构，明确分工，理顺职责，汇聚工作合力。2019 年共召开村党支部书记“消薄”会议 4 次，党委书记亲自部署、督促、检查。同时建立村支部书记年度考核与村“双增”“消薄”工作挂勾的奖惩机制，实施正面激励，倒逼责任，充分调动村干部推进“消薄”工作的积极性。

二是主动出击，摸准“消薄”痛点。乡党委、政府主动出击，走进村企，以组团下访为抓手深入基层，摸准各村经济薄弱“痛点”，破解难题。2019 年共组团进村 12 次，收集困扰发展问题 84 起，帮助解决问题 31 起，有效推进“消薄”项目建设进度。

三是融入大局，奔向绿色发展。主动融入高质量绿色发展大局，立足生态优势。一方面通过组团下访、主题党日活动、领导干部上党课等契机持续灌输绿色发展理念。另一方面引导村级挖掘、构建绿色发展模式，如池岭村在高山蔬菜培育中不断优化创新，探索竹荪与玉米套种的新模式，取得较好收益。

二、谋划先一步

一是提前规划，抢占先机。黄村乡党委、政府积极调研，参与实地勘察，主动加入谋划方记土面厂扩建筹备工作。在多方面论证后，牵线项目业主与莲都区“双增”工作攻坚组办公室工作对接。以“做大一碗面，富一方群众”的理念，做到精细规划在先，申请支持在后，打好基础，确保增收。

二是主动对接，快速推动。在池岭村高山蔬菜基地村企结对项目谋划中，黄村乡根据辖区内实际情况，规划设想基地多条生存创收模式，大胆抛出“橄榄枝”，主动上门对接宁波鄞州区结对企业，逐一上门拜访，介绍项目，提出设想，积极沟通，受到了宁波鄞州区工商联的高度好评。

三是连点成线，齐头并进。在“消薄”工作谋划上不拘泥于某个村的“消薄”，而是提前绘好棋盘，将大局意识一以贯之，以各村“消薄”项目设点，以点带面推进全乡村集体经济发展。三年来共建立了黄泥墩碧水湾沙滩项目、方记土面联建项目、池岭高山种养殖联建项目、黄村河道承包、黄村农贸市场、黄村办公楼出租等9个“双增”项目，增加村集体经济收入150余万元。

三、“消薄”精一步

一是在项目谋划上做好结合。把“消薄”与党建相结合，坚持“一把手”负责制，乡党委书记每年与各村党支部书记签订“消薄”责任书，压实“消薄”任务。要求各村每季度召开一次“消薄”专题支部研讨会议，发挥党员的力量，把党支部打造成村集体谋发展、促建设的“最强大脑”；把“消薄”与农民增收致富相结合，不局限于“兜底消薄”，而是始终奔着优质“消薄”去，积极争取相关建设资金，加大各级扶持力度，积极利用“一事一议”、盘活存量资源等方式，增强村庄自身“造血”功能，鼓励村集体经济做大做强；把“消薄”工作与“和美乡村”建设相结合，严格对照“新时代美丽乡村”标准，把“一条可持续的村级集体经济发展路子和富民产业”作为“星级和美乡村”创建的重要内容进行统筹谋划，协同推进。

二是在产业打造上建强品牌。做大做强龙头企业，突出方记土面、郑村白茶、云翁高山蔬菜等优势产业的引领力，叫响本土产业，发挥既有品牌的连带效应，让“黄村产品”深入人心。同时，把“消薄”工作与“精品线”打造相结合，加大项目招引力度，加快“精品线”的基础设施建设和产业植入，串联带动沿线村庄的产业培植和集体经济发展。

三是在村庄发展上抓准特色。根据各村天然禀赋优势，利用特色，做好“一村一品”谋划。在面对汇村一级水源保护地限种禁养的政策制约下，转劣势为优势，对接水资源公司，以村集体承包水资源清洁项目的方式，稳定增加村级经营性收入。严鸟村素有土面制作传统，村干部利用传统优势成立方记土面加工厂，注册品牌，设计包装，由全乡 11 个行政村注资占股方式，共享收益，达到良好效果。

四、培育进一步

“消薄”不仅是要消除经济薄弱村，更重要的是要破除基层致“薄”致贫的老旧思想，既要扶贫，又要扶智、扶志，让群众转变观念，从思想上真正“脱贫”，变“输血”为“造血”。黄村乡在“消薄”过程中不断向村干部灌输自力更生、自主创业的观念，乡党委、政府逐渐从“台前”退至“幕后”，将“掌舵”权交给村里，增强村干部创业致富主动性。

一是引导村级“自运营”。在完成黄村农贸市场项目前期论证与谋划后，大胆放手，鼓励黄村村股份经济合作社自治运营。设定运行制度，组织人员管理，实行村内监督。营造自身“造血”能力，达到长期“消薄”的目标。

二是激活创业主动性。运用多种激励机制，保证各村创业积极性。黄村村“两委”利用小城镇建设河道整治机遇，主动策划黄村河道承包项目，召开村民代表会票决通过，并报乡“三资”办备案。以公开招投标方式向外承包河道生态养鱼，为村集体每年增收 3 万元。

三是挖掘本土“领头雁”。突出乡贤引领作用。发挥陈春龙等创业型乡贤的资金带动力，助力黄泥墩旅游综合体项目；发挥方敏等年轻乡贤的创新引领力，更新发展理念，借助互联网平台开拓新市场；发挥郑金森等“工匠”乡贤的专业牵引力，做精本土产品，打造乡土品牌。

第六章　亮点纷呈

农旅融合谋发展　坚决打赢攻坚战

——碧湖镇在2017年11月3日莲都区消除集体经济薄弱村工作领导小组会议上的汇报

丽水市消除集体经济薄弱村视频会议召开后，碧湖镇根据会议精神和要求，就消除集体经济薄弱村工作进行再部署、再落实。截至2017年，全镇共有省定薄弱村19个，占全镇行政村数的44%。计划于2017年年底，消除集体经济薄弱村9个，年经营性收入5万元以上的村占比达到35%以上；2018年年底，全面消除集体经济年收入低于10万元的薄弱村，年经营性收入5万元以上的村占比达到60%。任务艰巨，责任重大，为此，碧湖镇将坚决贯彻落实区委、区政府的决策部署，把消除集体经济薄弱村工作作为一项重大的政治任务来抓，精准施策、加压奋进，做好做实做优三篇文章。

一、做好“人”的文章，提升村集体经济发展能力

组建由镇主要领导挂帅，联村干部、村“两委”干部一线作战，村民共赢合作的攻坚方阵。挖掘壮大集体经济的典型村，通过实地观摩、共商研判等方式，为薄弱村的村“两委”班子上好“一堂经济课”，打好消除经济薄弱村攻坚战的“第一仗”。

二、做实“责”的文章，镇村联动持续攻坚

加强对镇村两级帮扶队伍的督查考核，实行挂图作战、销号管理，考核结果与干部提拔使用直接挂钩。同时，根据每个薄弱村的实际情况，制定详细的任务清单，细化工作职责，确保每项任务可督、可考、可问责，真正实现精准脱贫。

三、做优“选”的文章，增强村集体自身造血功能

充分依托碧湖平原自身优势，借建设“丽水大花园”的大好时机，在原有特色水果、中药材、花卉等农旅融合基地的基础上，大力发展休闲观光农业，培育全域乡村旅游发展的新增长极。一是借鉴畲坑、下南山等村“古村+众创”发展模式，纵深谋划中溪古道、下圳村古民居等招商项目建设，发挥“旅游+”综合带动功能，推动项目资源有机整合。二是利用莲都区国家农业综合开发现代农业园区产业化项目，以村股份经济合作社持股企业的方式为村集体经济造血。三是依托碧湖镇经济发展优势，利用现有招商引资小宗地块，探索采用村集体经济薄弱村扶持资金进行项目联建模式，为村集体经济薄弱村输血。四是鼓励有条件的村增设或盘活村集体资产进行出租，增加村集体经济收入。

接下来，碧湖镇将勇于担当，敢打硬仗，确保打赢消除集体经济薄弱村攻坚战，为莲都区发展大局提供更多碧湖元素。

党建领航 谋新“造血”
坚决打赢“消薄”攻坚战

——仙渡乡在2017年11月3日莲都区消除集体经济薄弱村工作领导小组会议上的汇报

仙渡乡下辖11个行政村，其中省定经济薄弱村共有9个，是一个典型的“村穷民富”的山区乡镇。自“一村一策”扶持政策实行以来，仙渡乡党委、政府高度重视，坚持“输血”和“造血”并重，坚决打赢“消薄”攻坚战。

一、党建领航，精准“绘图”

乡党委、政府多次召开专门会议对消除薄弱村工作进行研究部署，成立了由主要领导、分管领导及帮扶干部组成的帮扶团队，真抓实干，把消除经济薄弱村的帮扶工作摆上重要议事日程。召开会议统一村“两委”班子的思想认识，提升村干部的主观能动性和积极性。深入宣传，广泛发动，集思广益，凝聚人心，联村干部与村“两委”紧密联系，精准研判，献计献策，共谋发展。

经过前期细致摸排及充分分析研判，对收集上来的金点子进行逐一讨论分析，仙渡乡根据各村的实际发展情况，因村制宜制订“脱帽”方案，每个经济薄弱村形成一个集体经济对策与措施，根据各村的实际情况，地理优势，产业特点，积极申报经济薄弱村扶持项目，并结合多种帮扶渠道，设定“三年计划两年完成”目标，计划2017—2018年消除全部薄弱村，保质保量实现精准脱贫。

二、项目助航，添能“造血”

一是激活资源优势，精抓农旅融合。根据莲都区委、区政府关于融入“创新区”建设“中心园”的发展部署，全面升级仙渡“四季花田”发展目标，打造“农旅融合先导区”。秉持“强农、富农、惠农”的基本原则，以“精”字画好同心圆，依托莲都唯一省级“桃产业特色农业强镇”建设为圆心，佐以“养猪上楼”先行区、“精品水果”示范基地为支点，辐射配套以“北飘梅峰茶香、南携梅田蜜橘、东采轩德皇菊、西摘富村蓝莓”的全域精品布局。仙渡校准三年发展时间轴，投资5000多万元，重点改造基础设置，加大招商引资，培育南源150亩皇菊基地项目，推进董弄土蜂养殖项目，设计白莲产业发展项目。同时，精炼品牌，提亮“乡村慢旅”主题，精选线路，激发农旅融合叠加效应。

二是盘活资产优势，挖掘商业潜能。由于学生转移到乡中心小学就读，目前仙渡乡各村都有空出的小学教学楼。经乡村共同探讨研究，准备通过招商引资（主要对象为农产品加工企业和仙渡乡规模种植企业）将类似闲置固定资产出租，收取一定的租金收入，为村集体经济“活血引金”。

三是做活交通优势，力促光伏产业。发展光伏产业具有社会效益显著、经济效益明显、项目建设周期短、能有效利用闲置楼顶与荒山废地的优势。滴水岩村、皂树村、何金富村日照充足、交通方便，便于光伏发电并网。电站由乡政府主导推进，由乡政府扶贫办、村委会、光伏能源公司三方成立村级光伏合作社，共同建设。以村集体出资、公司运营的方式投入生产，增加村集体经营收入。

三、政策护航，谋新“探路”

仙渡乡部分村落山高路远，经济基础薄弱，严重制约村集体经济发展。我们一手抓传统产业提质增效不放松，加快发展“精品水果”“养猪上楼”等特色种养业，一手抓“造血”新模式，拓展增收新渠道。

一方面，以来料加工“整乡推进”工作为契机，促成“村村有经纪人”带动，“村村效益提升”新局面；另一方面，针对消除集体经济薄弱村，乡党委、政府探索实施全乡物业联建新模式，在争取省、区大力扶助基础上，乡村积极配套自筹，计划村均投资100万元以上，异地购/租公寓房、停车场或菜市场等回报率较高的物业项目，为集体经济增收谋新路。

仙渡乡将把一张蓝图绘到底，一心一意谋发展，争先赶超，坚决打赢消除集体经济薄弱村攻坚战。

紧盯目标强化举措 拓宽村集体增收致富路

——黄村乡在2017年11月3日莲都区消除集体经济薄弱村工作领导小组会议上的汇报

消除集体经济薄弱村是巩固党在农村执政基础的可靠保证，是实现全面小康的必然要求，也是人民对美好生活的热切向往。黄村乡共有经济薄弱村9个，占行政村总数的81%。根据要求，计划2017年消除经济薄弱村4个，2018年再消除5个，数量多、任务重、压力大。2017年以来，黄村乡提高思想认识，把消除集体经济薄弱村作为一项重要的政治任务、一项重大的民生工程来抓，切实增强工作的责任感和使命感，紧盯目标、强化举措、狠抓落实，坚定不移地打赢这场攻坚战。

一、摸好底

消除集体经济薄弱村是必须完成的政治任务，乡党委以等不起、慢不得、坐不住的紧迫感、危机感和责任感，快马加鞭，加压奋进。

一是摸清底数。成立以驻村干部、第一书记及村干部为成员的工作组，开展经济薄弱村摸底调查，摸清村班子、人口、劳动力、收入支出、资产资源等情况，以及薄弱村的形成原因。

二是确定目标。黄村乡是水源保护地，有4个村属于一二级水源保护区，实行禁养限种，限制了种养产业经济的发展。黄村乡通过梳理发展方案，最终根据各村的优势特点，建立“一村一策”集体经济发展方案，争取打好群众搬迁、扶贫开发等组合拳。

三是规范资金。乡“三资”办加强对原签订合同的梳理规范、促进合同履约，增加集体收入。抓好村级非生产性开支管理，严格控制村级资金规范化使用，做好集体经济审计，有效防范对集体经济利益的侵害，争取把每一分钱都用在刀刃上。

二、选准人

“群众富不富，关键看支部”，在2017年的换届选举工作中，就谋划好把带头致富能手、经济发展观念强的能人选进村集体班子，为消除经济薄弱村打下基础。消除集体经济薄弱村必须与筑牢基层战斗堡垒同步进行。既要加大“输血”力度，更要增强“造血”能力，对实现村集体经济健康可持续发展的村“两委”班子，在考核上给予加分。同时，充分发挥村党员、农村经纪人和乡土人才的作用，充分调动在外企业家、乡贤和社会各界力量，结合当前市场需求和本村发展现状，真正谋划推出一批好项目。

三、谋好路

消除集体经济薄弱村攻坚战，能不能出战果，关键在结合实际谋划好项目。一是借光增收。结合消除经济薄弱村政策，将和垟村、天堂村、戈割村、池岭村、郑村村、黄村村6个经济薄弱村的国资扶持资金以入股的方式投入光伏发电项目，筹集资金390万元，项目建成后预计年收益40万元。二是借资增收。通过对村集体闲置的会堂、公墓、办公用房和山林等，采取租赁、承包经营、股份合作等多种形式对村资产、资源进行盘活，挖掘农村集体经济新的增长点，实现集体资产保值增值。三是借旅增收。发展经济需要项目带动，计划在黄泥墩村建设乡村旅游项目，借鉴云和长汀旅游经验，利用黄泥墩村天然泳池的特点，结合现有的农家乐，建设集休闲、娱乐、餐饮、住宿为一体的清水娱乐综合体。同时，加快黄村村产业升级，从原来的农耕小镇到农旅小镇的转变。

四、落好地

措施是薄弱村由弱变强的催化剂，也是加快发展的助推器。乡党委坚持给“鱼”与授“渔”并重的原则，积极推进措施落地，为经济薄弱村健康、快速发展保驾护航。一是加强保障。在进一步做好光伏项目的基础上，抓紧与国土、林业方面的报批工作，尽快做好村内山林的政策处理工作，使得项目能够尽快落地。二是考核激励。我们把消除经济薄弱村、增加村集体收入纳入对村干部考核的“五张报表”，发挥对村级考核的指挥棒作用。三是加大奖惩。对于在这方面表现突出的村干部给予考核奖励，同时，工作完成不到位的，对村干部和联村干部都给予惩处。

消除集体经济薄弱村既是一件大事、好事、实事，也是一件难事，黄村乡将通盘考虑、谋深谋细，发展村级集体经济这项系统工程，“输血”与“造血”双管齐下，按照“一村一策”的要求，因地制宜、千方百计拓展村级集体经济收入来源，提升内生动力，同时要着眼长远、统筹谋划，全面推动各项工作落细落实，确保每个薄弱村在规定时间内成功转化，实现“摘帽快跑”。

抓牢“两大主线”
书写“消薄”工作新篇章

——万象街道获“消薄”项目大比拼一等奖

2018年以来，万象街道根据省、市、区下达的集体经济“消薄”工作任务，始终坚持以“八八战略”“两山理论”为指引，以“丽水之赞”“丽水之干”为动力，以“莲都作为”为标杆，把集体经济“消薄”任务作为一项重要工作抓紧抓实，通过不断探索和培育新的集体经济增长点，巩固、提高集体经济收入，进一步加快农村的经济发展，实现农民收入稳步增长，2018年的“消薄”工作喜结硕果，亮点纷呈。

一、街道基本概况

万象街道总面积7.26平方千米，曾是历代州、县治所在地，现为莲都区委、区政府所在地，是商业最繁荣、历史最古老和人口最密集的街道。下辖7个社区和4个行政村，总户籍人口约为5.4万人，其中农业人口5656人，约占总人口的10.5%，4个行政村均为城中村，分别是丽华村、水南村、丽南村和城南村，2017年4个村集体经济总收入为1150万元，较2016年增长5%；农民人均收入24508元，较2016年增长13.6%。近年来，随着城市化进程的加快，4个城中村的地域优势愈发凸显，支撑村集体经济发展的生产要素也发生了变化，从原来依托传统的土地经济，转变为以物业经济为主的第三产业经济，推动村集体经济增长驶入“快车道”，也成为村集体经济不断做大做强的“稳定剂”。

二、主要工作做法

万象街道始终坚持党建引领，发挥党员干部在“消薄”工作中示范作用，以更高的标准，一以贯之把“消薄”政策落到实处，街道和村紧紧“同频共振”

“同向发力”，形成“一盘棋”的良好工作格局。

一是健全组织强保障。万象街道党工委、办事处高度重视村集体经济“消薄”工作，将“消薄”工作纳入重要议事日程。成立了街道和村两级“消薄”工作领导小组，街道领导小组组长由街道党工委书记担任，副组长由街道办事处主任和分管“消薄”工作的街道办事处副主任担任，相关工作人员担任成员。4个村分别成立领导小组，村支部书记任组长，村民主任和经办干部任副组长，其他村“两委”干部为小组成员，为“消薄”工作提供强大组织保障。同时，街道还及时召开了“消薄”工作部署会、研究会、“五问”研讨会，切实把上级政策贯彻到位，把责任压实到位。

二是组团下访解难题。针对村里发展遇到的困难，街道党政班子和职能科室干部，组团下访到村，在一线摸清情况、听取意见，有针对性地解决村集体发展难题。2018年，街道共组团下访10余次，解决问题20余个。为了解决丽华村历史遗留问题，加快推进集体经济发展，街道班子多次组团到村理清症结，开会专题讨论，与上级相关部门紧密对接，为丽华村争取了1000万元的安置土地差价款，丽华村遗留10年之久的问题得到解决。

三是工作交流促提升。每季度召开“消薄”工作交流会，每位村书记轮流发言，畅谈“消薄”心得。同时，定期对各村进行工作督查、通报，亮承诺、晒成绩、补不足，并将“薄弱”工作纳入村干部的业绩考核，树立“以成绩论英雄”的鲜明导向。

三、紧扣“两大主线”，抓好优质“消薄”项目

万象街道下辖的4个村虽然已经高质量完成“消薄”任务，但是并没有安于现状，始终坚持“村强则民富”的理念，找准优质“消薄”项目，持续大力支持发展村集体经济。2018年以来，万象街道紧紧抓住重点项目和物业经济这“两条主线”，不断做大做强，进一步实现集体资产保值增值，形成村集体经济可持续发展的固定产业，全力打造村集体经济发展的“升级版”。

案例一：水南村齐心协力、克服困难。水南村在4个村中是集体经济相对较薄弱的村，之前村里的工作经费非常紧张，日常开支只能依靠土地经济或政府帮扶，近年来，万象街道带领村干部进一步解放思想，鼓励发展物业经济和经营性经济。水南村干部消除“等、靠、要”思想，克服了实际困难，在各部门的共同帮助下，于2014年建成了村委会办公楼。经村民代表大会决议后，将部分办

公楼租给企业，每年为村集体增收 28 万元。2018 年以来，街道和村干部更是紧紧抓住市区城中村改造的时机，齐心协力推进水南区块发展。2018 年下水南区块共有重点征收项目 7 个开工建设，不久的将来，下水南区块形成以侨乡休闲文化为主题，以旅游、文创、养生三大功能定位的异域风情小镇，特别是水南公寓项目建成后，按照二三产业返还的指标，水南村可以获得一定数量的店铺，不断增强水南村经济发展的内生动力，不断激发集体经济发展活力。

案例二：丽华村民主经营、富而思进。“一部丽华史，半座处州城”。丽华村是一个有革命传统和文化底蕴的村，也是辖区 4 个村中经济发展最好的一个，但丽华村的“两委”干部并没有沾沾自喜，而是饮水思源、精心谋划、精准定位、科学决策，进一步壮大集体经济。一方面，借助城中村改造的契机，街道与丽华村“两委”干部紧密配合，有力推进江滨商务中心项目用地的清场。丽华村的“两委”干部高瞻远瞩、谋划长远，根据用地规划，主动配合街道做好周边环境的美化，看到了江滨商务中心项目落成后对丽华村产生的积极作用。另一方面，丽华村始终坚持党组织在村经济发展中的领导核心地位，富而思进，依托城中村的区位优势，专心做好物业经济的“大文章”，通过科学决策，盘活资产，民主运营，“管”出了如今近 3 亿元的集体资产。早在 2002 年，村“两委”利用土地返还指标审批项目建成 2 处集体资产，建成后，村“两委”不做“一锤子”买卖，没有将集体资产拍卖“一分了之”，而是长远谋划，经过党员大会和村民代表大会表决，实现“腾笼换鸟”，成功引入喜尔顿罗马假日大酒店、现代广场大酒店等企业入驻，有效盘活了集体资产，仅两家酒店租金每年为集体增收约 430 万元。同时，丽华村始终坚持“民主运营+市场经济”的方式，将属于丽华村的 1 家幼儿园和 47 间店面用于出租，每年为村集体增收 150 余万元。丽华村集体收入每年平均增幅在 14%以上，目前仍保持着稳步增长。2018 年，丽华村成为市委组织部开展全市“消薄”现场会莲都参观点之一，得到了各市、县参观者的一致好评。

“九层之台，起于累土”。万象街道下辖的 4 个村始终坚持把党建作为推动发展的“定盘星”，实现了集体经济从无到有再到强的“飞跃式”发展。万象街道将以此为起点，带领 4 个村“百尺竿头更进一步”，书写村集体经济发展的新篇章。

做足“融、投、联”文章
做强村集体项目

——岩泉街道获“消薄”项目大比拼一等奖

2018 年，岩泉街道创新思路，全力打好村集体经济薄弱村消除攻坚战，通过引好市场经济这股源头活水，做强农旅融合、创新投资、村企结对三类项目，把乡村优质资源变成资本。2018 年共实施“消薄”项目 10 个，总收入 879.07 万元，其中经营性收入 507.59 万元，占比 57.7%，预计 2018 年年底总收入可突破 900 万元，18 个村全面完成年度“消薄”任务。

一、农旅融合，引进一批富民项目

岩泉街道广拓招商引资渠道，盘活乡村闲置资产资源，吸引乡贤回归助力乡村振兴，共引进招商引资项目 6 个，投资总额达 1.8 亿元。例如，枫树湾村闲置校舍由工商资本投资 3000 多万元建设民宿综合体，每年除 6.7 万元租金收入外，还可带动全村 19 家民宿农家乐共同增收 30 多万元。又如，联建项目大塘水果基地农旅融合综合体，由工商资本投资 1000 多万元，街道投资 100 万元，建成 300 多亩新型水果蔬菜种植基地，完善了游步道、生态长廊、滑草采摘等活动设施，建设初期年收益就达 50 多万元，2018 年年底联建涉及的 3 个村每村分红 3.7 万元，并带动周边 4200 多名村民通过基地务工和连片种植增收，预计人均可增加年收入 2000 元，每年带动旅游收入 50 多万元。这个项目有三个方面显著效应：一是提升了山区农旅融合产业发展的丰厚度和带动力；二是成为优质水果品牌的孵化地；三是为该片区农民增收注入新活力。

二、创新投资，做活一批增收项目

街道实体化运作强村公司，通过三种途径多元化投资项目：一是直接投资成

长型项目。例如，投资130万元扶持杉树坑电站更新设备重建，成功地把企业盘活并保值增值，重建后每年发电140多万千瓦·时，年收益60万元，扶持周边5个经济薄弱村每村年分红2万元。二是引导村级投资集体物业获得稳定收益。例如，岩泉村通过投资改建菜场疏导点，每年增加摊位收益35万元；九里村通过九里宾馆出租，每年收益135万元；青林村修整村集体闲置土地出租，每年收益19.4万元；秋塘村出租闲置场地，每年增收10多万元等，增强了村集体“造血”功能。三是引导村级大额存款“活转定”。借城中村改造东风，鼓励各村把大额收益存款转成定期增加利息收益，如社后村1000万元存款三年定期利息可收益110万元。

三、联系帮扶，带动一批潜力项目

突出“党建引领”，充分发挥村党组织战斗力，通过第一书记帮扶增收、党员干部助力增收、村企结对带动增收等手段，做大做强村集体经济。例如，在旅游资源丰富的余岭村推进了两个项目：一是村企结对，小资金撬动大收益。该村投入130多万元建成村文化礼堂，与帮扶单位山水控股集团签订协议，出租办公室建设旅游接待中心，每年租金收益5万元。二是抱团发展。村民共同投资224.6万元建设红豆杉基地，目前200亩红豆杉已成林可销售。两项共同发力，可直接拉动该村休闲观光、农家乐餐饮、红豆杉销售三方面的经营性收入，预计人均年收入可增长5000元，对乡村旅游产业发展的拉动效应明显。

岩泉街道将不忘初心、继续前行，持续打好“消薄”主动战，为美丽莲都的经济腾飞贡献岩泉铁军中坚力量。

内外兼修练“消薄”之功
上下同欲走强村之路

——碧湖镇获“消薄”项目大比拼一等奖

自浙江省“消薄”攻坚战启动以来，碧湖镇在集体经济发展上通过传秘籍、修内功、借外力，拿出真金白银，使出真功硬招，全面完成43个村“消薄”任务，其中，资源盘活型9个，资产出租型14个，股权分红型23个，村企结对型2个。截至2018年11月底，全镇当年总收入达1347.3万元，经营性收入达429.5万元。

一、党建引领传秘籍，夯实要素保“消薄”

党委坐镇，支部带头，以规划引领、调研开路、挂图督办，保障精准“消薄”。一是一张蓝图干到底。因地制宜打造“一区三线”：依托人口集聚资源在镇区打造“物业经济区”，依托古堰画乡游客资源打造“民宿产业线”，依托旅游资源在桃碧线打造“旅游观光线”，依托万洋小镇打造“生态工业线”，形成“消薄”产业网。二是一份表格包到位。镇党委牵头大调研活动，组团深入各村摸清家底，多次召开专题会，收集200多个金点子，“一村一策”制定“消薄”计划表，建立镇村干部包干制，按收入分为红、黄、白三档，分批摘帽。三是一套机制责到位。建立“双增”考评体系，将集体经济收益纳入干部考核指标。要求各村支部书记签订责任状，建立“消薄”红黑榜，实行挂图作战。

二、利用资源修内功，授人以渔重长效

坚持量体裁衣，让资源动起来、活起来、实起来、聚起来。一是回租倒包让资源“动起来”。以承包、租赁等方式盘活闲置资源，不断拓宽集体经济发展路子。利用古堰画乡、九龙湿地的辐射，红圩、周巷等9个村将闲置圩堤出租给景

区，共增收63.8万元。二是盘活古村让资源“活起来”。南山村以“古村+众创”的模式引进生态度假村项目，投资6500万元修缮保护42幢古建筑，打造“精品民宿+文创基地”新业态，实现古村换新颜，每年增收25万元。三是新建项目让资源“实起来”。郎奇村将废弃的建设用地建成菜市场，为集体增收13.5万元，收入成功翻番。河口村拆除破旧的集体生产用房，投资90多万元建设物流仓库，年租金达10.3万元。蒲塘村投入86万元建设老知青文化营地，打造集餐饮、住宿、农事体验等为一体的旅游休闲基地，为集体增收5万元。四是改革创新让资源“聚起来”。试水园区持股计划，整合分散拨给农业龙头企业的补助金，以村经济合作社持股的方式参与企业项目，持续20年享受每年72万元的固定分红，惠及白口村等23个村。

三、招贤引资借外力，打造精品树标杆

搭乘“村企结对”快车，谋划一批前景好、回报快、效益高的“消薄”项目招贤引资，打造示范工程。一是精益求精优项目。成功与浙江省国资公司、浙江省发展资产公司结对，落实帮扶资金250万元，建设魏村光伏发电、岩头农贸市场、文化礼堂修缮项目。为了效益最大化，多次优化光伏发电项目方案，在光伏板下增加物流仓库，实现项目功能及收益从“1”到“2”的转变，为村集体增加近20万元收入。二是稳中求快盯项目。自我加压，制定“一天一汇报”和“一周一对接”制度，从项目考察到见效互访交流6次，双方合力盯进度、盯质量、盯成效。2018年魏村光伏发电、岩头农贸市场、文化礼堂修缮项目已全部投入使用，成为莲都区最先落地见效的村企结对项目。三是优中选优谋项目。一方面是人才选优，聘任浙江大学等单位62名专家组建碧湖科技乡贤队伍，岩头村与多家单位达成6个合作意向，涉及农产品种植加工、民宿等领域；另一方面项目选优，选取原底民宿等19个优质项目在碧湖镇第一届乡贤大会上展示，其中2个项目当场签约。

下一步，碧湖镇将继续调动各村建设“消薄”项目的热情，深挖碧湖资源，做到“消薄”不反弹、“造血”高质量，走实强村富民之路！

第七章　典型人物

民宿经济带头人

——记岩泉街道余岭村林和法

在白云深处有一个村，她叫余岭村；村里有这么一家民宿，她叫“儒欣居”。雪白的外墙，大面积的落地窗，再配上几盆植物，就是她的外观，走进民宿，山水为题，充满了诗情画意。

2015 年，莲都区发展 12 个民宿特色精品村，位于括苍古道上的岩泉街道余岭村是其中之一。创办民宿经济是好事，但也是难事，新鲜事物接受的程度总是比较低，大部分村民都保持观望态度。

“自己是村里的党员干部，又从事装修工作，何不发挥自己的专业，带头搞民宿！”林和法心里暗自琢磨。2016 年 8 月，他清空家里的杂物，开始进行农家乐民宿一体设计施工。历时 6 个月的装修，老林家的民宿完工了。

林和法请有意向发展民宿经济的村民前来参观，以坚定他们的投资信念。“哇，老林，你家的装修真漂亮！”“老林，这个柜子是怎么装的？”“这个灯是哪里买的？”村民们看到老林家的民宿，不由得赞叹，并连连发问。“这个柜子是实木的，结实又健康，不会产生异味，给游客舒适的感觉。”“那个灯啊，是用废旧的木头自己雕的，自己动手，既节约了成本，又充分发挥创意，给人新鲜感。”老林连连回答。

不仅是装修完工后请村民来参观，解答提问，林和法还向他们传授装修经验，代购装修材料，既调动了村民的积极性，又替村民节约了成本，带动了余岭村民宿经济的发展。

致富不忘家乡情

——记岩泉街道下后弄村徐光年

“小徐，回来做书记吧，我们需要你。”下后弄村地处偏远，村集体经济薄弱，迫切需要“变革”，村里上了年纪的党员多次邀请外出经商的徐光年回来做村支书。

徐光年是土生土长的下后弄村人，2002年开始创办物流企业，现在小有成就。2005年，正当他事业发展的关键时候，村里提出让他回村当支部书记。“现在村里的年轻人都外出打工了，只剩老人、小孩留守。”徐光年深知村里的困境，在反复思量后，他毅然选择了回到家乡。

不满30岁的徐光年上任了，上任后第一件棘手的事情就是着手建设10个自然村的自来水工程。下后弄村的自来水管道修建于20世纪80年代，年久失修，早已无法正常使用。

“下后弄村地处偏远，村集体经济薄弱。但是解决村民饮水问题，是我为村民承诺做的第一件事，不能失信于他们。”徐光年深知资金是大难题，就带头垫资5万元，“这钱收不回来也没关系，重要的是村民们能喝上干净的自来水！”

白天，他就带着村“两委”一趟趟跑相关部门争取支持，晚上，他们又挨家挨户上门做工作，筹集资金。经过大家的共同努力，不久后，10个自然村的自来水通了，村民们喝上了干净的水，脸色洋溢着幸福的笑容，纷纷表示要感谢徐光年。

“为官一任，造福一方”是徐光年给村民的承诺，现在他依旧在兑现他的承诺。

甘心吃亏的村支书
——记岩泉街道天宁寺村陈文友

“不把我们的水泥路浇了，你们也休想浇!”年关将近，在市区天宁寺村公租房项目施工现场，村民们因道路铺设问题和施工队发生了冲突。

天宁公租房项目位于城北街与宇雷路交叉入口，与天宁寺村相接，村民们要求施工方在衔接处铺设一条水泥路，这样就能和公租房的水泥路接通。

由于公租房方只愿意浇筑自己项目的道路，双方因此产生矛盾，村民直接拦在了路中间不让施工。村党支部书记陈文友知道这件事后，深知这个问题不解决肯定会引起村民闹事和上访，但公租房和新村建设是两个项目，相关设计通不过，建设资金不能落实。

“城中村的事情都是琐事、烦事，解决不好会酿成大麻烦，再难也要上!”陈友文多次跑莲都国土资源局、公租房公司和街道办事处等相关部门，最后协商由莲都国土资源局出资，公租房公司建设。然而，新问题接踵而来，村民要求年前完成，时间这么急，资金自然不能到位。“这样吧，水泥路马上浇，工程款记我头上，水泥路浇好，我付清款。”陈文友决定先行垫资把问题揽了过来。

村里的水泥路终于在大年二十七完工，十几户村民幸福开心地过了春节。村民们问陈文友路都修完了，工程款却还没拨付怎么办，他笑着说，吃亏也是福……

带领村民致富的第一书记

——记岩泉街道里佳源村王小荣

每年的 11 月，正是皇菊采摘时节，在里佳源村叶平头自然村的处州皇菊养生园，100 多亩的梯田皇菊竞相绽放，20 多位村民正在采摘皇菊，而众多的市民则在田埂上欣赏鲜艳夺目的皇菊，群山、梯田、云雾、菊花、新房构成一幅美妙的山水画。

叶平头村，是岩泉街道的一个自然村，2010 年 3 月启动旧村改造，全村按照统一规划、设计样式进行建设。

随着首批 10 幢式样别致的联排别墅式新房落成，叶平头新村旧村改造完成，可是村民的人均收入还是很低。

筑好巢引来金凤凰。2013 年 1 月，在村第一书记王小荣的牵头下，江西兆德实业有限公司对叶平头村的地理环境、自然条件感到十分满意，决定在叶平头村投资皇菊种植加工项目。

一开始村民纷纷表示担忧，“好好的果树砍了种菊花，万一人家种了一两年，生意不景气跑了咋办?”遇到担忧的村民，王小荣就拿起笔和计算器给村民算了一笔账：“原来村民种植蔬菜、水果、水稻等作物，扣除人工费，农药肥料费，每亩盈余 400 元。现在把土地流转给皇菊公司，租金每亩每年 500 元，这里就高了 100 元，再者可以给皇菊公司打工，每人每天 125 元。既解决了土地问题，又给村民增加了工作机会。”村民听完，瞬间积极性高涨，纷纷表示愿意种植。

现在，叶平头村是莲都区新农村建设示范村，村民人均年收入从原来的 3000 多元到现在的 30000 多元，增了 10 多倍，这一切都要归功于他们的第一书记王小荣。

不领“工资”的村支书

——记岩泉街道琯头村陈宝龙

陈宝龙是岩泉街道琯头村党支部书记，自 2005 年上任以来，他从没领过“工资”，因为他把组织给他的数万元村干部报酬都投入到村里的建设中。有人说他傻，他却不以为然。但是村里遇到事儿，他却从不马虎。

雪山村是琯头村下辖的一个自然村，距离国道线仅 3 千米的路程，但是由于地势较高，始终没有一条像样的通村公路。陈宝龙上任后积极联系上级部门，争取项目资金，联村机耕路终于被提上日程。

机耕路开建后，陈宝龙更是亲自上阵，天亮出门、天黑回来成了他的“习惯”，而且出门都要多带一件衣服，因为修路时出的汗总会浸湿衣服。妻子蓝爱娟更是体贴入微，每天总是送水到施工现场。

工人们见到陈宝龙的妻子，总会亲切叫上一声“大姐”，说点感谢话。“我就跑几趟路，一点都不辛苦，宝龙说你们天天干活才辛苦，喝点水，缓解一下暑气。”她这简单的言语却让工人们干劲更足。

“只要能让琯头村民都能过上更好的生活，我甘愿做一个一辈子不领‘工资’的村支书。”陈宝龙憨厚地笑着说。

“大家”“小家”一肩挑
——记紫金街道黄泥井村何金德

自 1984 年黄坭井行政村成立以来，何金德就一直担任村干部，30 年来，他尽心尽力，直到 74 岁高龄时才卸下重担。

每当聊起这位村里的老支书，村民们都会竖起大拇指，流露出敬佩之情。

黄坭井村的后山种满了果树，这是村民们的“聚宝盆”，可是，一直以来村民都以肩挑手扛的方式把水果运下山，限制了村集体经济的发展。村里准备开始修通往后山的水泥路，老何知道这个事后，第一个举手赞成。但是，因铺路涉及每家每户的林地和田地，村里顿时炸开了锅，各种反对的声音此起彼伏。无论何时何地，老何总是积极宣传动员。“老何啊，现在都不是书记了，何必操这门心。”面对村民的劝说，他总是耐心劝说：“这铺路是好事儿，跟我当不当书记没有关系，修路才能致富，让我们过上好日子。”

黄坭井村的路修了两年，这期间已经“退役”的老何和村干部们始终忙在“一线”，人也瘦了好几斤。

可是许多人不知道，在为村里奔波的背后，老何还要照顾身患老年痴呆的老伴，梳头、喂饭、洗脚，擦身，每天都未落下。

在安顿好老伴后，他再抽身和村里的干部们一起忙着修路，村干部不时劝说他，老何总是笑着回答：“趁我身子骨还行，大家的事能做一点是一点。”

“枇杷社长”走出致富路
——记紫金街道塔下村黄华祥

“当村干部不是想从村里拿点什么，而是要给村里、给村民创造点什么。”在担任塔下村村委会主任之初，黄华祥就下决心要带领村民发展农业经济产业，把村里经济搞上去。

塔下村是莲都区种植椪柑最早的几个村之一，曾给村里带来了良好的经济效益。但是最近几年，随着椪柑的市场行情逐年走低，村民的收入逐年减少，如何进行农业产业的转型升级是摆在面前的一道难题。

“要做就做出点样子来！”经过多方考察论证，黄华祥决定带领村民发展白枇杷种植。他创办了丽水市龙岩下水果专业合作社，发展了社员 32 户，白枇杷种植面积达 300 多亩。

“要利用有机沼液施肥，注意科学修剪树枝，生态无公害化管理。”说起种植枇杷，黄华祥滔滔不绝。在对村里的枇杷进行科学的统一管理，提高枇杷的品质的同时，他凭借自己多年的市场经验，着力打造“龙岩·白沙”品牌。

2009 年，黄华祥组织召开白枇杷品鉴会，请来了省、市、区农业专家和新闻记者，大力宣传“龙岩·白沙”品牌的白枇杷，进一步提升了“龙岩·白沙”品牌的知名度和美誉度。

种植户王金兰说：“现在我们只管摘不管卖，枇杷还在树上就已经有人预订了！”

在黄华祥的带领下，塔下村白枇杷供不应求，2015 年，村民们仅白枇杷一项就人均增收 8000 余元，走出了一条致富路。

村里的“编外”干部
——记紫金街道杨坑村顾国林

“在几年前，这里的村民大多还是来自海拔400多米高山上的特困户。”走近杨坑村东厢苑，看着一排排整齐的新楼房，村民们脸上满足的笑容，一股自豪感、成就感就会涌上党员顾国林的心头。

2013年以前，杨坑村东厢苑的高山上，散居着20多户特困群众，由于交通不便出行困难，生活很是艰苦。“上山走访的时候我看到不少村民还住在20世纪60年代盖的茅草房里。”顾国林说这番场景让他心里很不是滋味。下山后他第一时间跑到村委办公室，提出要和村“两委”干部一起劝说山上的困难群众下山脱贫。移民方案出炉后，不少人却不肯搬迁。

“遇上雨天，屋外下大雨，屋内接小雨。接漏、排水、转粮忙到大半夜，早点下山住新房不好吗？”“现在政府政策扶持，还有每人1万多元钱补贴，出城也方便多了……”整整半年时间里，顾国林就和村干部挨家挨户上门宣传政策，分析利害。

“你又不是村主任，管什么闲事！”顾国林也会碰到“钉子户”故意刁难。“这个闲事我管定了，就是得让你们住上新房子。”顾国林总是“嬉皮笑脸”软磨硬泡。久而久之，原本反对的41户村民终于答应搬迁。

“老顾现在可是我们的‘编外’干部。”杨坑村的村干部们时常这么打趣。顾国林是一名普通的共产党员，却用实际行动诠释了为人民服务的宗旨。

田间“把脉”开“处方”

——记万象街道丽南村胡跃军

“老胡，你快帮我看看这四季豆是怎么了！”炎炎夏日，丽南村老街边，吴老汉顾不得擦去满头的大汗，一进门便抓住胡跃军的手，着急地说道。

胡跃军是万象街道丽南村的一名普通党员，是丽水园林绿化方面的本土专家，平时村民的农作物出现问题，总是要来找他。

胡跃军扶住吴老汉，让他坐在阴凉处，接过豆茎叶片仔细观察后说：“老吴，别急，我看你这豆呀，倒不是生虫，而是因为没有及时清理霉变叶芽，这才导致真菌寄生。”话音一落，胡跃军从桌下取出一包早早配好的药粉包递给老汉，“前些日子，支部让我们党员给你们宣传防洪治涝的时候，提到大雨之后要注意防潮防霉变，我就知道你们肯定需要这些防锈病的药，快拿去吧！”吴老汉的心这才落了地，“真不愧是我们村的‘农技老师傅’，有你‘把脉’准没错！”

这么多年，胡跃军一直坚持为村民提供免费的农技指导，有空就去田间转转，这家的四季豆看看，那家的南瓜叶瞧瞧，在他的笔记本上写满了每户村民的农作物出现的问题清单。村里有人调侃：“你可是上过电视的‘名人’，怎么还总是免费给大家‘瞧病’？”他总是笑笑说：“大家相信我，我就得对得起这份信任。”

为村民办实事的好班子
——记联城街道青岗村党支部

“只要是为村里办实事，为人民服务，村民一定会认可的。”这是2013年换届选举后，联城街道青岗村“两委”班子达成的共识。3年来，他们一直都用行动兑现着他们的承诺。

“去文化礼堂看戏啦!”“文化礼堂有医生来做养生讲座呢!”2014年年底建好的文化礼堂成了青岗村的文化中心，是青岗村民最爱去的地方。

“文化礼堂建起来有什么用？我看到时候八成又是空在这里闲置的。”在建设初期，很多村民都存在疑虑，青岗村“两委”班子就动员村民，并且带头出资，分组挨家挨户做思想工作。“文化礼堂建起来，以后搞文艺汇演、普及文化知识、组织比赛就有了场地，大家的活动就会丰富起来，比成天打麻将有意义多了，这也为村里的孩子营造好的成长环境。”现在每逢重阳节、春节，都会在文化礼堂中安排节目、晚会，得到村民的一致好评。

短短几年，青岗村旧貌换新颜，原本狭窄的黄泥路修成了水泥路，道路更宽敞了，水更清了，村容更整洁了，晚上点起了路灯，村民的文化生活更加丰富了。村民们都自豪地说：“我们村有个为民办实事的好班子!”

花小钱　办大事

——记联城街道凤鸣村谢炳祥

一方面村集体经济薄弱，另一方面村里要建设，面对这种窘境，联城街道凤鸣村党支部书记谢炳祥带领村民创新模式，用小钱办大事。

2010 年，凤鸣村列入了“十百整治”范围。为了节约资金，村“两委”干部多次开会商议，最终决定采取“村集体工程大家建”模式开展项目建设。村里所有大小项目一律不实行招投标，而是采取由村理事会成员统一到市场购买材料、由村民包清工方式进行建设，每个项目自始至终都有监督工作领导小组成员现场监督。

在村庄绿化工程中，谢炳祥动员村民对村里一棵古樟树进行保护，修建明樟园。由于村集体资金少，他发动村民自发捐款筹集了近 2 万元。明樟园从设计到材料购买都由村干部和村民代表自己完成，原本预算 15 万元的明樟园建设项目，最后仅用了 8 万多元。

凤鸣村“十百整治”建设工程总预算 148 万元，通过集体工程大家建模式，共节约了 40 多万元。“现在，明樟园已成了我们村的标志性景点，也成了村民们最自豪的一项工程。”自 2008 年起担任党支部书记以来，谢炳祥带领村民先后完成了村庄绿化、道路硬化，新建办公大楼、文化礼堂，在办实事的过程中，谢炳祥也逐步成了凤鸣村群众的主心骨。“我既然是村里的支部书记，就要担起这份责任。”这是谢炳祥给出的承诺。

“带头吃螃蟹”的村主任
——记联城街道下林村张畈儿

“你们不放心，农家乐我家先做！”2008 年，莲都区联城街道下林村村委会主任张畈儿牵头动员九坑自然村村民办农家乐，成了九坑农家乐第一个“吃螃蟹”的人。

联城街道下林村九坑自然村距离市区 13 千米，自然环境优美，九坑桃花远近皆知。“我们这里离城远，农家乐有没有人来是个问题，前期需要投钱，八成是个亏本生意。”村“两委”决定牵头办农家乐，带动农民增收，然而不少村民打起了退堂鼓。

“我们村环境这么好，九坑桃花节在丽水又有知名度，现在城里人生活条件好了，有空喜欢往乡下跑，农家乐是在大家家里做生意，成本低又有收入，等其他地方都办农家乐了，我们就错过好时机了！”在张畈儿挨家挨户的劝说下，九坑村办起了 12 家农家乐，每年为村民带来数十万元增收。村民们都说：“我们有个为民办事、‘敢吃螃蟹’的好村主任！”

自上任以来，张畈儿与其他村“两委”干部脚踏实地，为村庄和村民办了不少实事，办农家乐、修建机耕路、建设葡萄酒庄园和下林村水土保持项目等。2016 年，下林九坑自然村成为莲都区第二批重点民宿建设村，张畈儿看准了机遇，又带头改造民宿。为了村里的发展建设，他磨破嘴皮子，跑断脚脖子，也赢得了村民的一致褒奖。

家家水果有订单

——记联城街道莲景村邱玉军

时间回到20年前，联城街道莲景村大多数村民以种水稻为生，收入并不理想。党员邱玉军原来在外跑运输，路子广、眼界宽。看到其他地方农民种水果致了富，也动起了种水果的脑筋。

他开始在村里动员大家联合种植水果，但是村民们都担心有投入没产出，不愿意改种。于是邱玉军便带头种植，成了第一个“吃螃蟹”的人。

黑李、黄李、桃子……经过几年的摸索，邱玉军的种植品种多达十几种，慢慢摸出了门道，水果种植面积达70多亩，年收入约30万元。

“你们听说了吗，邱玉军种的黑李，还长在树上就被人预定了，一斤要卖十几元。”邱玉种水果致富的事，一时间成了村头巷尾的新闻。大家都想效仿他改种水果，但是苦于没有经验。

“自己日子过好了不算什么，大家的日子红火了那才叫高兴！如果家家户户种水果，水果村的名头打响了，销路肯定好！”邱玉军把自己种植水果的经验手把手地教给大家，帮助村民挑选水果品种，教授村民杀虫技巧。他还利用自己的资源联系天宁、九里、青田等城区农贸市场、水果店，帮助村里打开销路，带领大家致富。

现在的莲景村，家家户户种上了水果，村民们的水果都有订单，很多村民都翻新了旧楼，开上了小车，日子越过越红火。

让村民多赚些
——记联城街道港口村李跃法

“不要安排在我家住！”这话要是出自一名民宿经营户的嘴里是不是很奇怪呢？哪有经营民宿又不愿接待客人的呢？说这话的是联城街道港口村党支部书记李跃法。

2015年下半年以来，港口村依托生态优势，启动了美丽乡村精品示范村和民宿经济先行村建设，党支部提出的口号是：让村民在家就能富起来。

万事开头难。因村民对民宿经营不了解，存在较大顾虑，不愿投资装修房子。为带动村民，李跃法将刚装修好不久的儿子婚房敲了，投入100多万元，按照民宿风格进行装修。不少村民都说：“李书记傻了，儿子婚房都敲，赚不到钱要哭。”然而李跃法不为所动，还动员其他党员带头搞民宿，受到感染的村民们也逐渐加入了民宿装修经营行列。

民宿装修好开业经营后，迎来了沪杭等地游客，为了统筹安排，村里成立了民宿协会，统一接待。但经营初期客源不稳定，每每接待员说“李书记，排几个到你家住吧”的时候，李跃法总是回答说：“不要安排在我家住！”

李跃法是想让村民们多赚点钱，让大家发展民宿的积极性更高！

菜老大

——记碧湖镇碧一村熊金平

菜农熊金平是碧湖镇碧一村的一名党员。多年来，他一直致力于丽水农产品的销售，成立丽水第一家农民专业合作社，解决农民卖菜难问题，带领菜农趟出了一条致富之路。

2000年以前，由于农产品没有固定的流通渠道，经营混乱，销路不好，农民卖菜十分困难。熊金平急菜农所急，组建了丽水市第一家农民专业合作社。为了提高长豇豆的质量和效益，增强市场竞争力，他带领合作社在碧湖镇建成万亩长豇豆无公害生产基地。

"我们制定了无公害长豇豆生产操作规程和产品质量标准，采取'基地+农户'的经营模式，针对长豇豆无公害生产的各生产环节进行技术培训。"熊金平说，当时参加培训的人员达5000多人次，通过培训，使碧湖长豇豆在市场影响力和竞争力得到有效提高。

从2002年开始，合作社就着手与社员签订产品产销合同，规定了最低收购价格。即使遇上市场上蔬菜价格暴跌，合作社仍按合同规定，以保护价敞开收购社员的产品，始终保证合作社的信誉。

随着合作社生产经营规模逐步扩大，蔬菜交易和加工用工量较大，在生产旺季，用工量达400多人，解决了一批农村剩余劳动力的就业问题。"合作社的成功，源自政府和乡亲们的支持。合作社有了今天的发展规模，要时刻牢记社会责任，反哺家乡发展。"这是熊金平时常挂在嘴边的话。在他看来，企业的发展源自社会各界的扶持，发展的目标是让更多的乡亲受益。

“泥鳅大王”的致富经
——记碧湖镇九龙村徐旭伟

“我正在清理的是福寿螺的卵粒，这种卵粒如果不及时处理干净，会导致泥鳅塘垮塌。”碧湖镇九龙村，徐旭伟正在泥鳅塘里忙活。

作为一名党员，徐旭伟有着敢拼敢闯的坚韧。大学毕业后，徐旭伟在外打拼了10年，但最终他还是选择回到家乡，养起了泥鳅。徐旭伟的想法很淳朴：“作为农民的儿子，想要选一项农民干的项目，也想带着村民一起致富。”

万事开头难，由于经验不足，养泥鳅的头两年徐旭伟亏损了10多万元，但他并没有轻易放弃。泥鳅怕热喜阴，他就割水草给它纳凉；泥鳅好动易擦伤，他每天又消毒又测水质。在徐旭伟地细心照料下，泥鳅的存活率慢慢提升，养殖面积也扩大到30亩。

为了掌握泥鳅养殖的核心技术，徐旭伟又开展了泥鳅人工孵化及育苗试验。“泥鳅水花苗的培育成活率低，要特别注意池塘内的溶氧量等数值。”经过多次试验，他终于在2010年年底掌握了鳅苗繁育技术，不用再购买昂贵的鳅苗，极大降低了生产成本和风险。“一亩塘比之前的购买鳅苗增收至少1万元。”徐旭伟介绍。

随着徐旭伟的养殖场慢慢走上正轨，附近的村民纷纷跟着他养起了泥鳅。“泥鳅塘要选择在水源充足、水质良好的地方。池塘的两侧要建好进水渠和排水渠。”从选址到建塘，每一步徐旭伟都毫无保留、倾囊相授，他还给村民提供鳅苗、饲料并协助进行销售，徐旭伟兑现了当初带动村民致富的承诺，村民们亲切地称呼他“泥鳅大王”。

目前，徐旭伟拥有养殖场面积近40亩，繁育池5个，年产泥鳅50吨，年销售收入100多万元。徐旭伟说：“我还要带着大家继续养泥鳅。”

致富“领头雁”
——记碧湖镇郎奇村金林美

“多亏了林美啊，我们才能住上这么好的房子。”“她可真是我们村的大能人啊。”村民们面对一排排整齐有序的现代化蔬菜大棚，以及一座座精致漂亮的小别墅，幸福中赞美的话语脱口而出。

碧湖镇郎奇村党员金林美，为何能获得这么高的评价呢？

金林美 24 岁那年，实现了她人生的“第一次转型”。她看准商机，收购蔬菜运到温州销售。她筹集了 3000 元启动资金，买了辆小货车，雇了一个司机，开始了她的蔬菜购销生涯。

2003 年，金林美实现了她人生的“第二次转型”。她发动家乡村民，牵头办起了莲都区郎奇农家乐农产品专业合作社。她在扩充收购队伍、搭建销售渠道的同时，不断把新品种带回碧湖镇，让社员推广种植。建立了“农户+基地+公司”的产销模式，把自己和农民的利益绑在了一起。

从 2006 年起，合作社效益渐佳，金林美每年把部分利润拿出来购买化肥、农药，分发给社员，作为“二次返利”。合作社还经常组织各类培训，邀请专家为社员和周边菜农讲课，传授新的种植技能。

在金林美的带动下，郎奇村的村民走上了致富路。

带领村民种植杨梅走出致富路
——记碧湖镇南山村郑秀旺

郑秀旺种植杨梅已经有30个年头，如今已成为丽水市有名的杨梅种植能手。在他的带领下，南山村的村民们走出了一条杨梅致富路。

20世纪80年代，郑秀旺便在农业科技特派员的指导下，开始种植优质黑炭梅。随着杨梅品质的提升和杨梅种植面积的不断扩大，宁波客商们开始主动上门收购，郑秀旺的杨梅事业风生水起。

在获得丰收的同时，郑秀旺始终不忘乡亲父老。2011年，郑秀旺成立了旺发果林专业合作社。他说：“村里有的人会种杨梅可是没有销路，有的人有销路可是产品品质不是很好，所以我想着把自己的经验和大家分享，大家可以共赢。”

合作社成立后，带动附近30多户农户加入，郑秀旺带着社员们一起学技术、找销路，提升了社员们的种植效益。为打响杨梅品牌，发展生态旅游，2012年，郑秀旺和村“两委”干部上门动员劝说，成功和42户农户签订协议，一个占地5亩、忙时可作杨梅交易市场、闲时可供村民休闲健身的南山杨梅文化广场就这样建成了。

如今，郑秀旺专业合作社的杨梅种植面积已经达到100多亩，每年经济效益超过50万元。“接下来，我会把南山杨梅品牌打得更响，让大家一起富起来！”郑秀旺说。

心系村民好党员
——记碧湖镇下叶村钟剑平

2015年以来，在碧湖镇下叶村常常能看到一个来去匆匆的身影，他皮肤黝黑，经常拎着大米、粮油等日用品穿梭在村里的小路上。村民们认出来，这不是外出创业党员钟剑平吗？听说他在外生意做得很好，也很忙，怎么还经常有时间回来啊？每当有人好奇地问起，钟剑平总是笑着说："回来办点事，随便看看。"

一次又一次，钟剑平回村里不肯多说的"随便看看"，终于露出了"马脚"。原来，他随便看看的对象是村里的几户困难户。2015年年初，丽水市遭遇了多年未遇的冰冻灾害，他得知这个情况后，决定要带上一些生活必需品回村里看看需要帮助的困难户。

2016年年初，他发现村民饶某的房子年久失修，便找来工人，把房子上上下下检查维修了一遍，彻底消除了安全隐患。为了避免水管破裂，他还冒着严寒，找来破旧棉衣和绳子，给屋外裸露的水管穿上"棉衣"。对于饶某的感谢，钟剑平回答说："都是同村人，有困难尽管找我！"

钟剑平用他低调的方式，如春雨般润物无声地为需要帮助的村民们送去温暖。这位事业在外却心系村民，低调助人的普通党员，用实际行动践行着党员的宗旨。

小山村念出了致富经
——记大港头镇利山村徐联法

“穷在山上，苦在路上，困在没出路上。”几年前的利山村还是一个贫困落后、鲜为人知的小村落，村里到处都是危旧房，环境脏乱差。如今，利山村已小有名气，吸引着成千上万的各地游客。利山村的蜕变，党支部书记徐联法功不可没。

2009年，村支书徐联法带领村“两委”争取到旧村改造项目，他在充分听取村民意见的基础上，决定以徽派建筑为主基调，整村新建。

徐联法的妻弟原来有一幢房子位于村里的主要道路旁边，并开了一个小店，在徐联法的动员下，妻弟主动让出这一沿街店面给其他村民。

近一年时间里，全村共拆除危旧房13000多平方米，建新房130多间、5000多平方米。利山村建筑特色明显，村庄美丽整洁，受到农民群众的普遍欢迎，并成为莲都区旧房改造的示范点。

栽得梧桐树，引得凤凰来。优美和谐的自然景观，吸引了不少游客前来游玩。徐联法从中看到了商机。2012年，徐联法联系了丽水市年利来农业综合开发公司，与其签订承租建设合同，打造“诗画利山农家乐综合体”。2015年，又借着莲都区发展民宿的东风，将农家乐升级成年利来特色民宿。

“年利来特色民宿目前是我们村里最大的民宿，与村民合作，将村民闲置的房间统一装修，统一管理，现在，50多个房间常常出现客满的情况。”徐联法说。

在年利来特色民宿的经营模式中，村民凭自家田地、房屋入股，还可在这儿打工增加收入。以一个家庭为例，每年土地和部分房子的租金，再加上在农家乐打工的收益，一年的收入可以达到5万多元，今非昔比。

推广生态蔬菜的领头人
——记峰源乡正岙门村尤金伟

“老尤，我家山脚那块地也想种放心菜。”“我现在忙，你午饭时过来登记，我下午再把这块地报给农技站。”峰源乡正岙门村党支部书记尤金伟最近忙着给各家示范田插上责任牌。

峰源乡在大力推广养生农业，种了一辈子菜的尤金伟感觉这可能是正岙门这个偏远小山村不可错失的机遇。在尤金伟的努力争取下，正岙门村率先建起了养生蔬菜种植示范基地，推广种植不用农药、不施化肥的“放心菜”。

在最初推广“放心菜”的时候，尤金伟可吃足了闭门羹。

“不用农药化肥种得了菜?”“种是种得了，就是那样种出来的菜品太差，卖不上价钱。”村民对不使用农药化肥存在抵触情绪，尤金伟听了更是着急。

当务之急，就是要转变群众的观念。尤金伟及时请教了农业专家，掌握了“放心菜”的种植技术以及发展前景，便经常到村民集聚聊天的地方宣传。“用有机肥大不了产量降一点下来，但是品质上去了价格自然就高了，收益会更高。”尤金伟变着法子做大家的思想工作，一些村民逐渐开始追问具体的种植细节，越来越多的村民慢慢地从心里开始接受尤金伟的想法。

“必须要快马加鞭，趁热打铁，不然局面又凉了。”尤金伟跑到峰源乡党委书记的办公室，诉说自己的想法。“没问题，我们就帮助你完成这临门一脚。”峰源乡党委领导对这样的村干部甚是满意。

没过几天，峰源养生农业工作小组和农业科研院所的专家便到正岙门村进行技术指导和讲课宣传，消除了村民最后的疑虑，在《拒绝农药化肥的种植公约》上郑重地捺下手印。目前，蓝城公司、农耕源等多个农业龙头企业和网络销售平台都表达了合作意向，村民们对发展养生蔬菜的前景充满信心。

播种希望的创客

——记峰源乡赛源村王伟华

“我创业的目的之一就是帮助更多的人。”王伟华是峰源乡赛源村猕猴峡里走出的青年创业者，在艰辛的创业过程中，他坚持帮扶了许多贫困儿童和困难群众。

2014 年，王伟华看到微信朋友圈里转发的一则求助信息，泄川小学留守儿童们的困境勾起了他的回忆，深山里和他一起长大的小伙伴们曾经和这些孩子一样因为贫穷早早辍学，外出打工。他总是感慨：“如果他们都有上学的机会，走出峡谷，也许有能力回馈社会的赛源人就会更多了。”

王伟华在第一时间联系了泄川小学的老师，为一个贫困学生寄去助学金和生活费。“他做的不仅仅是一次简单的救助，每隔一段时间他便会用微信和短信联系我们，询问结对学生的学习情况和思想情况。”王伟华的“用心”让泄川小学的老师印象深刻。

“我帮助他人是希望能够传播正能量，使受助人奋发向上，而不是成为只会伸手要食的可怜人。”王伟华说助人重助心，是他坚持的帮扶原则。

为孤儿院的孩子送去爱心蔬菜、帮扶患白血病的缙云小女孩、援助患恶性肿瘤的泰顺小女孩……在创业的路上王伟华始终坚持初心，满怀爱心继续前进。

果蔬农场的“致富经”
——记峰源乡郑地村叶忠平

峰源乡郑地村一个名叫寨岭头的山头上，一个高大威猛的身影上下忙碌着，一会儿扛过一个麻袋，一会儿拉来一条水管。

这个人就是郑地村党员叶忠平，既是这个果蔬农场的农场主，又是郑地村的村主任。可叶忠平上山种菜的想法一开始并未得到家里的支持，务农一辈子的父亲希望自己的子女不再向黄土地刨食，坚决反对他种菜。

“郑地村的生态环境好，乡里推广养生农业和民宿经济准没错，我想带着村民们一起干。”叶忠平看好养生农业的发展，在劝服家人后将寨岭头 50 亩抛荒 10 余年的梯田重新翻修，开始种植不用农药、不施化肥的养生蔬菜。

种植蔬菜所需的有机肥来自赛坑山上的一家养羊场，“这家养羊场的羊散养在山上，吃的东西也是纯天然的，拉的羊粪球也是原生态，作为肥料再合适不过。”

叶忠平的果蔬农场慢慢上了正规，除了种“好”菜，他还希望发展观光农业，吸引游客到郑地村，从而带动当地旅游发展。他不仅在田里种上可以刻万圣节南瓜灯的大南瓜，还在基地里建起了一条果蔬观赏长廊，种植了飞碟瓜等各类观赏类水果。“忠平种菜原来是为了搞观光农业呢！”村民们这时才看懂了叶忠平的“致富经”。

梯田上的养生稻谷

——记峰源乡郑地村叶建平

“能为村里的发展贡献一砖一瓦是我的心愿，那才叫干事业，才有成就感。”峰源乡郑地村党员叶建平心底深处始终藏着回馈家乡的愿望。

2015年，在建筑业已打下一片天地的叶建平选择回到了村里，“大家都说党员要起带头作用，我打算回来为村里做点事情。”

“从前村民种植水稻规模小，顶多种植三五亩，管理和运营成本高，收成也只够用作口粮。”叶建平在村子里转了好几天，最终决定种植水稻。“我承包了大家的田，带来的收益最终返还给村民。土地一旦流转起来就能带来效益。田租是300元一亩，养生稻的售价预计在每斤10元以上……”经商多年的他已具备一定的管理经验和知识，希望用所学的知识反馈农村。

他一共承包了110亩稻田，其中许多是已经抛荒多年的良田。荒田重耕充分利用了村里的土地资源，同时为村民尤其是已无法下地劳作的老人提供了一份收入。

“田租还不是最终的效益。”叶建平笑笑说，“不用农药化肥的养生稻谷一旦热销，一定会成为我们景色美丽的郑地村的品牌，届时会有更多慕名而来的游客欣赏到这片梯田的美景。”

放眼望去，几个老农正驱赶着老黄牛平整稻田，叶建平心里的蓝图也一点一点铺开。

“抠门”的老支书

——记太平乡谢山头村谢央平

他，是一位山里长大的伢子；他，是一位朴实、憨厚、仗义的汉子；他，多年摸爬滚打，常年默默奉献；他，就是谢山头村“抠门”的老支书——谢央平。

2010年谢山头修建祠堂需要采购物件，他硬性要求两名村干部一起去，货比三家。村干部们都说：“这么多年的老支书了，我们相信您，您一个人去好了。”老支书坚决反对：“不行，这是规矩，即使你们再怎么相信我，我也不能破坏规矩。”

采购完物件时，恰逢午饭时间，同去的两名村干部提议去吃快餐，老支书犹豫不决，心里嘀咕“会不会花多钱”。但又一想，总不能让他们跟着自己吃泡面。吃完快餐结账的时候，三人一共花了75元钱，老支书心疼地说着：“怎么这么贵呀，早知道就吃方便面了。”同去的两人大笑：“真是‘抠门’的支书啊!”

村里所有的建设项目，他自始至终都亲力亲为，精打细算。为了节省资金，他经常加班加点，中午吃完饭一放下碗筷就出门做工程。烈日下，他独自一人给水泥路浇水；雨天里，他穿着蓑衣修路。村民心疼他。他只留下一句：“咱村里穷，这样能给村集体省钱，再说自己做的工程咱放心。”

正是这位“抠门”的支书，给村集体节省了不少钱，节余出更多的资金去建设村庄道路、健身广场和文化活动中心等项目。

合心合力谋发展
——记太平乡玉田村李红法

太平乡玉田村由原西畈村和高田村合并而来，原高田村支部书记李红法被推选为玉田村支部书记。玉田村并村过程一波三折，碰到的第一个难题，就是如何将两村村民思想统一起来。

对于要并村的事情，村民们反对情绪很高。“我们都叫了几十年了，从老一辈我们村就叫‘高田村’，都叫了几十年了，突然，‘高田村’这个名字不存在了，心里真是很难接受啊！”老百姓心里有一道难以逾越的坎。李红法耐心解释道：“两个小村合并成一个大村，我们既可以资源互补，又可以带动经济。”很多村民白天不在家，李红法只能晚上登门，经常碰不到人，无功而返。他耐心地和每一户村民讲解并村的好处，确保把村民们的思想理顺。

李红法不分日夜奔走在两村之间，在如何保证群众利益不受影响、如何妥善处理村干部等问题上，他一遍遍和村民们解释。李红法说：“这些都关系到合并之后的新农村建设，稍不注意就会激发村民的反对情绪。”经过李红法一个多月的努力，村民们终于全部在两村合并同意书上签字了。

“两村合并，资源都整合到了一起，村民更加团结，只要大家有信心，我们合并后的新村发展一定会越来越好！”在李红法的心中已经勾勒出一幅美丽的蓝图。

从贫困村到新农村的感人往事

——记太平乡大河村江君佐

“我是土生土长的大河村人，村里有困难不能坐视不理。”这是江君佐当选村委会主任时说的话，掷地有声。

太平乡大河村坐落在深山沟，原本是丽水市有名的贫困村，不通公路，拖拉机也没法进出。1983 年，一场洪水冲毁了该村的防洪坝，87 亩良田被淹，村民忧心忡忡。江君佐临危受命，被推选为村委会主任。

许多人觉得会做生意的江君佐不可能“跳出米箩进糠箩”做这个“赔本”买卖，但是他却毅然放弃了一年收入数十万的生意，返回乡里，一心扑在了集体事业上，并当众宣布：“我当干部不记误工，因公出差，差旅费自理。”

在筑堤造田的日子里，无论刮风下雨，天寒地冻，老江天天坚持在第一线。人瘦了，却从没有过怨言。溪滩开田需要足够的泥土封面，人们舍不得把承包田里的泥土挑到新开田里去，老江就用自家自留地换了外村附近的一块泥地，不要集体的一分报酬。

众志成城，历经三个冬春的努力，终于建起一条长 1009 米，宽 4 米，高 5 米的新防洪大坝。此外还修复渠道 834 米，新开机耕路 2200 米，87 亩良田全部修复，当年就种上了水稻，每年增收稻谷 10 多万斤，基本解决了全村的温饱问题。

江君佐还多次自垫资金外出为群众采购果苗，带回种植技术，手把手传授村民。大河村满山遍野种上了柑橘、雪梨、枇杷等水果，种植面积达 300 多亩，大河转眼成了粮丰果茂、多业兴旺的新农村。“没有老江，我们现在说不定还是贫困村呢。”如今村里的老人提起曾经的村委会主任，满是感激。

村支书的修桥“路”

——记太平乡留龙村李登军

“前几任村委都想把这桥修好，可是资金缺口实在太大，实在犯难。”在太平乡留龙村祠堂门口有一座陈旧的水泥桥，是村民们每天出行的必经之路，由于年久失修、桥面狭窄、没有防护栏，村民们每次打这儿过都走得“胆战心惊”。

2013 年，李登军当选村支书，他上任后决定做的头件事儿就是修桥。可是钱打哪儿来？这是李登军头疼的问题。为争取项目资金，李登军一有时间就往城里跑，在相关部门做工作。“资金暂时安排不出，再缓缓。”吃了“闭门羹”之后的他没有放弃，拿着桥的照片几次三番的上门，相关部门的工作人员打趣道他快把门槛都踏破了。

“这座桥存在着极大的安全隐患，村民们进进出出都要通过这座桥，万一出了事可怎么办……”为了村民，李登军修桥的信念从未动摇。在了解留龙村真实情况后，相关部门终于同意划拨 15 万元的修桥资金。为了早一天解决安全隐患，在资金还没有完全到位时，李登军先自掏腰包垫资启动了修复工程。

历时一个多月，留龙村祠堂门口和桥头两端浇上了水泥路面，桥面拓宽了，桥两侧也修上了防护栏。村民们稳稳当当地走上了新桥，李登军心里的石头终于落了地。

带领群众走出猕猴桃里的致富路

——记太平乡富源村陈金荣

“今年的猕猴桃价格真好啊！”村民们围在一起高声谈论到，“多亏了支书的带领，大家才有今天的收获”。

2013年，太平乡富源村的村民们还在为增收致富的门路而苦恼。“能不能自己在村里开垦荒地种植水果，带领大家一起致富。”带着心中的想法，村党支部书记陈金荣进行市场调查，咨询农业专家之后，决定试种猕猴桃。第一年，陈金荣带领一家老小齐动手，但是由于缺乏经验，效益并不好。

陈金荣没有放弃，外出学习先进的管理经验，向专家咨询学习种植经验，从头开始。果然功夫不负有心人，第二年自家的猕猴桃产量就达到近1吨，获得了近5万元的收入。当年的产量并不算多，于是陈金荣扩大种植面积，如今，陈金荣的猕猴桃种植面积达到20亩，产量达到每年2吨，赚了钱，盖了房。

刚开始，村民们还在观望。看到陈金荣的成功，村民们也纷纷加入种植猕猴桃的队伍。陈金荣主动为村民们上课，把自己猕猴桃田管理、病虫害防治的经验毫无保留分享给大家。在他的带领下，村民们跟随他的脚步一起踏上小康，腰包也越来越鼓。

“带领大家一起致富是我作为支书的责任！”陈金荣笑着说道。

种桃记

——记太平乡戴彰村傅跃进

在太平乡戴彰村的山坡上，有一片占地300亩的桃林，有一个身材高大的男人时常忙碌在其间，他就是村里的水果种植大户傅跃进。熟悉他的人都知道，他凭着自己勤劳的双手，在陡峭的山坡上开垦荒地，种起了这片桃林，也带动了村民一起种桃致富。

戴彰村距离城区有20多千米，交通不便。1995年，傅跃进当选村支书，由于没有创收来源，村集体经济困难。戴彰村有一片荒废已久的山坡，傅跃进利用这片荒山种植桃树，第一次种了200棵，首次投产获得了2万元收入。

“自己富不算富，让大家富起来才是真的富。”带着这个想法，傅跃进呼吁村民一起参与到种植桃树的队伍中来。在外务工的村民们看到了种桃的效益，纷纷回来种起了桃树。他毫无保留地将自己多年的种桃经验分享给大家：“桃树要修剪的好，光照才能充足，明年桃子才能结得多。”他亲自到田间地头向村民们传授经验，讲解桃树管理技术，病虫防治的方法。傅跃进的女儿还帮助村民们在互联网上销售，拓展销路。

现在戴彰村的桃树种植规模越来越大，产量也越来越高，每年6月上旬是桃子丰收的季节，村里每年每户至少能收入3万元左右。在傅跃进的带动下，村民们都靠自己勤劳的双手过上了好日子。

农村电商引路人
——记太平乡竹舟村潘丽文

“我希望通过自主创业，再带动村民们共同致富。”说这话的人叫潘丽文，是竹舟村一名年轻的“80后”党员，学校毕业后，他回村创办了“舞元素”舞蹈用品电商批发中心。

创业的路途总是充满了波折。“没有可靠的供货渠道，又没有自己的品牌特色，这是摆在我们面前的难题。”这个土生土长的农村汉子咬咬牙，凭着自己的吃苦耐劳和不服输的精神，四处奔波，终于找到了优质低价的货源。

在找到货源后，潘丽文建立了物流配送渠道，并积极学习网店运营管理经验，事业很快有了起色。

在2014年，他的店铺年销售额已经达到30万元，还获得了“舞蹈行业最具影响力店铺之一”称号。

随着电商中心发展壮大，潘丽文摸索出了一套适合农村电子商务发展的模式。于是，他想凭着自己摸爬滚打多年积累的经验来帮助其他在家待业的村民。

“现在我们网店的生意可红火了，这多亏了潘丽文。”竹舟村村民徐李水说，之前他对网络经营一窍不通，在潘丽文的指导下也加入了“淘宝大军”。

潘丽文的电商批发中心还聘请了一些有意向做电商的村民过来上班，在增加他们收入的同时，还传授他们经验，自己也成为竹舟村名副其实的农村电商引路人。

党员干部带头打造“红色村庄”
——记雅溪镇岱后村带头改善村庄环境的党员干部

“我们村党员干部亮明党员身份，带头作表率，改善村庄卫生环境，让来到岱后村的游客有一个好的印象。”朱邦兴说。

为了整治村庄环境，雅溪镇岱后村党支部书记朱春明和村委会主任朱邦兴拿起铁榔头拆除自家门前的厕所，两处建筑都是经过审批的合法建筑。在朱春明和朱邦兴的示范带动下，岱后村“两委”其他干部也纷纷拆除了自家门前搭建的牛棚、猪栏、厕所等。

岱后村四面环山，生态环境得天独厚。1947 年，在该村成立了中共丽水县委。县委领导全县人民开展武装斗争，最终迎来了丽水县的解放。2007 年 3 月，岱后村建立了中共丽水县委旧址陈列馆，红色旅游日益火爆。如今，岱后村又利用优越生态条件和革命摇篮的历史地位，推进美丽村庄建设。

朱华珍是村委干部，也是岱后村党员发展对象，她参加完岱后村环境综合整治动员会后，立即回到家中，把自家门前的厕所拆除。朱华珍表示，虽然厕所属于老房翻新、合法建筑，但是为了村庄的环境，愿意主动拆除。

会计朱邦成是一名普通的党员，当得知家乡环境整治的消息后，他第一时间来到弟弟家中，劝其拆除门前的一间破土屋。朱邦成说：“牺牲自己一点利益，可以让村庄建设得更好，让村民们生活得更好，我觉得我和弟弟这样做很值得。”

在“两学一做”学习教育中，岱后村党员干部带头干、动员做，充分发挥先锋模范作用，坚决打好环境整治这一仗。“岱后是革命老区，由于地理位置的因素，制约了老区的发展。”朱春明坦言，“岱后的发展机遇已摆在眼前，做好环境整治为岱后今后发展奠定了良好基础。”

不知疲倦的村支书

——记雅溪镇岱后村朱春明

自从“红色岱后”主题村落项目启动以来，岱后村党支部书记朱春明经常是一身泥泞，满身汗水，他就像上紧了发条似的，一刻不停地运转着。

天蒙蒙亮，朱春明就带领村班子成员和村民开始环境整治工作，拆牛棚、运垃圾……哪里都少不了他忙碌的背影，身上的衣服被汗水浸湿，可他却丝毫不在意。

吃完午饭，他又马不停蹄地到村民家中走访，商谈拆除违建和征地补偿的事宜。尽管心中着急，但与村民沟通时，朱春明却很有耐心，“村居建设一定把前期工作做细。一次谈不拢就两次，两次谈不拢就三次，直到做通他们的思想工作。”不仅如此，他还带头拆掉了自家合法审批的厕所。

晚饭后，他又立即召集村里的党员干部总结一天的工作，讨论下一步工作。

“歇一下吧！”每当有村民这么劝他，他总是说：“没事，不累。”他似乎不知疲倦，总是满怀热情地投入到工作中去，一天下来他休息的时间不足 5 小时。“我都习惯这样的生活了，就想为村里办点实事。”他憨笑着说。

“种粮大户”带领村民走向致富路

——记雅溪镇金竹村傅朝林

“确定种植面积、预订肥料和种子等一系列工作，都由我们帮助村民统一完成。”雅溪镇金竹村党支部书记傅朝林说。每年 4 月的春耕时节，是他最忙的日子。

金竹村位于雅溪镇北部山区，地处偏远，经济落后，但是最近几年在傅朝林的带领下，金竹村克服劳动力短缺、人手不够、生产技术薄弱等困难，通过种植水稻，闯出了一条致富之路。

2010 年，傅朝林创办了丽水金竹农事植保种植管理专业合作社，金竹村的稻田通过统防统治、统一品种、集中育秧、统一施肥，亩产从原来的 400 多千克提高到 600 多千克，增幅达到 50%。傅朝林也成了莲都区远近闻名的“种粮大户”。

附近几个村的村民见到了金竹村的种粮效益，也纷纷要求加入合作社的统防统治管理。傅朝林考虑再三，把临近金竹村的长陈村、龙孔村、库头村、上金竹村的部分农田纳入了合作社的区域，统防统治规模扩大到 198 户。

“如果没有这样的合作社，我家的田只能租给别人种了。”金竹村一位 75 岁的金大娘是受益者，她儿女长期在外打工，家里的田就靠合作社管理，到了每年的秋收季节，她只负责晒稻谷就行，金大娘竖起大拇指夸傅朝林是个为群众办实事好干部。

百亩荒地变果园

——记雅溪镇雅里村李忠

“今年桃子比去年结的还多，果实甜而脆”。村民李大爷拿着刚采摘的桃子高兴地说。眼下正值桃子采摘的季节，红艳的桃子压弯了枝头，村民正忙着采摘，喜悦溢于言表。

说起这片果园，不得不提的是雅里村支部书记李忠。这片耕地曾经荒芜多年，杂草丛生，但是土质肥沃，阳光充足，特别适合用于农业生产。李忠看在眼里，急在心里，他下定决心要种植果树，不能让这片耕地再荒芜下去。

说干就干。2012 年，在李忠的带领下，村民通过土地流转承包了这片土地，并创办了雅里水果实业合作社。他带领 30 多户村民一起带着农具开垦这片荒山。白天上山开荒、除草、打窝。晚上，他抱着书自学桃种植技术，认真记录有用的知识。荒地开垦后，听说金竹村的水稻种植管理方式可以借鉴，他立即赶去“取经”，桃树种植初期又特意请莲都区农业局的专家来村里指导。桃树种植成功后，他更是一天四五次不厌其烦地上山看护，风雨无阻。“简直比一日三餐还准时，果园都成了他第二个‘家’了”。他的妻子笑称。果然功夫不负有心人，果园第一年收获桃子就大丰收，产量达到了 500 多吨。

曾经的荒地，如今的果园。不仅给村里带来了收益，也成了一片靓丽的风景。

推广来料加工　带领全村致富

——记老竹畲族镇赤坑村雷热红

“多亏了热红，我们老人在自己家里也能赚钱，看着电视做点手工，一个钟头还能有二三十元的收入，这是以前想都没想过的。”78岁的低收入农户钟彩珠说到。

她口中的“热红”就是老竹畲族镇赤坑村一名普通党员雷热红。赤坑村地处偏僻，经济比较落后，基本所有的青壮年都外出打工，村里留守的多为妇女和老人，除了种植水稻和蔬菜等，没有其他增收渠道。

“来料加工行业对专业性的要求比较低，村民们在家里就可以做。”雷热红接触到来料加工这一行业后，她意识到这非常适合赤坑村村情民情。

于是，她到处找货源，并以自己家为中转站，组织人员进行来料加工。她还特地与残联对接，使镇上的残疾人士也可以参与铅笔、纽扣等工艺简单产品的加工，让他们找到自己的工作信心。

老竹敬老院的老人，也会一起在敬老院里做雨衣扣子等产品的加工，他们说：“这些挺简单，我们一起边聊天边做，还能动动手锻炼锻炼，热红给我们的加工费比外面还多点儿。”

每年农闲时，雷热红家中总有妇女和老人在做来料加工。

目前，全镇加工人员共有146人，年发放加工费70多万元，极大地帮扶了农村低收入群体。

用诗画宣传美丽梁村
——记老竹畲族镇梁村村张健

“久埋尘世不知年，半岭茅亭石俨然。伸屈龙文迷藓色，连横卦象认蜗涎。丹成仙客遗真迹，鼎铸轩皇稽古传。谁问王孙轻与重，任他勇力未扛迁。”清朝诗人梁毓荆为梁村美景写下的诗篇流传至今。

“光是明清两代，梁村就出了十几个进士，现存古诗四五十首。村里的农耕文化、山水文化和明清历史文化，非常适合打造独特的民宿产业。”张健说。

张健是老竹畲族镇梁村村的第一书记，也是国家一级画师，他对乡土文化怀有极深的感情。得知村里正在发展民宿产业，他决定用画笔为梁村村的乡村旅游添砖加瓦。

他先是整理村志，后又与村里的老人交流，挖掘整理出了完整的梁村古诗。在做好这些之后，他以遒劲大气的风格为梁村村画了一幅幅山水画，“梁溪八景”和“渥山十景”的美景在他的画笔下表现得淋漓尽致。

他还建立了微信公众号，将他笔下的美景与梁村的古诗相结合，用诗、画宣传梁村村独特的乡村文化。

“傻气”村主任打造信贷信用村
——记老竹畲族镇榴溪村郑元清

2012年，老竹畲族镇榴溪村向信用社贷款350万元，解决食用菌种植的启动资金问题。然而，一些农户思想上不重视，贷款不能及时偿还，给村子的信誉造成了影响。

村干部去做思想工作，往往是碰了一鼻子灰：“银行有的是钱，我们农民一年才赚多少，过段时间再说。”村民主任郑元清却只认定：只有守住诚信底线，才能打好脱贫致富的地基。他对大家说：“咱们党员干部还是得多做点事，这样才能把咱们村的名声挣回来。”

村民雷文兴贷款买了原料、盖了大棚，年底时却有两万元钱还不上。郑元清得知了他的情况，说：“老雷啊。你今年是刚种成本大，到明年肯定还上了。”郑元清主动拿出两万元钱替雷文兴还上。他帮助了不止这一个村民，在当年就为村民们垫付了近30万元。

有些村民说他这人太傻了。但正因为受到郑元清“傻气”的感染，榴溪村村民们的想法也开始变了。

第二年，雷文兴还上了郑元清的垫付款。“要是不还钱，不是让老郑吃亏嘛，他帮咱们赚钱，咱还坑他钱，哪有这么做人的。”“不还钱脸上挂不住啊，大家对你也有看法，以后还怎么打交道。”

在他的努力下，村里的信用额度越来越高。2015年村里贷到了780万元，仅种香菇、栽果苗的人均收入就达到了8623元，还贷时再也没人说还不上了。

就是在这潜移默化的影响下，如今的榴溪村被授予信贷信用村，形成了一股以诚信为本的村风。

畲家人幸福“蝶变”的引路人
——记老竹畲族镇沙溪村蓝红星

“让沙溪村更漂亮，让村民更幸福。”这是老竹畲族镇沙溪村党支部书记蓝红星2005年就职时许下的承诺。多年来，他风雨无阻，任劳任怨，用实际行动一步步将贫穷落后的畲族小山村，打造成省级农家乐特色村和丽水市文化名村。

村庄建设已有了一定基础，但如何让其产生效益，成为蓝红星要摸索的事儿。蓝红星和村“两委”决定组建一支文艺表演队，把这里最原生态的畲族风情展现出来。村民们不是专业表演者，但都很有歌舞天赋，很快就琢磨出了一台畲乡大戏，《祭祖舞》《金果红酿》《沙溪村的姑娘》等，外人看来，新奇又有趣。村民们穿上压箱底的民族服装，来到东西岩景区广场，给游客带来了一场地道的畲族歌舞秀，让大家眼前一亮。

2012年，沙溪村又将原蓝氏宗祠进行了大规模改建和修葺，成了既能就餐、又能看表演的场所。游客吃着畲乡土菜，看着畲族的民俗表演，还能与村民一起对歌跳舞。不仅如此，每年除夕沙溪群众自编自演的沙溪春晚，更成了游客喜爱的旅游项目。

随着游客的增多，蓝红星又带着村民们开起了农家乐，他将自己办农家乐的成功经验毫无保留地传授给村民们。“大家来我们这儿就是想要领略地道的畲家味，我就建议大家卖自制的腊肉、腌菜，还有最具特色的畲家红曲酒和麻糍。”蓝红星说。

凭着“吃+住+看演出”的综合模式，沙溪村在众多资源相似的村庄中脱颖而出，仅农家乐就有15家，吸引了大批旅游团队。

回乡当支书的“董事长”
——记老竹畲族镇新陶村郑建全

老竹畲族镇新陶村党员郑建全，到外地做生意10余年，经过长期打拼，在上海经营一家大型超市和两家快餐店，在杭州滨江区和余杭区也分别开了两家酒店，每年净利润就达几百万元，生意做得风生水起，是令农村人羡慕不已的农民企业家。

然而2013年，郑建全却放下了上海和杭州的生意，回村担任了村支书。“钱赚得够用了就行，到了这个年纪，我也想回家为村里做点实事。”

新陶村自然环境优美，历史底蕴丰厚，1928年中共南乡区委在此地成立，并开展革命斗争，建立人民武装。当时的区委书记郑和斋正是新陶村人，后被敌人逮捕英勇就义。他为革命事业捐躯的精神，一直鼓舞着新陶人。

多年来，新陶村一直想为革命英雄建一个纪念馆，既纪念前人的革命精神，又可以发展新陶村旅游业。

郑建全担任村支书后，立马着手干起这事。因为预算资金要600多万元，项目的审批被暂时搁置。于是，郑建全带头垫资48万元，并由村“两委”成员每人垫资10万元，终于把设计图纸变成了现实。

此外，郑建全立足新陶村良好的生态环境，积极推进生态观光农业精品园、文化广场、观光廊桥等基础设施建设，打造了一个集红色教育、休闲养生、民俗体验为一体的民宿特色村。

亏钱收购为菇农

——记老竹畲族镇曳岭脚村刘燕元

老竹畲族镇曳岭脚村近年来大力发展食用菌生产，村子里建起了不少香菇大棚，香菇成了曳岭脚村民的主要收入来源之一。党员刘燕元也是曳岭脚村一名普通菇农，他的香菇基地规模达 50 万个菌棒。

2017 年 7 月，香菇市场价格大幅下跌，每千克不到 6 元。菇农们为此发了愁："香菇长得慢，一年就收一次，我们除了水稻和橘子就是种的香菇，现在价格又这么低，本钱都赔了不少，今年的收入该怎么办呐。"刘燕元知道这个情况也很着急，一方面是为了自家基地的香菇，另一方面也是为了整个曳岭脚村民的收入。

想了三天，刘燕元对妻子说："老婆啊，今年香菇价格太低了，老蔡和老钟他们家亏了太多，本来就不富，一年就指望卖香菇的钱，现在日子更难过了。咱们家还有点家底能扛过去，我打算加点价收了村里的香菇，虽然今年会亏点钱，但钱还能再赚。"刘燕元说得入情入理，得到了妻子的理解。

在知道一定会亏本的情况下，刘燕元用比市场价高两元的价格向曳岭脚村民收购了 750 吨香菇，尽自己的力量保障了菇农的基本收入。

2018 年香菇的价格涨上来了，有外村人来收购香菇，但是曳岭脚的村民们只认刘燕元。"去年让燕元赔了不少钱，今年怎么说也要让他赚点儿。"村民这么说。而每次提到 2017 年的事，刘燕元总笑笑说："香菇价格总是会变的，亏钱挺正常，我也只是为大家做了点小事。"

为村民铺上安全平坦的康庄大道

——记丽新畲族乡上塘畈村蓝明尧

“通车了！通车了！”在丽新畲族乡上塘畈村的新修公路上，村民的欢呼伴随着礼炮声显得格外喜庆。

以前，这里还只有一条宽3.5米的通村公路，由于道路狭窄，经常发生交通事故，群众意见很大。

2010年11月，村民钟蓝新骑着摩托车在这条路上摔了一跤，住了好几天的医院。钟蓝新认为这是因为村里的道路不够好，所以村干部有责任，出了院他便到时任村委会主任的蓝明尧家里，要求村里给予住院补助。但是上塘畈村是一个贫穷的畲族村，拿不出补助的钱。蓝明尧考虑到他家里确实困难，便召集了村“两委”成员协商，给了钟蓝新300元慰问金。

面对通村道路，蓝明尧更加不安起来，道路这么差，万一还有村民受伤怎么办。

蓝明尧提出了一个大胆的想法——重修道路。可是村里的经济条件差，农村征地政策处理难，修路方案争议多，难度可想而知。

接下来的3个月，蓝明尧白天跑乡里、区里，争取政策资金扶持，跑项目手续，晚上挨家挨户去做思想动员。但是还有部分用地涉及邻村12户农户，缺少7万元征地款。“现在没钱，咱们先欠着，我以个人担保，如果以后村里付不起，我蓝明尧砸锅卖铁也给你们补全了。”凭着蓝明尧平时在十里八乡的口碑，他这话一说，这12户村民都相信了他。

开始施工后，为了节省费用，蓝明尧就组织村民投工投劳，通过大家一年半时间的努力，全新的水泥路通车了，预算140万元的工程，仅花费93万元。如今，村民们再也不用担心出行安全的问题了。

助残致富显能手

——记丽新畲族乡畎岸村陈新宏

“来来来，大家结工钱了。”在丽新畲族乡畎岸村的阳光家园，村支书陈新宏正在给这里打工的残疾村民发工钱。“现在不打麻将了，来这里干干活，能赚钱，下了班回家还能带孙子，比打麻将合算多了。”在阳光家园打工的残疾村民范米富一边高兴地说着，一边数着刚领到手的工钱。

残疾人陈光新也兴奋地向旁人“炫耀着”他领到的工钱。他说：“以前，我们因疾病不能外出，在村里又无所事事，一边要花钱，一边却不能赚钱，有时候打打麻将，输了钱，还惹得家里人不高兴。现在好了，我们不但能自己赚钱，也不打麻将了，多好。”

陈新宏得知周围几个村残疾群众还挺多的，就想帮他们做一点实事，既能让大家增加一点收入，又能破除了赌博等不良风气。考虑到他们文化水平有限，也不能从事重体力活，陈新宏就想到了办个简单的阳光家园，加工椅子，计件算工钱，让大家自由把握时间。

但是加工点办好了，村民们的习惯却一时难改，一些残疾人觉得工作辛苦，不愿意来工作，一些人觉得自己身体残疾，可能不适宜从事这些工作，犹豫不决。所以原材料运回来了，但没人来加工。

陈新宏就一家一户地去残疾人家里宣传，拉着患有残疾的村民去他的阳光家园看一看，他说：“你们就来试试看，做一件我就给一件的工资，你不愿意做可以马上走。”渐渐地，大家看陈新宏确实有诚意，有些人愿意过来试试了，陈新宏就请了师傅来教大家做。

一开始，有的人做得不好，出了次品，陈新宏照样算工钱。听说这个阳光家园能赚钱，来的人越来越多了，如今，周边村的一些残疾人也来这里做工了，工人们的技术日渐熟练起来，次品也少了，村里的赌博现象也销声匿迹了。

心系村民的“内当家”
——记丽新畲族乡黄弄村李小丽

“我在我在，你来吧……”“好的好的，交给我……”“行，我已经在处理了……”她总是忙，可总是精力充沛，总是认认真真的为村里和村民办好每一件事。她就是丽新畲族乡黄弄村代办员——李小丽。

说起李小丽，村民们都会竖起大拇指，亲切地称她“内当家”。她担任多年村代办员，为人热情，做事认真谨慎，所以村民有点什么事都喜欢找她，写个申请、办个证明，就连兄弟分家写协议都要找她帮忙。因此，她家也就天天有人上门求助，而她总是二话不说，热心的为村民们服务。

2008年，农村医保和小额意外伤害保险开始推行，但是年轻的村民大多常年在外，留守在家的一些老人、小孩对保险政策又不太理解，一开始，参保人员寥寥无几。为了帮助大家参保，让村民们得到一份保险，李小丽常常是早出晚归，挨家挨户到村民家里去宣传政策，上班时间就在村委会给在外工作的村民打电话讲解。

“都不在家，四口人对吧？行行行，我先垫着。”李小丽一边挂了电话，一边翻着自己的钱包。这是外出的村民王桂华同意参保了，但是交保费的钱一下子转不回来，李小丽就自己出钱先垫付了保费。就这样默默地坚持着，一面给村民宣传政策，一面给不在家的村民垫付保费。经过她的努力，村民参保积极性越来越高，黄弄村农村医保参保率排在全乡前列，村民再也不用为看病贵发愁了。“我们去乡里办个事、盖个章，有了这么一个为大家服务的‘内当家’，我们省心多了！”面对群众对她的赞誉，李小丽总说：“作为一名党员干部，喊十句口号，不如做一件小事，所以我就帮大家做一点小事。”

为康庄路“来回奔走”的党员

——记黄村乡戈畲村刘伟平

“千难万难没有办不成的事，再苦再穷没有不能发展的村。”黄村乡戈畲村党支部委员刘伟平总是这样说。在他和全村党员干部的共同努力下，莲都区最后一项康庄工程——黄村乡 49 省道至戈畲公路终于在 2016 年完工验收了。

2013 年，工程开工建设。可还没等测量队进村测量，村民老李跟老刘就因路从山脚过还是从鸟坑那边过起了争执，甚至还把各自儿子、女儿叫来助阵，激烈的吵架最后还演变成了拳脚相向，却仅仅只为了自家图个方便。争端不休，工程只能暂时停歇。

不能让这种事影响康庄路的建设，必须马上解决。就这样，刘伟平开始每天往返于两家之间，一遍一遍做调解工作。“伟平，你下次去老李家，我也跟你一起去吧，我跟他熟。”看到刘伟平每日如此辛苦地奔走，村干部刘某也加入到了调解工作中。功夫不负有心人，成日“来回奔走”的刘伟平成功化解了老李与老刘的矛盾，工程得以继续。刘伟平又开始每天“来回奔走”于施工现场。

就这样，“来回奔走”的刘伟平为戈畲村的村民走出了一条康庄大道，曾经的“出行难”问题终于得到解决。

“茶叶书记”的“茶叶经”

——记黄村乡郑村村郑林山

如果你到黄村乡郑村村做客，村民都会给你泡上一杯香气扑鼻的白茶。说起这白茶，就不得不说到村里的“茶叶书记”郑林山。

2008 年刚开始种植白茶的时候，郑林山还是一个“门外汉”，当他说计划在村里搞一个 300 多亩的茶叶基地时，村民都觉得不可思议。尤其是在海拔 600 余米的高山上，坡面的选择、水平带开垦、挖沟做床、修建灌溉设施、科学施肥、除草修剪、病虫害防治等整套管理技术，要求都很高。

郑林山从选址开始干，这年夏天特别的热，郑林山跟几个村民才爬到半山腰，就汗如雨下。周围的环境特别的空旷，根本没有地方遮阳，村民都纷纷劝郑林山等天气凉爽了再继续选址，郑林山用手擦了擦脸上的汗说：“你们吃不消的先回去，我今天一定要选好。”正是有了他的坚持，茶叶基地很快建立起来。光有基地没有技术也不行，郑林山带头学习，参加培训，自费买书，一次次到田里实践，还多次请省科技特派员实地指导。为了让更多人知道郑村村的白茶，举办了“清香茶园·快乐骑行”活动，使郑村白茶一“泡”而红。

郑村村的白茶基地病虫害少、阳光充足、养分充沛，所产白茶清新爽口、香气浓郁，深受客商的喜爱。村民们依靠种茶走上了致富的道路，大家都称赞郑林山是位名副其实的“茶叶书记”。

稻田养鱼记

——记仙渡乡张山后村沈静

张山后村位于莲都区仙渡乡南部的偏远山区，距市区29千米，区位条件差，山路弯曲交通不便，短期内发展二三产业存在基础薄弱、人才短缺等问题，要寻找经济效益好的项目难度较大。近年来随着城市的快速发展，张山后村大量的青壮年劳动力选择外出务工，村中闲置土地越来越多，原本肥沃的土地日渐荒芜，长满杂草，农业产业发展严重倒退，村集体经济增收困难重重。

张山后村党支部书记沈静主动担起村庄发展带头人责任，提出因地制宜，引进稻田养鱼农业模式。在仙渡乡党委、政府的支持下，沈静组织村中种养殖方面的能手赴外地考察学习成熟的稻田养鱼模式，总投资30万元，先后流转村集体与农户闲置水田70余亩，带领村民重新回到稻田中，增收致富。

目前，已专程从外地引进适合稻田养殖的田鱼，累计完成投放5000尾鱼苗，聘请回在外面工作具有一定种养殖经验的本村村民进行管理，根据稻田养殖收益，按一定比例每年向村集体和农户支付土地租金。下一步，张山后村将在巩固稻田养鱼模式的基础下，进一步谋划开发乡村旅游、农家乐等农旅融合项目，丰富稻田养鱼产业链，实现效益最大化。截至2018年5月，张山后村集体经济总收入突破20万元，年经营性收入达5.03万元，稻田养鱼项目预计为村集体新增年收益近万元。

在各方面生产要素不具有优势的条件下，张山后村直面困难，迎难而上，以智取胜，成功引进成熟的稻田养鱼模式，盘活世代相依的农田，使原本偏远的小山村重新焕发勃勃生机。

小山村里的大财富

——记太平乡富山头村施忠平

富山头村地处太平乡西北部，由原富山头村、昌坑头村于2013年年底合并而成，有农户428户，总人口944人；耕地面积495亩，园地面积20亩，林地面积8538亩，其中水果面积130亩，出产蜜橘、桃；平均海拔700多米，常年气温偏低，是太平乡比较偏僻小山村之一，也是太平乡唯一的畲族村。村里农民主要以种植和外出打工为主，由于地势较高且比较偏僻，生活条件艰苦。

该村党支部书记施忠平，面对村民生活困难的现况，积极寻找对策。由于该村海拔较高，常年气温偏低，一些常规水果（如桃、葡萄等）不适合在这里种植。一次偶然的机会，听说有人在雅溪种植树莓取得较好效益，大家一合计，树莓耐寒、耐干旱，适宜种植在海拔较高的地方，富山头村不是正合适吗？经过调查，原来该村已零星种有树莓，且效益不错，便决定发动村民大规模种植。树莓种植规模由2015年的80余亩，发展到2016年的800多亩，村集体也陆续发展了135亩，小部分在2017年投产，大部分在2018年投产。经过精心管理，2017年树莓喜获丰收，可卖到300元/千克。其中，横坑自然村11户在家里种植树莓的农户，2017年总收入达70余万元，最多一户收入有10万多元，最少的也有5万多元。

树莓作为水果销路并不好，作为中药材，却销售量很大并且稳定。富山头村村干部们不辞辛苦联系到制药厂，来村收购树莓，使村里的树莓不愁销路，且价格稳定。该村不仅带动村民发家致富，同时，村集体也发展了135亩树莓，无论是将其承包给个人收取租金，还是村集体自己经营，都将产生可观的经济效益。

心系村民的好书记

——记雅溪镇岱后村谢春仙

岱后村位于雪峰山上和稽勾古道旁，地理位置偏僻，村民多以务农为生，没有其他经济来源。谢春仙自担任村书记以来，通过挖掘红色文化开展党建教育，建设党建教育基地项目，能够每年为村集体增加 5 万~15 万元收益。岱后村开始旧貌换新颜，穷山村日渐化身“绿富美”，只要村民们提起她都会竖起大拇指。

谢春仙心系党建教育基地项目建设，长期驻扎村内主持大局，抓工期，赶进度，保质量，于 2018 年内完成红军集体食堂建设，紧接着 2019 年年初红色接待中心进入验收环节，可为来访群众提供学习、餐饮、住宿场所。她组织村民种植、制作当季纯天然无公害的农特产品。例如，在清明节制作清明果，冬季制作番薯干、山粉面等。

为将党建教育基地项目落到实处，谢春仙先后参加丽水市村级书记示范培训考察、乡村振兴合伙人培训考察、历史文化（传统）古村落保护考察培训等培训调研，她将所见所学因地制宜地运用到项目建设中，顺利推进了项目开展。同时，她积极参与整个施工建设环节，不论寒暑，不分昼夜，在项目建设遇到困难停滞的时候，她主动联系施工方、设计方以及相关部门尽快解决问题。由于长期奔波于项目建设，谢春仙消瘦了一大圈，即使生病也不离开工作岗位，一直履行着党支部书记的职责。正是在这样的精神鼓舞下，全体村干部及村民上下齐心，使项目在规定时间内完工。

村庄发展不能止步于眼前的成就，这一点谢春仙心里很清楚。她说：“经济发展关乎全村，既要抬头看路，又要埋头赶路，凡事都要脚踏实地去做，这样才能把每一件事情干实干好。”作为一名普普通通的村党支部书记，她扎根山村，默默奉献，努力推动全村经济稳步发展。

第八章　专题探讨

全面用好“金钥匙”
全域走好“强村路”

“强村”关联持续富农，“消薄”关乎全面小康。莲都区是浙江省26个加快发展县之一，截至2016年年底208个行政村中有118个集体经济薄弱村，发展壮大村集体经济的任务繁重。近年来，莲都区用好三把“金钥匙”，推进全域统筹、全域改革、全域实体，截至2018年年底集体经济薄弱村只剩下17个，转化率91.83%，“消薄”工作走在全市前列。

一、用好“跨山统筹”金钥匙，全域统筹整合资源

面对区位条件差、可用资源少、发展缺人才等不利条件，莲都区坚持党建引领，强化统筹整合，高站位、高强度、高速度推进“消薄”。

一抓要素统筹。编制印发《莲都区全面消除集体经济薄弱村三年行动计划》，最大限度推动人才、资金、土地等发展要素向薄弱村集聚。鼓励乡镇充分利用和整合各类资源，谋划实施一批优质乡镇联建项目，鼓励资源匮乏的村跳出本土谋发展。推进“飞地”抱团，对资源有限、办法不多、难以“消薄”的村，全部纳入“飞地”抱团发展项目，最大限度地推动发展要素全域整合。

二抓队伍统筹。着力打造村干部、第一书记、驻村干部三支帮扶队伍，做到每一个薄弱村都有区领导、责任部门和企业等结对帮扶。在所有薄弱村建立功能性党组织——“消薄”工作党支部，将区级联系领导、第一书记、乡镇干部等纳入党支部，发挥“消薄”党支部一线调查研究、一线指挥调度、一线督促落实的作用。动员联系领导、结对部门领导结合正在开展的“三服务”“大学习大调研大抓落实”活动，下沉一线亲自抓。

三抓政策统筹。强化协调联动，保障政策供给，狠抓责任、政策和工作落地，“一村一策”制订转化方案，实现精准帮扶。成立区委、区政府主要领导为组长的全面消除集体经济薄弱村工作领导小组，下设区委组织部、区农业农村局

负责人任“双组长”的攻坚工作组。建立区、乡、村三级“消薄”考评体系，实行清单管理，挂图作战、挂牌督办。每季度召开乡镇（街道）“消薄”工作交流会，定期或不定期对各乡镇（街道）进行工作督查通报，并将“消薄”工作考核结果纳入新农村建设考核以及领导干部实绩考核，以成绩论英雄，以结果论成败，督促镇村干部加满油去拼、加速度去跑。

二、用好“创新引领”金钥匙，全域改革激活动力

始终把改革创新作为发展壮大村级集体经济的关键，创新“消薄”强村的路径，下活集体经济发展“一盘棋”。

一是盘活资源资产。组织力量对莲都区所有集体经营性资产、资源进行统一登记造册，共查找出 69 个村闲置的资产性收益 1625. 22 万元，82 个村的资源性收益 258. 77 万元。在此基础上，精准掌握每个村的资源禀赋、资产优势、区位条件和存在问题，因村制宜，分类施策，探索了资产盘活型、党建引领型、兴办物业型、电站分红型、特色产业型 5 种类型的村级集体经济收入增长路径。如岩泉街道枫树湾村经与有关部门多次对接后，将原闲置枫树湾小学及场地等统一出租给丽水丽隐投资管理有限公司经营民宿，每年可获得租金收益 4 万余元。

二是联结发展利益。区、乡两级成立“消薄”公司，注册资金 2400 万元，颁发股权证，直接赋权到村，实现入股分红；探索农业综合开发财政补助资金股权化改革，出台《莲都区国家农业综合开发现代农业园区产业化项目村股份经济合作社持股指导意见》，将部分农业综合开发财政补助资金入股到各农业龙头企业，并向相关村股份经济合作社支付股权收益；全区村级股份经济合作社与农民股东建立利益联结机制，明确合作社经济收益股东分红、公积金和公益金比例；推动农民专业合作社整县提升试点，在投入扶贫项目资金的合作社建构更加紧密的社、农利益联结机制；支持和引导村集体以土地、物业等资源，以保底分成方式合作、入股，稳妥参与产业投资、基础设施建设投资等，实现“政府—市场—村庄—村民”零缝隙利益联结。

三是创新经营模式。鼓励各村庄根据自身特色，联合周边区域，探索“1+1+N”合作发展模式（即党组织+集体经济组织+新型农业主体）等合资合营、引资联营、股份合作的新型经营模式。例如，太平乡下坼村大力发展水果种植产业，全村拥有水果种植面积 4000 多亩，其中智能棚内枇杷售价高达 80 元/千克，同时利用学校旧址兴建农产品交易市场，每年可为村集体增加收入 5 万余元，有

效实现农民增收、集体经济增效。又如，丽新畲族乡成功签约工商资本投资5000多万元，在咸宜、黄弄、上塘畈等村集中流转土地823亩发展中药材种植，逐渐打造集中草药种植、中药加工、生态旅游于一体的中药材农业产业观光园，实现“村集体+基地+农户”的多方共赢。

四是规范考核验收。全面落实《丽水市消除集体经济薄弱村工作验收标准规范》，细化明确“村级申报、乡镇（街道）审核、县级验收”的验收流程和“以收定支”“先提后用”“规范分配”的财务制度，加快推动“消薄”工作标准化、规范化。按照“书记工程”将“消薄”工作列为区对乡镇（街道）、部门年度考核和村“两委”主要干部的年度考核，未完成工作任务的村、乡镇（街道）逐级检讨，强化考核引领，激励先进，鞭打慢牛，确保“书记工程”能全面完成。

三、用好“问海借力”金钥匙，全域实体做强产业

针对迫于一些薄弱村内生动力不强可能导致的“数字消薄”“兜底消薄”等问题，莲都区借势借力，延伸产业链条、推进实体强村，提升“消薄”可持续性。

一是项目支撑。构建“区、乡、村”三级项目库，实现对集体经济薄弱村“一村一策”项目推进，目前全区共有“消薄”项目91个，其中区级联建项目6个，乡镇联建项目19个，村级自建项目66个，总投资近3亿元，实现了集体经济薄弱村项目全覆盖。借力新一轮山海协作发展大势，积极打造山海协作的“升级版”，积极引导杭州、宁波、义乌等地社会资本进村建设一批“消薄”项目。如新乡吾赤口村、峰源乡夏庄村、太平乡吾古村等通过农田、水资源等整体打包入股电站分红的形式，每年为村集体带来分红收益。

二是结对帮扶。深入开展“千企结千村，消灭薄弱村”专项行动、城乡结对“走亲联心”等帮扶活动，确保每个薄弱村都有1家以上结对帮扶单位，借助结对企业和单位的资金、资源和人才优势，抓实帮扶项目，推动长效“造血”。截至2018年年底，已成功结对33家省、市、区级企业，确定拟建项目12个。例如，省发展资产经营有限公司与碧湖镇魏村村签订村企结对协议，出资100万元用于光伏发电项目，每年增加村集体经营性收入近10万元；浙江省国有资本运营有限公司多次考察结对村碧湖镇岩头村，明确帮扶资金150万元用于新建集贸市场（屋顶光伏）和修缮村文化礼堂，项目建成后将每年为村集体带来20余万元收益。

三是人才引路。借村级组织换届之机，明确导向，拉高标杆，全面提升村干部素质。开展“精准化”教育培训，通过综合培训和“消薄”专题培训，增强村“头雁”带富作用。实施“引贤回归工程”，不断激活乡贤资源、凝聚乡贤智慧、汇集乡贤力量，为“消薄”添动力。例如，老竹畲族镇新陶村，在回村当书记的乡贤郑建全带领下，借助良好的生态环境和红色文化底蕴，有效整合村内自身资源，通过土地流转、山林承包，转让农房、南乡食堂农家乐以及爱心荷塘等旅游配套设施经营权等增收方式，全年经营性收入超 50 万元，实现从负债村到明星村的华丽转变；下一步还将联合开发石门隐墅庄园和新屋红色营地项目，打造莲都“红色之旅”“农旅结合”教育旅游精品路线，为集体经济再添一把“火”。

作者：丽水市莲都区农业农村局 唐俊杰

浅析丽水市莲都区“消薄”工作存在的问题与建议

农，天下之本，务莫大焉。党的十九大报告指出，要实施乡村振兴战略，要深化农村集体产权制度改革，保障农民财产权益，壮大集体经济。浙江省第十四次党代会报告指出，深入实施低收入农户倍增计划，增强集体经济薄弱村造血功能，全面消除集体经济薄弱村。由此可见，从中共中央到地方各级党委、政府都高度重视集体经济薄弱村消除工作。下面就丽水市莲都区“消薄”工作浅谈几点想法。

发展壮大村级集体经济是促进农村经济社会发展、增加农民收入、实现农民共同富裕和乡村振兴、推进社会主义新农村建设的重要基础。如何更好更快做好“消薄”工作，是“三农”工作的重中之重。

一、莲都区“消薄”现状

2012 年，莲都区 333 个村中符合省定标准的集体经济薄弱村有 293 个，占比 88.0%；2013 年年底，通过村规模调整后，村总数为 208 个，其中集体经济薄弱村 164 个，占比 78.8%；2016 年年底，根据省定化解薄弱村标准，仍有集体经济薄弱村 118 个，占比 56.7%，需要在三年内完成“消薄”任务。

面对艰巨的任务，莲都区委、区政府加强组织领导、加大工作力度、厘清责任体系，在丽水市率先成立“双增”工作攻坚组，联合下发《莲都区全面消除集体经济薄弱村三年行动计划的实施意见》，全面打响消除集体经济薄弱村攻坚战。计划到 2017 年年底，消除集体经济薄弱村 54 个，年经营性收入 5 万元以上的村占总村数的 35%以上；到 2018 年年底，消除剩余 64 个村，年经营性收入 5 万元以上的村占总村数的 60%以上；2019 年，建立健全村级集体经济发展长效机制。

二、存在的主要问题

截至2018年年底，莲都区已有101个村顺利“摘帽”，取得了阶段性成果。但是通过调研分析，发现“消薄”工作中还是存在以下问题。

（一）村级集体经济发展意识淡薄

随着改革开放和市场经济飞速发展，莲都区农村有很多村民外出务工经商。不少村民和村干部对发展村集体经济意识逐渐淡薄，没心思去发展集体经济，等着靠财政拨款“输血”。不少村干部文化程度不高，经济工作经验不足，整体素质有待于提高，尤其是缺少懂经济、有头脑、能够带领一方群众致富的领头人，使得各村在发展壮大集体经济缺乏必要的办法和措施。此外，不少新换届的村干部对“消薄”工作和方针政策不够熟悉，无从下手发展集体经济。部分村民和村干部思想保守，思路不够清晰，缺乏创业精神和敢于担当的勇气，寄希望于各级政府给予政策扶持和资金倾斜，“等、靠、要”思想严重，这在不同程度上制约着村级集体经济的发展。

（二）村级集体经济发展基础薄弱

莲都区地处浙西南山区，素有“九山半水半分田”之称，山多田少一直制约着村级集体经济发展。由于历史原因，农村实行家庭承包责任制后，大部分村将集体耕地和山林分包到户，而且土地流转问题难凸显，导致了目前农村集体家底薄弱，集体经济发展空间较小，很难支撑经营性发展，基本上需要靠上级财政资金政策扶持。部分村缺乏主导经济产业，农业生产总体上还是粗放生产，生态精品农业尚未形成规模效应，综合经济效益不高。如何把山多田少的劣势转化为优势，如何因地制宜充分利用好莲都区良好的生态环境、丰富的自然资源和古朴的乡村景观等优势，大力发展村级集体经济和带动农民增收，值得我们思考。

（三）村级集体经济发展结构不合理

从统计情况看，莲都区村集体经济总收入达10万元以上的村，收入来源主要为省财政下拨的村级组织运转补助经费、便民服务中心工作经费、公益林补助三大块资金组成，省财政补助资金占村集体经济总收入的80%以上。以太平乡大畈村为例，2018年补助收入18.55万元，经营性收入却为零，存在较大“返薄”隐患。浙江省要求各地三年“消薄”任务完成后将取消村级组织运转补助经费，这将势必导致“返薄”村的大量出现。

三、多措并举助力“消薄”

怎么“消薄”，如何“消薄”，切入点在哪儿，突破口在哪儿？浙江省委书记车俊同志讲到，“消薄”不能光靠转移支付，而要靠实实在在地增强集体经济薄弱村的“造血”功能。可见“消薄”不是单靠财政“输血”，关键是靠自身的“造血”功能，打通任督二脉盘活村级集体经济。坚持“输血”与“造血”并举，积极探索创新和提高思想意识，夯实集体经济基础，破解集体经济结构性难题，着力增强村级集体经济的自身“造血”能力，依靠自身的“造血”功能才能发展壮大村级集体经济，健康可持续发展，才能真正实现乡村振兴和高水平建成小康社会。

（一）加强组织建设，强化责任担当

遵新必兴，守旧必衰。进一步加强基层组织建设，全面提高农村党员干部素质，克服“等、靠、要”思想，让基层党员干部成为发展村级集体经济和带动农民增收的中坚力量。在村级组织换届中，要有意识吸引和培养有能力、有干劲、有素质的年轻人员充实到村班子队伍中，对大学生村官、村务工作者中的佼佼者，能够适时的委以重任。切实发挥派驻第一书记的作用，通过下派区后备干部，多管齐下进一步强化村班子队伍。不局限于体制，不拘一格降人才，大力培养或者引进一批具有开拓创新精神、懂经营管理的新型人才。研究更为科学的村班子成员收入水平和村级集体经济发展挂钩的绩效考核制度。

（二）坚持因村施策，力促百花齐放

各村形态万千，情况不一。“消薄”不能“一刀切”，更不能盲目上项目。一定要按照“一村一策”的要求，科学统筹规划，有效整合资源，集中力量有的放矢对薄弱村加大扶持和保障力度。同时，按照“因村制宜”要求，精准施策，千方百计拓展村级集体经济收入来源，提升村级集体经济发展内生动力；鼓励“村内”与“村外”联动发展，探索实行“统一规划、统一建设、统一经营，产权清晰、收益归村”的运作模式，支持和引导经济薄弱村实行抱团联合发展；推动各村之间比学赶超，各方形成合力，共谋脱困之举和发展之路，实现各村多点开花，欣欣向荣，百花齐放的经济繁荣局面，实现村级集体经济发展与富民增

收双赢。众所周知，太平乡盛产枇杷。枇杷花和枇杷叶深加工项目具有不错的市场前景，可开发枇杷膏、枇杷糕点、枇杷花茶、枇杷口服液等多种产品。如果能把枇杷花和枇杷叶深加工产业结合到村级集体经济发展中形成规模经营、规模效益，那么具有农村集体特色的枇杷花和枇杷叶深加工产业将是莲都区现代农业发展的亮点。

（三）夯实经济基础，优化发展结构

经济基础决定上层建筑。坚持夯实村级集体经济基础，是乡村振兴的重要前提。因势利导、综合施策、多元发力，切实优化村级集体经济结构，大力推进供给侧结构性改革。创新驱动发展，倒逼村级集体经济转型升级，实现村级集体经济又好又快发展。

一是培育集体实体经济。鼓励村集体以可支配的资源、资产、资金等要素为依托，充分利用村级集体办公用房、厂房仓库、生产设施等各类集体资产，广泛吸收农民入股，按照产业发展规律，领办创办经济实体。鼓励财政项目资金直接投向村集体领办创办的经济实体，允许财政补助形成的资产转交经济实体持有和管护。鼓励和支持村集体与农业企业、社会资本开展合作，发展现代农业、绿色制造业、现代服务业，推动集体经济专业化、市场化发展。

二是统筹谋划光伏项目。支持村集体资源匮乏，增收渠道少，有条件架设光伏设备的薄弱村，以镇为单位多村联合抱团分布式光伏，或以村为单位建设分布式光伏，充分利用荒山、荒地、荒坡等以及农村现有建筑实施光伏项目。充分考虑成本和效益，科学论证投入产出比，不盲目上马项目。务必在前期对项目选址、高压线路等基础条件，做好详细摸底调查和可行性研究报告，严密筛选优质光伏企业，全面落实项目监管。

三是多村抱团发展物业。引导和支持实现多个薄弱村或者强村搭薄弱村联合抱团发展物业，比如投资商铺、农贸市场、厂房等物业。不局限投资本地物业，还可投资异地物业。比如以莲都—义乌山海协作为切入点，发挥义乌的丽水人商会作用，组团去义乌投资物业。

四是大力发展新经济产业。大力推进电商互联网产业与村集体经济发展相融合。鼓励村集体依托本村特色产业结构，借助微信、淘宝、天猫、京东等电商平台开设网店，打造“电商、微商、店商”三商融合的营销体系。培育壮大农产品电商商务主体，联合社会资本、供销社建设农村电商企业，鼓励电商企业和合作社参与销售本区特色农产品，带动村集体经济发展。

消除集体经济薄弱村工作关乎百姓民生，关乎福祉共享，关乎乡村振兴，工作任重而道远，务必要积极壮大村级集体经济，为实现乡村振兴厚植坚实基础，不断提高人民群众的幸福感和获得感。

作者：丽水市莲都区农业农村局　梁建霞

强化定力　靶向发力
坚决打赢脱贫攻坚战

2019年以来，丽水市莲都区深入贯彻落实习近平总书记关于扶贫工作系列重要讲话精神以及中央、省、市有关扶贫重大决策部署，始终坚持把脱贫攻坚作为最大的政治任务和第一民生工程来抓，扎实推进精准脱贫工程，全力以赴打好打赢脱贫攻坚战。农民收入持续增长，2019年莲都区农民人均可支配收入28220元，收入绝对值连续23年居全市第一；低收入农户人均可支配收入11079元，增幅11.3%。

一、强化定力，高位构建扶贫攻坚体系

坚持高标准、高站位、高要求，切实把扶贫工作摆在重要位置，牢牢抓在手上、扛在肩上、放在心上。成立以区委副书记、区长为组长的扶贫开发工作领导小组，形成区、乡、村三级齐抓共管工作格局。通过区委常委会、区政府常务会、农业农村会议、扶贫领导小组会议等部署和落实扶贫工作。明确34名副处级以上领导挂点联系12个乡镇（街道）、34个村，开展结对帮扶。选派601名驻村干部和40名“第一书记”指导一线攻坚。全区85个省定扶贫重点帮扶村实现了帮扶结对全覆盖，其中省级结对单位11家，市级结对单位18家，区级结对单位67家，全区所有低收入农户都有一名干部结对帮扶。

二、靶向发力，精准打赢扶贫攻坚战役

坚持扶真贫、真扶贫，因地制宜、因户施策，切实把扶贫扶到点上、扶到根上，确保“两不愁三保障”落到实处。

（一）推进产业扶贫，多措并举“拔穷根”

开展贫困对象识别：全面完成国家扶贫开发信息系统低收入农户数据动态调

整，扶贫与民政部门建立低收入农户数据“季比对”制度，实现数据无缝衔接，有效提高精准识别准确率，为扶真贫奠定基础。

精准实施产业扶贫：按照“一类一政策”，落实“一户一办法”，深入实施低收入农户“菜单式”产业扶持，最高扶持额度从原来的3000元/户提高到6000元/户。持续抓好种植业、养殖业、外出务工“老三宝”，以及农家乐（民宿）、电子商务、来料加工“新三宝”，不断提升农户脱贫致富内生动力。2019年，共有3778户低收入农户申报产业扶持资金538万元。

加大金融扶贫力度：开展扶贫小额信贷，为低收入农户在种养殖业、农家乐民宿等可行性项目上提供扶贫小额贷款57户，贷款金额257万元，贴息3.6万元。实施扶贫救助保险，为全区所有低收入农户实施自然灾害救助、意外事故救助、医疗救助保险、法律费用等扶贫救助保险，共有84名符合条件的低收入农户获得保险公司救助理赔。

（二）推进搬迁扶贫，众志成城“挪穷窝”

始终坚持“政府主导、农民自愿”原则，稳步推进异地搬迁工作。较大程度改善了高山远山村和地质灾害隐患区域农户的生活生产条件，促进了人口集聚和农民增收。为了农民搬得出、稳得下、富得起，莲都区提前谋划，将安置小区（点）选在交通便利，离工业园区较近的区域，方便搬迁群众就业，并配套相关设施。2019年全区最大的安置小区瓯碧园小区竣工验收并交付使用，该安置小区毗邻工业园区，并建设了来料加工场所、幼儿园等配套设施，为搬迁群众提供就业岗位和学前教育资源。金港公寓如期完工，花街安置小区、文一楼建设加快推进。

（三）推进保障扶贫，齐心协力“摘穷帽”

健全“两不愁三保障”及饮用水安全工作体系。

最低生活保障方面：完善最低生活保障制度，实现了城乡统一标准，农村低保标准由2012年的368元/(月·人)，提高至770元/(月·人)，2019年，累计救助农村低保对象11.6万人次。

教育保障方面：落实学前教育家庭经济困难幼儿资助、城乡家庭经济困难学生营养改善提升工程、义务教育学校家庭经济困难学生生活费补助等工作，2019年，受助学生合计4787人次，落实雨露计划及其他助学补助、低收入农户助学补助657名学生。

基本医疗保障方面：落实全市统一的医疗救助政策，医疗救助政策落实率和符合条件困难群众资助参保率100%。2019年莲都区共救助困难人员57147人次，贫困人员大病起付线由2万元降低至1万元，大病保险支付比例由60%提高到65%，取消建档立卡贫困人口大病保险封顶线。

住房安全方面：对农村低保户、分散供养特困人员、残疾人困难家庭、低保边缘户四类对象实施农村困难家庭危房改造救助。2019年，困难家庭危房改造农户237户。

饮水安全方面：实施莲都区农村饮用水达标提标工作三年行动计划（2018—2020年），莲都区有城市水厂2个，乡镇水厂2个，单村供水水厂473个。2019年，莲都区完成52个行政村4.6万人的达标提标工程。莲都区城乡建设投资有限公司成立水质检测中心，每月对莲都区农村饮用水水质进行检测，有效保障农村饮用水安全。

三、督查有力，从严守住资金安全底线

着力构建扶贫开发制度体系，以制度推进规范用权、规范项目管理。出台《丽水市莲都区财政专项扶贫资金和项目管理实施办法》《莲都区扶贫产业增收项目管理实施细则》等文件，细化管理办法和操作流程，从严管理资金流程。同时，由纪委、审计、财政、扶贫等部门进行多轮次核查，深挖监管漏洞，坚决防止监管盲区和死角。

四、下一步的工作重点

下一步将全面认真抓好中央、省、市关于脱贫攻坚各项决策部署落实，继续深入实施低收入农户高水平全面小康计划，以“踏石留印、抓铁有痕”的劲头，坚决打好打赢脱贫攻坚战。

一是以更加强烈的政治担当压实责任。进一步完善党委领导、政府主抓、部门参与的扶贫工作领导体制和工作机制，建立健全责任落实、督促机制，形成覆盖各个环节、各个层面的责任链条，层层压实责任，确保各项扶贫工作落实落细并取得实效。

二是以更加有效的政策举措推进工作。坚持以完善政策机制为重心，努力提升工作保障。用足用好现有各项扶贫惠农政策，探索实施低收入农户稳定增收工程，着力增加工资性收入、经营性收入、财产性收入和转移性收入。深入开展新

一轮结对帮扶，全力促进低收入农户和村集体双赢双增收。

三是以更加扎实的问题整改补齐短板。针对存在的薄弱环节和工作不足，持续做好扶贫领域专项督查工作，健全扶贫工作问题发现、交办、整改责任链，以高度的政治责任感和强烈的政治担当，坚决抓好自查问题和此次专项检查反馈的问题整改，进一步提升精准扶贫、精准脱贫的成效。

四是以更加完善的建章立制构建长效机制。坚持立足当前、着眼长远、注重扶贫开发与乡村振兴有机衔接，完善帮扶机制，加强项目资金精准管理，加强扶贫项目的监管。按照“项目跟着规划走，资金跟着项目走，监督跟着资金走”的原则，强化项目监督管理，严格按照精准扶贫的标准、程序等实施项目，并做好全程监管。探索建立扶贫开发长效工作机制，巩固和拓展脱贫攻坚成果。

作者：丽水市莲都区农业农村局　吴群仙

精准扶贫强造血　结对帮扶注新能

2020年是全国脱贫攻坚决胜之年，也是浙江省高水平全面建成小康社会收官之年。根据省、市、区政府工作安排和部署，莲都区上下齐心、砥砺前行，聚焦新目标新定位积极克服疫情影响，切实加大帮扶力度，加快补齐短板弱项巩固提升扶贫成果，有效推进扶贫开发与乡村振兴有机衔接，为高水平全面建成小康社会提交扶贫满意答卷，确保高水平全面小康“不落一村、不落一户、不落一人”。2019年，莲都区农民人均可支配收入28220元，收入绝对值连续23年在丽水市排名第一；低收入农户人均可支配收入11079元，增幅11.3%。

一、主要做法

（一）机制保障促增收

一是建立扶贫攻坚机制。莲都区始终把扶贫作为头等大事和第一民生工程来抓，推动压力有效传导、责任逐级压紧，形成了区、乡、村三级齐抓共管的工作格局。专门组建农民增收（扶贫攻坚）专班，深入开展年家庭人均收入8000元以下、9240元以下，以及存在“两不愁三保障”① 和饮用水安全问题的农户再摸排工作，全面进行查缺补漏。全面开展“一户一策一干部”结对帮扶，由区直各单位副科及以上领导每人结对2户，其他干部每人结对1户，其余低收入农户由乡镇（街道）干部结对。实现全区省定扶贫重点村和所有低收入农户实现帮扶结对全覆盖。

二是精准打赢扶贫攻坚战。按照“两线合一”（低收入农户认定标准与低保边缘户认定标准“两线合一”）工作要求，全面做好省扶贫数字化管理系统数据动态调整。深入开展低收入农户“菜单式”产业扶持，最高扶持额度从原来

① “两不愁”是指稳定实现农村贫困人口不愁吃、不愁穿；“三保障”是指保障其义务教育、基本医疗和住房安全。

的 3000 元/户提高到 6000 元/户；始终坚持“政府主导、农民自愿”原则，稳步推进异地搬迁工作；坚持将兜底保障作为脱贫攻坚的最后一道防线，着力解决“两不愁三保障”突出问题。

三是规范使用专项扶贫资金。2017 年以来，累计落实上级财政专项扶贫资金 8027 万元，推进建设扶贫开发项目 109 个。2020 年，莲都区下达中央、省级专项扶贫资金 6903 万元主要用于扶贫项目、雨露计划、扶贫小额信贷等。不断优化扶贫项目库，目前莲都区扶贫库项目有 106 个，涉及资金 7300 万元，实现了“钱等项目”向“项目等钱”转变。莲都区“莲城雾峰”茶产业项目被列为省级扶贫综合试点项目。

（二）部门联姻促增收

新一轮结对帮扶工作由浙江省人防办为组长单位，省人民防空办公室、省外事办公室、农工党省委会、省通信管理局、浙江清华长三角研究院、中电海康集团有限公司、浦发银行杭州分行、杭州市余杭区、桐庐县、省国有资本运营有限公司、省发展资产经营有限公司等 11 家单位组成省级帮扶团组，与莲都区 10 个扶贫重点帮扶村建立结对关系。

组长单位浙江省人民防空办公室、省通信管理局结对太平乡下岙村。浙江省人民防空办公室肖培生主任、严政副主任、李佳副所长等领导多次赴莲都区指导工作，王宏武主任积极落实帮扶举措，2018 年落实帮扶项目资金 40 万元。2019 年落实协调资金 90 余万元，其中省人民防空办公室落实 40 万元，在太平乡下岙村建成帮扶项目装机容量为 126.54 千瓦的光伏发电厂。2020 年，王宏武主任正月初三就赶到驻地，积极投入防疫一线工作。积极参与美丽乡村建设，对接下岙村美丽乡村项目，协调科技特派员项目 20 万元项目经费，建设柑橘黄龙病综合防控技术应用示范基地，项目正抓紧施工中，另外，协调落实资金 55 万元建设家宴中心。同时，省通信管理局也积极开展结对帮扶。

浙江清华长三角研究院结对岩泉街道雨伞岗村。研究院为结对帮扶村捐赠帮扶资金 30 万元。2019 年 4 月 8 日，清华大学化学工程系教授、浙江清华长三角研究院现代农业工程技术所所长郭志刚为村民种植户做了农业讲座。驻村帮扶工作组利用研究院的科研优势，流转 100 亩土地，由研究院提供种苗，雇用村民种植高附加值的农作物，增加村集体收入。落实了塔机租赁的扶贫项目，每年为村集体经济增加 10 余万元收入。积极谋划实施羊肚菌项目，已完成土地流转工作。

浙江省外事办公室结对黄村乡严岛村。浙江省外事办公室陈江风副主任等领导带领结对帮扶工作组多次到严鸟村走访调研并慰问困难户。协调落实资金50万元（其中包括省外事办公室结对扶贫资金20万元），用于村内停车场、村口建吊桥、古廊桥和村内破损道路修复等基础设施项目建设。2020年，积极为严鸟小学捐赠防疫物资，常驻干部积极参加疫情防控，牵线结对一位困难儿童，给予助学金1000元和社会关爱金500元。

农工党省委会结对太平乡富山头村。农工党省委会每年按省委、省政府要求筹集帮扶资金，同时根据本单位资源优势，在项目、资金、人才、物资等方面给予支持。2019年已协调落实资金30多万元，建设油茶基地100亩。2020年，继续协调落实50多万元，对油茶基地进行扩面提质。

杭州市余杭区结对丽新畲族乡吾赤口村。帮扶小组时常开展走亲连心帮扶活动，走访慰问低收入农户。落实帮扶资金150万元，入股东港小学项目，每年为村增加收益12万元。落实协调资金208万元，购买位于丽水开发区丽水国际城商铺，收益用于村集体和低收入农户增收。协调开展两地考察学习交流，开拓发展思路，促进丽新畲族乡及吾赤口村集体经济发展，推动乡村振兴战略实施。

桐庐县结对峰源乡庞山村。组建由杭州桐庐县由副县长余荆棘为组长的3人驻村帮扶工作组。2020年，常驻干部于正月初三即返乡参与疫情防控。主导编制了《峰源乡集中宴席操作预案》，谋划了《森林产业发展五年规划》。组织庞山村与浙江艺福堂茶企、桐庐桐阁堂药企共同探讨茶叶与林下中药（黄精）的培育及收购合作，解决产品订单和销路问题。帮扶小组积极推动庞山村农旅综合体项目招租，村集体年增收1.8万元；为庞山村购置碧兴园物业用房，每年可获取租赁收益4.77万元；梳理徐坑、百家际电站的调后股权，妥善支配水费缴纳和电站分红，预期收益可达4万元。结合全乡蜂产业发展，牵线浙江蜂之语集团在蜂王浆收储研发上建立合作关系。推动峰源乡“儿童之家”如期开放，推动全乡两癌筛查、流感肺炎疫苗接种和乡级卫生院迁建。

（三）村企结对促增收

村企结对是通过“山海协作”将浙江省山区的资源、劳动力、生态等优势，与沿海地区的资金、技术、人才等优势有机结合起来，提高合作收益，开辟发展乡村新路径，使村集体从“简单化输血”变成“持续性造血”。通过企业伸出援助之手，帮助各村拓宽发展思路、找准发展路径、解决发展障碍。

中电海康集团有限公司结对仙渡乡皂树村。推进与仙渡乡党委建立“山海党建”协作关系。协调落实资金220万元，建成淀粉加工厂房1座；协调落实资金

400 万元，用于建设乡级联建光伏项目；落实 2 万元用于皂树村实施灌溉水渠修缮项目；实施皂树村党建广场出租项目，可为皂树村带来 3 万元租金收入；推进乡级水果联合社实体化运营，推动“莲都仙桃”品牌建设；洽谈大型商场、社区电商等销售终端，对接宁波太平鸟集团、宁波开发投资集团等单位大单采购，助农销售农产品；积极谋划引进古民居修复项目，开展消费扶贫、教育扶贫、产业扶贫、文化扶贫等系列扶贫活动。

浦发银行杭州分行结对雅溪镇金竹村。浦发银行杭州分行党委副书记许国明多次到雅溪镇金竹村开展结对帮扶，走访慰问低收入农户。牵头建设的香菇保鲜冷库项目，在疫情形势最严重的 2020 年 2 月累计为菇农减少损失 25 万元左右。落实资金 74 万元，建成装机容量 151. 28 千瓦的林地光伏项目，每年可为村增加经营性收入 9. 5 万元左右。落实资金 20 万元，用于村发展产业的基础设施项目“联心桥”建设，大大改善种植业运输。

新一轮结对帮扶工作开展以来，省级结对帮扶团组为莲都区落实（协调）项目 40 个，落实（协调）资金 2463. 8 万元（落实基础项目 5 个、资金 136. 8 万元；落实经济项目 16 个、资金 1061. 4 万元。协调基础项目 8 个、资金 432 万元；协调经济项目 11 个、资金 833. 6 万元）。积极开展走亲连心活动和慰问活动，累计走访农户 1946 户次，直接帮扶低收入农户 645 户，低收入人数 860 人。为辖区发展做了大量工作，赢得了当地群众的普遍赞誉。

二、存在的困难和问题

一是产业基础薄弱。莲都区扶贫重点村产业基础薄弱，部分村缺少耕地，各村扶贫项目以道路建设等基础设施建设项目为主，优质产业项目较少。

二是造血功能较弱。莲都区低收入农户因病、因残、因年龄偏大、因文化程度低导致劳动力缺失的比例较高，全区低收入农户中，65 岁以上的约占 45%，因病致贫占比 60%以上，因残致贫占比接近 30%。这部分低收入农户造血功能不强，持续增收难度较大。

三是危旧房改造力度还需加强。在推进危旧房改造工作过程中，还存在农户改造意愿不强、农户拆除危房抵触情绪大、一宅多户产权不清等问题，推进危房动态清零，时间很紧、任务很重。

三、下一步工作打算

下一步，莲都区将紧紧围绕“三个清零”目标任务（家庭年人均收入8000元以下情况清零、“两不愁三保障”突出问题清零、集体经济薄弱村清零），全力抓好中央、省、市关于脱贫攻坚各项决策部署落实，坚决打好打赢脱贫攻坚战。

一是在全面彻底排查上下功夫。按照“不落一村、不漏一户、不少一人”的要求，全方位、常态化开展低收入农户家庭年人均收入在8000元以下、存在“两不愁三保障”问题的底数排查，建立“动态台账”，精准施策，动态“清零”。

二是在真心真情帮扶上下功夫。深入落实“一户一策一干部”制度，真心结对、用心帮扶，及时制定帮扶举措，高质量解决“两不愁三保障”问题，特别是要加快C级危房修缮、D级危房腾空，妥善解决饮用水安全方面的问题，切实做到真扶贫、扶真贫、真脱贫。

三是在加强造血功能上下功夫。按照“因地制宜、因村因户、因人施策”的原则，扎实做好产业扶贫、“大搬快聚富民安居”工程、“消薄”等精准扶贫重点工作。对有条件的村，加强扶贫项目论证和储备，继续谋划实施一批产业扶贫项目。同时，鼓励外地工作的莲都人，带动更多的低收入农户外出经商、务工，确保实现全区低收入农户人均可支配收入增速保持在10%以上。

四是在形成工作合力上下功夫。进一步完善工作机制，形成脱贫攻坚工作合力。每月召开一次分析研判会，总结上个月工作，研究困难和问题，部署下一阶段工作，合力推进脱贫攻坚工作。

作者：丽水市莲都区农业农村局　吴群仙

莲都区积极构建六环节工作链
精准实施扶贫项目

2019年以来，莲都区深入贯彻落实习近平总书记关于扶贫工作系列重要讲话精神，以及中央、省、市有关扶贫政策，围绕“项目安排精准”大刀阔斧推进扶贫改革，全力推进扶贫项目实施科学化、制度化、标准化。2019年，全区共立项扶贫项目38个，安排补助资金2028.45万元。2020年，初步确定扶贫产业增收项目60余个，涉及项目资金3900余万元，实现从“钱等项目”向“项目等钱”转变。

一、需求环节建立调研链

坚持以百姓需求为出发点，深入开展课题调研。

一是问需于百姓。组织开展项目可行性调研，通过与村干部座谈，进村入户了解，项目实地查看等，充分掌握各村扶贫产业增收项目实施可行性及预期效益，力求把真正能改善生活条件、带动脱贫致富、有持续“造血”功能的好项目摸上来，为“项目安排精准”打下坚实基础。自2019年7月以来，累计组织人员参与调查200余人次，收集到基础设施类项目（如村组道路宽度、排水沟、安全栏杆、车辆交会点等）需求，产业发展类项目（如香菇冷藏库、产业基地山地轨道运输机、水果基地建设等）需求的一手宝贵资料。

二是问需于业主。围绕科学规范实施扶贫产业增收项目，加快使用扶贫资金等课题，多次与乡镇（街道）、村干部座谈交流，深入了解扶贫资金使用偏慢，乡镇（街道）、村申报扶贫项目意愿偏低等问题根源，查找扶贫项目实施过程中存在的不足，为政策制定提供依据。

二、制度环节完善机制链

坚持以规则制定为切入点，致力完善各项制度。

一是立标准、树规范。在充分调研基础上，组织召开扶贫项目（基础设施类）建设标准专题讨论会，专题研究制定村组道路、排水沟、机耕桥、产业基地基础设施改造提升等项目建设标准，为扶贫基础设施类项目建设树立规范。

二是出细则、强管理。系统梳理优化扶贫项目管理流程，及时制定出台《莲都区扶贫产业增收项目管理实施细则》，对项目库储备、项目立项、计划下达、组织实施、项目验收、公示公告、档案管理等各环节提出明确要求，为全区扶贫项目建设提供政策依据和制度保障，进一步强化项目实施管理。

三、储备环节健全程序链

坚持以项目储备为支撑点，致力推进项目申报规范化、标准化。

一是项目谋划注重健全减贫机制。充分发挥结对帮扶驻村干部作用，立足各村产业发展实际，突出健全带贫减贫机制，指导谋划实施扶贫产业增收项目，探索形成了“电站配股分红法”（如太平乡梨园电站配股联建项目，购买电站股份收益全部用于太平乡扶贫重点帮扶村集体及其低收入农户增收）、“农业产业引领法”（如碧湖镇龙岩村冰糖梨产业项目，通过水果产业发展，带动村集体经济发展，引领低收入农户增收）、“红色资源开发法”（如雅溪镇岱后村充分挖掘红色旅游资源，建设“红军营”“红军路”，通过红色旅游开发带动村集体经济和低收入农户增收）、“新型农机配套提升法”（如紫金街道风化村，通过山地轨道运输机购建，为1200亩椪柑产业发展注入新能量，改变传统肩挑背扛旧模式，节省大量劳力，用新科技振兴传统水果产业发展，带动村集体和低收入农户增收）等一批带贫减贫模式。

二是项目申报实行统一标准文本。专门设计《莲都区扶贫产业增收项目申报文本》，将国家扶贫开发信息系统数据填报要求、扶贫项目后续管理维护、收益分配等信息纳入其中，所有扶贫项目实行统一标准文本申报，实现从源头把控项目数据信息。

三是项目评审实行三级联审。严格实行村级自评申报、乡级初审核查、区级审核评定和入库项目村、乡、区三级公告公示，建立区、乡两级扶贫项目库，实行部门联审制，推行项目库择优实施、不适合调整退出，全力缩短扶贫资金分解到位时间。

四、监测环节引入评估链

坚持以精准评估为创新点，创新引入第三方机构开展评估监测。

一是优化监测服务。第三方机构对扶贫项目进行实地设计、预算编制、预算审核。根据预算审核或定额标准进行补助，确保财政专项扶贫资金补助的精准性，有效破解乡镇（街道）扶贫项目管理费用紧缺和项目建设内容随意性强的长年顽疾，降低扶贫项目建设廉政风险，有力激发乡镇（街道）扶贫项目建设积极性和主动性。

二是完善验收流程。按照“谁主管、谁负责”的原则，将扶贫项目的验收等权责下放到乡镇（街道），由乡镇（街道）根据前期第三方机构的设计图纸进行一一对应验收，避免了原来的无设计图纸、无验收依据、项目验收困难等问题，项目验收更加精简明了，大大提高扶贫项目工作效率，避免不必要的资金浪费。

三是规范项目报账。实行“十项资料报账制”，从项目开始到结束一整套流程进行严格评估把控，确保所有程序规范到位，做到“完成一批，验收一批，补助一批”。

五、保障环节打通要素链

坚持以要素保障为着力点，致力在人力、财力、智力上给予强力支持。

一是“头雁”引领。除区、乡联建项目以外，项目安排原则上以行政村集体为业主，由村级党组织书记、村民主任作为项目具体负责人，引领带动村集体、低收入农户增收。由乡镇（街道）负责项目招投标，区级强化项目安排和监管，构建起“区级监管、乡级负责、村级实施”三级联动的工作格局。

二是扶持给力。充分考虑扶贫重点帮扶村集体经济薄弱、低收入农户收入低等因素，在扶贫项目资金安排时，一并考虑项目设计、预算编制及项目实施产生的费用，在项目资金上给予强有力的保障，切实减轻扶贫重点帮扶村和低收入农户的负担，提高实施扶贫项目积极性。

三是培训提智。组织开展 89 个扶贫重点帮扶村扶贫致富带头人培训，鼓励引导更多乡村能人投身扶贫开发事业，打造扶贫致富带头人队伍。开展全区扶贫干部扶贫开发业务培训、扶贫项目管理业务培训，有效提高扶贫项目建设管理水平。

六、评价环节强化考核链

坚持以考核评价为突破点，致力提升扶贫资金绩效。

一是绩效为本。围绕“资金使用精准”，严格实行扶贫资金专款专用，进行闭环管理，定期、不定期组织检查组或委托中介机构对扶贫项目实施和资金使用情况进行检查复核，切实提升资金绩效。

二是考核跟进。将扶贫项目资金使用、项目进度等情况作为衡量乡镇（街道）扶贫工作好坏的重要标准，纳入乡村振兴工作责任制考核，切实增强各乡镇（街道）和部门对扶贫开发工作的责任感。

三是监督到位。建立常态化督查机制，组织开展项目复核。2019 年共交办问题 30 条，严防侵害群众利益。充分发挥人大、政协、民主党派、纪检监察、审计、检察、媒体、社会的监督作用，倒逼各部门、乡镇（街道）从严高效使用扶贫资金。建立项目主体黑名单制度，对相关业主存在违规违纪行为或进度缓慢严重影响绩效的列入黑名单。

作者：丽水市莲都区农业农村局　吴群仙

乡村振兴视角下村级债务化解的路径探讨

随着乡村振兴战略的深入推进，不少农村村容村貌发生巨变。但在大力建设的过程中，一些村集体负债过高，有的地方村均负债数百万元，部分村的债务已超出其偿还能力。沉重的村级债务严重制约着乡村振兴，解决村级债务已刻不容缓。

一、村级债务基本情况

所谓村级债务，就是各村级组织在发展农村经济和社会事务中产生和形成的，这些举债在当时对改善农村的生产、生活条件，客观上起了一定作用。浙江某区辖 14 个乡镇（街道）208 个村，截至 2018 年 4 月底，村级负债总额为 13180 万元（村均负债 63 万元）。其构成为：土地征用政策处理费 9237 万元，占总负债的 70.1%；各类押金（包括工程押金、建房及违建押金、资产租赁承包押金）1004 万元，占总负债的 7.6%；工程欠款、借款和误工费 1677 万元，占总负债的 12.7%；多年未处理应付款金额 233 万元，占总负债的 1.8%；其他债务 1029 万元，占总负债的 7.8%。综合来看，这些债务涉及面广、额度大；债务构成复杂；偿还压力大。多年来，在各级政府的协助下，不少村集体虽然将能变现的资产予以变现、能核销的债务进行核销、能租赁的资产进行租赁，通过多种途径化解了部分旧债，但部分村集体的偿债能力仍然较弱。截至 2018 年 4 月底大致有 2000 多万元村级债务靠自身能力已无力偿还。

二、村级债务的形成原因

一是村集体经济薄弱，历史债务得不到解决。2017 年农经年报统计显示，全区 208 个村无经营收益的有 137 个、经营性收益 5 万元以下的有 33 个、经营性收益5万~10万元的15个，大部分村集体的收入主要靠政府补助。由于村集体经济薄弱，有部分村的误工费多年未能支付，如A乡镇有9个村在2013年村规模调整时将误工费以应付款挂账，金额达182万元；有些村虽未挂账，但到2017年为止村里还在陆续支付往年的误工费。

二是非生产性支出控制不严，入不敷出。一些村庄财务管理制度控制不严，村干部花钱大手大脚，导致亏空越来越大。据统计，2017年全区208个村总收入5764万元，总支出10745万元，其中管理费用（包括干部报酬、办公费用等）支出4398万元、福利费支出3175万元，两项支出合计为7573万元，占总支出的70%。

三是政府投入不足，自筹资金缺口大。地方政府在推进农村基础设施、文化设施建设时，往往需要村集体进行配套。如“一事一议”财政奖补项目均有自筹比例要求，一些村庄没有集体收入，村民又不愿意筹资，村集体往往只能通过借款来落实配套资金。调查发现，许多村庄修建道路时，财政投入只用于道路建设，政策处理费要求村里自行解决，工程所需资金与政府补助资金有较大差距，村里没有集体收入来源，只能借款推进政策处理。长期积累，导致一些农村“做得越多、欠得越多”，个别“明星村”“典型村”债务数量惊人。

四是举债办事业，超越经济承受能力。部分村进行工程项目建设时，未做好预算、未掌控资金来源，未把工程款控制在财政补助额度内，少数村的工程项目建设还超出了实际需要，不顾集体自身承受能力，超过了发展水平，超出了债务承受能力。例如，某村建造办公用房借款有119万元，且由于地理位置不佳无法出租；又如，某村建农家乐借款192万元，后经营不善导致借款无法偿还。

五是新官不理旧账，多年债务未处理。近几年，上级有关部门落实对农业的各项扶持政策，加大对村级资金补助力度，也有一些村资源发包项目较多，村集体比较富裕，有能力偿还债务，但部分村干部对上届村委会的债务和村规模调整前的村级债务置之不理，有“新官不理旧账”的思想观念，致使村债务长期挂账。

三、村级债务化解的路径

（一）明晰任务，落实责任

明晰县、乡镇、村委会的具体任务和工作责任。从县（区）层面来说，要把村级债务化解工作列入村干部政绩考核的重要内容；根据村级经营管理需要和债务偿还能力，对村级债务规模设置警戒线；凡是违反规定擅自借款或盲目建设发生的村级债务，按照“谁举债、谁负责”的原则处理；对造成损失的要追究主要责任人和有关责任人的责任。从乡镇层面来说，成立村级债务化解领导小组，成立专门工作机构对村级债务进行审计，切实把化解旧债、制止新债工作提上重要议事日程，主要领导要亲自抓、负总责，指导村庄制定村级债务化解方案、推进债务化解。从村级层面来说，明确村干部的主体责任，全面梳理债务内容和债务类型，实施长短期有序还债计划。

（二）分类施策，化解旧债

组织财政、审计、农业等相关部门，结合清理和规范乡村财政财务，对乡村债务进行认真审计审核，逐项核实认定，锁定债务数额。

1. 能够支付的债务

村级应预留足相关债务偿还和村级组织正常运转资金，剩余资金才允许用于其他支出，避免因还旧债而产生新的债务。

政策处理费：对确需支付款项要及时制定方案予以发放，严禁将集体的土地征用费和二三产业返还款直接发放到户，不须支付的及时结转到公积公益金。

各类押金：建房及违建押金因违反相关规定要完成清退工作；工程押金、资产租赁承包押金在工程完工验收合格和合同到期后给予及时退还。

其他应付款：能够支付的及时给予支付；对借款程序规范、用途明确，通过审计的多年挂账款项，现任村干部要进行处理。

2. 无力支付的债务

主要是工程款、借款以及多年的误工费。

清收债权还债：对于应收款未及时收回现象，要对应收款进行清理并及时清收。

减免债务：对于村里欠所辖乡镇（街道）或部门的借款、欠款，政府要给予适当减免或免除。

政府补助：各级政府、部门要加大对确实无能力偿还债务村的财政补助，用于部分村级债务化解。

（三）完善制度，严管举债

一是严肃村集体举债程序。乡镇（街道）是村级债务管理的责任主体，按照“谁审核、谁负责”的要求，严把村级举债审核关。村集体确需借款，应事先向所在乡镇（街道）提出书面申请，乡镇（街道）对资金来源、用途、金额及归还时间等要严格审核，避免不切实际、无力偿还的盲目举债。经乡镇（街道）审核同意，并提交村民（股东）代表会议讨论通过后方可举债。同时严禁村集体向个人或企业筹资。建立健全责任追究制度，对擅自违规举债的，按照“谁签字、谁负责”的原则，追究当事人的责任；以责任状的形式将村级债务化解任务落实各乡镇，落实到村，实行包干责任制，并将完成情况纳入年度镇村两级干部考核。

二是强化村集体工程监管。对通过筹资筹劳方式兴建的村内公益事业项目，本着节省投资、民主决策和民主管理的原则，可试行采取议标或包清工等方式进行，由项目建设村提出申请，乡镇（街道）负责审定。采用包清工、议标的项目，要充分发挥村监会的作用，由村监会全程监督；在坚持质量标准和严格管理的前提下，村党组织、村民委员会、村务监督委员会、村经济合作社班子成员本人和配偶，以及本人和配偶的父母、兄弟姐妹、子女一律不得参与工程承包；村主要负责人对项目实施进度、工程质量、资金使用总把关、负总责，严格项目质量管理，节约项目资金开支；采用“包工不包料”方式，项目建设所需材料由村集中采购，施工面向社会公开招标；由村民代表大会商定，从村民中选出3~5名行事正派、思想过硬，且懂得项目基建、材料采购和财务管理的人员，负责全程跟踪监督项目建设，确保公开透明、阳光操作；及时将项目设计方案及筹资筹劳方案、议事决议、筹资筹劳减免情况和项目资金支出明细等内容在村务公开栏进行公示，自觉接受村民全程监督。

（四）开源节流，严控新债

一是全方位“开源”。发展壮大村集体经济，培育“造血”功能，增加村集体收入，是化解村级债务的治本之策。借力消除集体经济薄弱村工作的东风，通过激活闲置资源、推进产业发展、发展乡村旅游、流转集体资产、引导乡贤投资捐资等途径，培育村庄集体收入来源，特别是经营性收入来源。结合消除经济薄弱村及乡村振兴工作，在有条件的村实施“千企连千村”活动，招商引资，盘活村集体经济。重点培养懂经营、会经营、有精力经营的村干部，转变以往“上面说什么，下面再做什么”的习惯，要主动思考、规划村级集体经济创收的发展之路。

二是多方面“节流”。严格按照“量入为出、统筹兼顾、留有余地”的原则，编制村级收支预算，压缩非生产性支出。严管村级财务，严格干部报酬标准，严禁用上年度的余额支付村干部报酬、各种福利费、办公费用等非生产性开支，严格执行各项支出标准计限额。实施事务准入制，对进入村级事务需要经费投入的，严格执行“谁布置，谁买单”。区、乡镇及相关部门安排的涉及农村基础设施建设、扶贫开发等项目，须足额安排资金，不得强制村级配套。

作者：丽水市莲都区农业农村局　唐俊杰

基于地方财务管理壮大村级集体经济工作的观察与思考

——以莲都区联城街道为例

随着农村改革的不断深入，村级财务管理制度的建立、落实，关系到村级集体经济的发展，村级管理规范化成为农民关心的热点问题。

一、联城街道的突出作法

莲都区联城街道在村级财务管理工作中有一些具有代表性的做法值得借鉴。

（一）规范村级财务管理

一是严控内部审核审批手续。街道办事处设立"三资"管理中心，成立"三资"领导小组，村里报销手续由主要干部对"三资"管理实行联审联签，"三资"管理中心根据区里出台的《莲都区农村集体资金资产资源管理办法》《非生产性开支监督管理意见》等文件制度对村里联签的所有收支票据进行逐笔审核，"三资"领导小组对单笔1万元及以上的大额支出进行审批。

二是积极开展财务自查自清自纠。一方面街道"三资"管理领导小组根据街道所属村实际情况，积极开展村级负债清理、应收款及应付款清理等进行自查自清工作，强化消赤减债，促进农村经济平稳发展；另一方面通过清产核资工作摸清家底，理清账目，做到账实相符。不定期组织开展财务专项检查工作进行查漏补缺，对错误的账目及时调整做到账账相符。

三是强化外部监督。街道"三资"办采取季度公示和年度公示相结合的方式，通过财务公示栏张贴公示、微信群公示、召开财务公开会议等多种形式定期公开村级货币收支情况，接受村民监督。积极配合农业部门、审计部门通过"三年一轮审"、村干部经济责任审计发现村里账务上存在的问题，及时整改落实。区党委巡查组通过对村级财务巡查以及村民反映的问题线索发现问题，督促村里及时整改。多种监督方式共同推动农村“三资”管理规范化发展。

（二）规范村级工程建设

前几年，审计、巡查指出联城街道村级工程管理松懈，招投标存在“走过场”、工程建设未经过股东代表会表决、小工程未验收就先支付工程款等现象。根据村级工程建设的实际情况，2019 年联城街道专门成立工程项目招投标管理中心，出台《联城街道村级工程项目实施管理细则》，主要针对村级 100 万元以下的工程项目做出规范和指导，工程项目是否开工建设全部需要经过股东代表大会表决，其中 50 万元以下的工程项目由街道招投标管理中心工作人员指导村里组织实施建设；50 万～100 万元工程项目进入街道招投标中心进行公开招投标，从项目立项前期准备到工程竣工验收后资金支付，街道招投标中心全程参与监督管理，从根本上避免了工程建设方面存在的问题。自《联城街道村级工程项目实施管理细则》实施以来，联城街道村级工程项目管理工作多次受到区党委巡查组的充分肯定，村民也很支持这一做法。

（三）资金支付实行网上审批、网上支付

以前联城街道大额资金支付采用纸质审批，一张审批表需要 6 个人签字，往往因为领导外出开会等原因要跑很多趟，有时会出现越级签发、未批先付等问题。2020 年 3 月 25 日，联城街道 21 个行政村全部开始使用的农村经营管理系统，实现了资金网上审批、网上支付。村级报账员通过农村经营管理软件将原始票据信息录入系统，同时将原始票据及附件的照片上传至系统。农村“三资”智慧监管系统定制逐级流转审批机制，进行逐级审批。审批完成后，村里报账员在财务系统中点击“确认支付”，“三资”管理中心代理出纳就可以进行网上支付。资金网上支付不仅节约了村里购买支票、跨行汇款等费用，还打破了传统银行业务的地域、时间限制，能在任何时候、任何地方凭借电子密钥和电脑实时汇款，高效便捷，并且资金走向一清二楚。

二、工作中存在的问题

尽管联城街道办事处在农村“三资”管理方面的举措在莲都区农村财务管理上已经快人一步，但依然存在着一些问题。

一是人员队伍建设亟待加强。一方面，联城街道下辖 21 个行政村，一名农经员除了对农经和“三资”工作进行指导，还兼任“三资”代理会计，负责村

级报销票据审核、做账、编制各类财务报表、村级资产资源管理，配合审计、纪检、扶贫等相关部门查账，村级财务公示、财务清理、档案保管、“消薄”以及其他工作，工作任务重，压力大。此外，农经员兼任代理会计，不仅仅是身兼“裁判员”和“运动员”双重身份，而且弱化了农经员本身的财务管理和指导作用，把更多的精力放在会计业务上，没有精力抓财务管理，导致财务问题解决不及时而造成堆积，群众意见大，只好开展财务清理，查出来的问题又落实不及时，致使财务管理形成“乱了清、清了又乱”的怪圈。另一方面，村级报账员年龄普遍偏大，联城街道报账员主要集中在55~70岁，50岁以下仅3人，且文化水平普遍不高，会计知识老化或贫乏，缺乏计算机基础知识，特别是采用网上审批之后，大部分的会计表示无法胜任电脑制单工作。

（二）资产资源管理制度有待完善

现行的制度和文件往往侧重于对资金和票据的管理，往往忽略了资产资源的管理，造成资产和资源在管理上的缺位。一方面固定资产的购买、保管、盘点、核销整改过程没有规范化的制度约束，也没有指导性的流程；另一方面固定资产保管不好容易造成遗失，甚至被随意损毁，甚至有些村刚买了一个月的垃圾车就报废了。购买和核销程序不规范，造成固定资产随意购买和核销，增加了固定资产的管理难度，不仅容易造成固定资产大量闲置，而且会造成严重账实不符的现象。资产和资源发包的招标形式、招标平台及合同管理没有进行统一规范，给小部分村干部钻了空子，衍生出一些“人情合同”，无法保障群众民主权利。

（三）代理出纳仍采用落后的手工开票

联城街道村级收款收据是由“三资”管理中心出纳代开的，目前还是手工开票。手工开票存在一些弊端的，一方面手工开票费时费力，工作效率慢，容易出错；另一方面审计、巡查、财政等等部门经常需要查账，纸质收款收据容易丢失，不方便查阅。

联城街道在探索农村财务管理路子上不断努力，不断完善，从微观角度呈现出农村财务管理的现状，既看到了成绩也看到了不足，由此可见农村财务管理工作任重道远。

作者：丽水市莲都区联城农业技术服务站　刘璐

乡村振兴战略背景下的扶贫促增收工作研究

在乡村振兴战略的背景下打赢扶贫攻坚战、促进低收入农民增收，要进一步创新农民搬迁扶贫方式、完善扶贫开发瞄准机制、改进财政扶贫资金分配使用方式、推进扶贫方式创新。《关于打赢扶贫攻坚战的决定》中提到，要在2020年确保农村贫困人口全部脱贫。这个节点已经到来，曾经的扶贫愿景也面临着新的变化和挑战。笔者根据丽水市莲都区多年来的扶贫工作，结合实际，积极探索创新，总结了一系列的经验和做法。

一、主要做法

一是积极开展低收入农户和扶贫重点村认定工作。出台《低收入农户认定及动态管理工作实施意见》，精准认定低收入对象，并将低收入农户数据录入省扶贫工作系统，全面实行低收入农户建档立卡和动态调整管理。

二是扎实推进扶贫结对工作。把“低收入农户收入倍增计划”纳入全区农业农村绿色行动计划的重点工作，列入乡镇街道目标责任考核。继续推进扶贫重点村与帮扶村的结对帮扶工作，安排省级单位、市级单位、区级单位结对扶贫重点帮扶村，各级领导参与扶贫结对工作。

三是深入实施低收入农户帮扶措施。为贯彻落实精准扶贫、精准脱贫基本方略，扎实推进低收入农户产业扶持工作，促进低收入农户增收致富。按照各乡镇（街道）低收入农户数量及产业实际情况，下达各乡镇（街道）低收入农户产业扶持资金，由乡镇（街道）制定产业扶贫标准，组织实施。通过实施产业扶贫、电商扶贫、来料加工、农家休闲旅游（民宿）、就业扶贫等多项举措推进低收入农户增收，增强低收入农户自身造血功能。

四是持续推进农民异地搬迁工作。全面实施“大搬快聚富民安居”工程，让更多“散居的农民”变成“集聚的市民”，推进具有山区特色的“小县大城”

集聚步伐；让更多农民“住上好房子，过上好日子”，有利于农民彻底摆脱贫困，实现就业增收。

五是严格规范扶贫资金管理工作。扶贫办、财政局等主管部门进一步加强资金管理，出台了相关政策，从制度上保证对扶贫资金的监管；审计局对扶贫专项进行审计，对重要事项进行了必要的延伸和追溯；进一步规范扶贫资金台账管理，加强对扶贫资金使用制度的培训与学习，指导乡镇、村做好扶贫项目的管理工作。

二、促进低收入农户增收主要措施

依托产业，精准帮扶，实施低收入农户动态管理工作机制，发挥低保制度的兜底作用，提高精准帮扶水平，精准落实低收入农户增收产业扶贫新举措。

一是发展产业致富一批。继续实施低收入农户产业扶持行动项目。继续实施“十箱（中蜂）万元助低收入农户增收”扶持项目。扎实推进光伏小康工程。通过电子商务、来料加工等产业发展，带动低收入农户增收。

二是异地搬迁融入一批。加快推进异地搬迁安置工程，通过创新筹资、建设和搬迁方式，积极引导农民向中心村、中心镇和城区梯度转移集聚。加快安置小区建设。

三是培训就业带动一批。举办扶贫创业带头人培训班，提升扶贫重点村带头人的创业带动能力。实现农村公益事业和基础设施建设项目，安排低收入农户劳动力就业，实施雨露计划。

四是金融服务助力一批。规范发展资金互助会，进一步加强管理，保障村级资金互助会正常运作。对低收入农户，开展扶贫小额贷款贴息，每年按3%年利率予以贴息补助。开展商业保险助推扶贫，引导农户积极创业发展，增强低收入农户致富能力，提高农民收入水平。

五是低保兜底保障一批。实现城乡居民养老、医疗保险制度全覆盖，城乡低保实现应保尽保。

三、存在困难

一是扶贫对象增收基础薄弱。由于大多数扶贫重点村基础设施落后，村集体经济薄弱，自我发展能力较差。低收入农户致贫大多因为“五因四缺”（因病、因残、因学、因灾、因偏远；缺资金、缺资源、缺能力、缺劳动力）增收渠道少，“造血”功能不强。

二是扶贫队伍工作人员任务繁重。推进精准扶贫、精准脱贫，是实现脱贫攻坚的目标，也是对扶贫工作人员的考验，扶贫工作越来越细化，扶贫对象涉及千家万户，基层扶贫任务日益繁重，扶贫队伍人员紧张，力量不足，工作人员任务重、压力大。

四、创新探索

一是创新农民搬迁扶贫方式。随着城镇化进程的推进，探讨好“大搬快聚、富民安居”农民搬迁扶贫方式创新。坚持城乡统筹、规划引领，坚持政府主导、农户自愿，坚持产城融合、促农增收，坚持市县合力、属地管理的原则，与新农村建设、历史文化村落保护和利用、生态旅游发展相结合，通过广泛宣传发动，落实优惠政策，协调发挥有关单位的作用，充分调动搬迁户和乡镇（街道）村安置搬迁的积极性，切实解决阻碍深山区、库区、地质灾害区贫困群众脱贫致富的根本问题。

二是完善扶贫开发瞄准机制。探索提高扶贫精准度，建立健全扶贫对象识别、分类、动态管理、动态监测等管理和进出机制，确保最困难的地方和人群得到直接有效的扶持。对有发展能力和意向的低收入农户，根据农户自身意愿制定产业帮扶措施，发展“短平快”项目，增加低收入农户“造血”功能。根据扶贫重点村群众的需求及实际情况，谋划扶贫重点村小型公益设施建设项目，重点建设交通、水利、文化等村级公共基础设施项目，解决群众生产生活问题。创新帮扶机制，通过建设基础设施和发展特色产业，有力促进低收入农户和村集体双赢双增收。

三是改进财政扶贫资金分配使用方式。研究探索管好用好扶贫资金的机制和办法。研究鼓励和支持开展扶贫开发各类创新试点。按照集中资金、整合力量办大事、办成事的原则，在国家有关政策允许的范围内，打“组合拳”，支持开展涉农资金整合，打造区级整合“三农”资金实施扶贫攻坚的平台，在构建有利于扶贫攻坚的体制整合和机制创新上加强研究探索。

四是推进扶贫方式创新。探索推动金融扶贫，在有效控制金融风险的前提下，积极培育、引导各类金融机构参与扶贫开发，增加信贷投放，继续开展低收入农户农村小额保险，扶贫项目保证保险、政策性住房及其他保障保险等项目。

搭建农村各类资源要素合理有序流动交易平台，拓宽融资渠道。鼓励引导农民以山林、土地权属、劳动力等要素入股、参与产业基地建设，增加农民租金、股息、红利等收入。

作者：丽水市莲都区雅溪农业技术服务站 叶霖

探索新形势下发展壮大村集体经济薄弱村的路径与对策
——以丽水市莲都区为例

巩固“消薄”工作成果、发展壮大村集体经济，一直是统筹城乡社会经济发展的重要课题，是实施乡村振兴战略和全面建成小康社会的重要任务，本文从村集体收入来源分析入手，认真剖析莲都区村集体经济薄弱村消除工作的现状和存在的问题，提出了发展壮大村集体经济薄弱村的有效路径和对策。

一、“消薄”工作基本情况

丽水市莲都区是浙江省26个加快发展区县之一，2016年年底，208个行政村中有118个省定集体经济薄村，“消薄”任务繁重。2018年年底，已有191个村不是集体经济薄村，“消薄”工作走在全市前列。2019年年底，全区208个行政村，村级集体经济总收入首次突破1亿元大关，是2016年同期收入的两倍；村均年总收入和经营性收入分别达50.79万元和17.17万元，“消薄”工作取得了阶段性成效。

二、主要困难分析

一是地域条件差，资源匮乏。莲都区地处浙西南腹地、瓯江中游，是典型的山区县，80%薄弱村身处深山，土地资源较丰富，但山、水、林、湖等自然景观和人文景观相对匮乏，可用于发展乡村旅游等产业的资源匮乏。很多村集体的资产资源存在权属不清的问题，再加上交通不便，薄弱村中可变现、保值、增值的经济资源稀少。

二是收入来源单一，负债严重。村集体财产性收入主要来源于于政府补助、土地征用或流转、房屋出租等，来源较为单一。薄弱村因为举债建设、借款运营等，大多背负各种债务，寅吃卯粮，积重难返。莲都区负债村63个，占比30%，可用于投资经营的原始资本积累短缺。

三是“空壳村”现象严重，人口红利流失。随着城市化进程的不断加快，农村青壮年劳动力进城创业或打工，农村只剩下了留守的妇女、儿童和老人，人才紧缺难以撑起乡村全面振兴发展需要。加之村“两委”文化素质普遍偏低，接受新科技、新技术的意识不强，同时，农村信息的落后使村集体经济缺乏稳定、可靠的投资渠道，导致村集体经济“造血”功能不足。

三、路径与思考

一是政策引领，强化组织领导与管理服务。莲都区村集体经济薄弱村发展提升工作涉及面广，政策性强，是一项长期而艰巨的任务。一方面，深入基层调研，科学谋划布局。综合考虑自然资源禀赋、产业发展水平、村级干部素质等因素，立足长远，兼顾当前，编制印发了《莲都区全面消除集体经济薄弱村三年行动计划》；成立区党委、区政府主要领导为组长的全面消除集体经济薄弱村工作领导小组，下设区党委组织部、区农业农村局负责人任“双组长”的攻坚工作组；建立区、乡、村三级“消薄”考评体系，整合各村资源要素禀赋，实行清单管理，挂图作战、挂牌督办，并将“消薄”工作考核结果纳入新农村建设考核以及领导干部实绩考核，使之能奋进又不冒进，有序完成“消薄”任务。另一方面，坚持党建帮扶，强化管理服务。以“三服务”活动为契机，成立由区级联系领导、第一书记、乡镇干部、村干部组成“消薄工作党支部”，做到每一个薄弱村都有区领导、责任部门和企业等结对帮扶；发挥企业产业、项目、资金、信息、人才、技术、管理等方面的优势，利用农村田地相对多的优势，大力实施村企结对助力“消薄”工作，把好薄弱村发展的脉搏。

二是因地制宜，盘活土地资源。利用好清产核资工作成果，挖掘薄弱村集体土地资源潜力，变资源为资产。一方面，对集体闲置的果园、养殖水面、“四边”（路边、田边、水边、房边）农用地、“四荒”（荒山、荒沟、荒丘、荒滩）土地，以及闲置的学校用地等建设用地规范管理，健全集体资源台账，通过发包、出租、股份合作等方式盘活经营，增加集体收入。例如，联城街道瑶畈村实行“土地+”模式。将本村闲置用地流转给丽水市丽农生态农牧有限公司每年可收土地流转租金5万元；同时，与丽水市夫人山铁皮石斛专业合作社合作，按照仿野生方式种植铁皮石斛150多亩，村基地总投资1000多万元，已产生效益

300多万元，实现“村集体+基地+农户”的多方共赢。另一方面，科学规划、合理开发闲置用地，有效实现农民增收、集体经济增效。太平乡下岙村拥有水果种植面积4000多亩，下岙村根据本村主导产业，利用学校旧址兴建农产品交易市场，每年为村集体增加收入5万余元，唤醒了农村的“沉睡”资源，释放了土地发展“红利”。

三是农旅深度融合，实现多样化旅游发展模式。绿色是新时代发展的底色，随着“六边三化三美”[①]，小城镇环境综合整治工作的不断推进，村里的生命底色被擦亮，“村里的颜值”也越来越高。充分结合山水资源、历史文化、特色农产品生产基地、新农村建设，科学合理开发乡村旅游发展模式，做到资源互补、设施共建、市场共享、协调发展。一方面，依靠项目发展、产业政策与招商引资结合，做好“生态+”文章，实现GDP与GEP协同增长。碧湖镇下南山村整村搬迁后，为保留“乡愁”，莲都在对古民居进行抢救性修复、完善基础设施的同时，引进浙江联众集团对下南山村进行整村开发，通过“古村+众创”，打造全国首个古村落度假综合体。合作期间，单从项目利润收入一项，就能为下南山村集体经济收入累计增加274.5万元，为古民居农户带来640.5万元收入，实现古村的文化传承和经济效益双丰收。另一方面，激活红色资源，深化“红”“绿”融合。例如，雅溪镇岱后村收入来源单一，村民大多外出打工，村集体经济积贫积弱，是典型山区贫困村。随着脱贫攻坚的深入推进，定下“消薄”项目——岱后“红军营”。该项目一期投资180万元，建筑面积达1500平方米，重新修缮了“红军食堂”“红军路”等旅游配套设施，实现年接待游客5000人次以上，年收益可达10万~15万元。以红色革命文化兴村，以绿色生态环境强村，以农业产业发展富村，这是岱后村摘掉薄弱村帽子的致富经，也是莲都许多村庄的致富经。

四是强化人才支撑，助推薄弱村高质量发展。人才是创新驱动的主体，是创新发展、转型升级的第一要素和资源。一方面，围绕产业引才，实施“引贤回归工程”，凝聚乡贤力量；抓好村级组织换届选举，积极推动各地创新选人用人，对集体经济发展做出突出贡献的给予表扬和奖励，力求人才“扎根有土壤”。如老竹畲族镇新陶村，在回村当党支部书记的乡贤郑建全带领下，凭借东西岩风景区的畲寨风情和浙西南革命根据地的红色文化底蕴，“筑巢引凤”招商引资，流

① 丽水市委、市政府提出，在公路边、铁路边、水边、山边、城边、村边等区域洁化、绿化、美化行动，实现城美、村美、房美目标。

转了300多亩土地发展现代生态观光农业，依次建成了健身广场、文化长廊、红军桥、廉文化教育基地、南乡食堂等文化旅游设施，全年经营性收入超50万元。另一方面，将薄弱村集体经济组织负责人作为农民教育培训和农村实用人才培训的重点对象，开展综合培训和“消薄”专题培训，增强村“领头雁”带富作用，提高其管理集体资产、对外合作等经营管理能力。

五是创新体制机制，整合优势联合发展。一方面，巩固村集体产权制度改革成果，探索农发资金股权化改革，出台《莲都区国家农业综合开发现代农业园区产业化项目村股份经济合作社持股指导意见》，健全运行机制，将部分农业综合开发资金作为财政补助和项目的承担主体入股到各农业龙头企业，每年向村股份经济合作社支付股权收益；莲都区还联合区、乡两级政府成立“消薄”公司，注册资金2400万元，颁发股权证，变资金为股金，入股分红，实现政府—市场—村的有效联结。另一方面，莲都区整合自身优势资源，跨山统筹，问企借力，积极引导杭州、宁波、义乌等地社会资本进村建设一批“消薄”项目发展村级实体经济，推动村集体经济可持续发展。同时，深入开展“千企结千村，消灭薄弱村”专项行动，确保每个薄弱村都有1家以上结对帮扶单位，借助结对企业和单位的资金、资源和人才优势，抓实帮扶项目，推动长效“造血”。

作者：丽水市莲都区联城农业技术服务站　李玲

砥砺奋进谱写乡村振兴新篇章

莲都区是浙江省26个加快发展区县之一，截至2016年年底，尚有118个集体经济薄弱村，占全区行政村总数的56.73%。自2017年以来，莲都区委区政府提高站位，主动作为，认真对标浙江省委、省政府，以及丽水市委、市政府关于消除集体经济薄弱村的部署要求，把“消薄”工作作为“一号工程”，坚持党建引领，全力以赴推进薄弱村“脱贫”转化。截至2017年，该区208个行政村，村均集体经济总收入和经营性收入分别达到27.49万元和10.88万元，远超其10万元和5万元的达标线，农村集体经济发展迈向了新台阶。

强化组织领导，让“党旗”在一线飘起来：成立区委、区政府主要领导为组长的“消薄”工作领导小组，专门制订“消薄”工作行动计划，明确落实各级各部门的“消薄”责任。同时，建立功能性党组织——“消薄”工作党支部，将区级联系领导、第一书记、乡镇干部等纳入党支部，确保每个薄弱村都有1家以上结对帮扶单位，创新结对帮扶机制；通过开展“如何发展壮大村集体经济”大讨论，征集“消薄金点子”679条，帮助解决实际问题136个。

整合要素资源，让“消薄”路子在一线活出来：莲都区始终坚持首善担当，始终把“消薄”工作作为一项重要政治任务来抓，整合资金、政策、资源等要素，“一村一策”，全力以赴推进薄弱村“脱贫”转化。一是以项目资金“输血”，有效整合涉农项目资金，安排“消薄”专项资金3000万元，并争取集体经济发展省扶试点项目资金2000万元。二是以土地政策“活血”，对土地征收、土地整治后返还村集体的留用地和多余土地，优先用于发展村集体经济。三是以股份红利“造血”，成立区、乡两级“集体经济发展有限公司”，注册资金2400万元，颁发股权证，直接赋权到村。同时，以公开租赁、承包经营、回租倒包等方式，盘活村级会堂、小水电站、闲置土地和学校等资源，招招相连、环环相扣，“消薄”从“输血”向“造血”转变，真正让村级集体经济“活”起来，村民腰包“鼓”起来。

聚焦人才支撑，让“消薄”力量在一线强起来：创新人才培育机制，集聚发展人才和智力支撑，为村级集体经济发展注入活力。一是高标准育强村级“领头雁”。以村级组织换届为契机，突出“依事择人”用人导向，选出大专及以上学历“两委”干部206人，较上届提高87.3%，提升了村干部整体素质，增强村级“领头雁”带富能力。二是高质量吸引“乡贤回归”。例如，老竹畲族镇新陶村在外创业20多年的郑建全回村担任支部书记后，依托革命斗争历史和遗迹，打造南乡革命纪念馆红色教育基地，年接待游客2.5万余人次，实现村集体经济总收入30余万元，经营性收入15万元。

全面完成“消薄”任务，不是目的，是新起点、新征程。下一步，莲都区将以“争先进位大赶超、首善担当创一流”的作风，加快建设“消薄”项目，推动“建设乡村”向“经营乡村”转变，向着高质量发展奋力奔跑，谱写乡村振兴新篇章，让“消薄”业绩经得起群众和历史的检验。

作者：丽水市莲都区农业农村局　梁建霞　陈群燕

“古村+文创”实现乡村振兴梦

——莲都区下南山村重焕青春

下南山古村落位于莲都区碧湖镇，始建于明万历年间，现存民居依山而建，屋舍呈阶梯状分布。泥墙青瓦的建筑外貌风格统一、错落有致、古朴自然，但是，由于产业结构单一，经济发展滞后，是个典型的“空壳村”。

回想当年古村日渐衰落的情景，曾任下南村党支部书记的郑秀旺总是感慨万分，他说：“下南山村是浙西南瓯越历史变迁的一个缩影，20 世纪 80 年代初，电影《女大当婚》也曾在这里取景拍摄。许多老房子因村民搬迁无人看管维护，导致老屋荒废，民居漏雨、梁架倾斜、墙体开裂，千年古村就这么逐渐衰落了。”

近年来，随着生态旅游的发展热潮，下南山村的村干部们看到了发展商机，2017 年，经过多次外出考察对接，成功引进联众集团欢庭·下南山生态度假村项目，采用“古村+文创”的发展模式，总投资 6800 多万元，将原本房败墙颓的下南山村村民搬迁后留下 42 栋古民居，经整体修缮保护，打造“精品民宿+文创基地”新业态。联众集团和村集体签订 30 年的经营权转让协议，规定自 2017 年 9 月开始，前 5 年租金为 20 万元/年，之后每 5 年租金上浮 8%，这部分租金村集体与村民按三七的比例分成，每年可为村里带来了 11 万元的收入。

民宿产业的发展带动了农村集体经济发展和农民增收，2017 年，该村集体经济总收入突破 50 万元，年经营性收入达 38. 95 万元。2018 年，该村还设立了“乡村振兴讲习所”，希望让更多的人实现通过“卖风景”吃上“生态饭”的乡村振兴梦。

如今，行走在下南山村，总会勾起人们儿时的回忆：老物件里的老故事，本土瓦罐打造的手工艺品，灵动的瀑布景观……

作者：丽水市莲都区农业农村局　梁建霞

经济薄弱村到经济强村的华丽“蜕变”

——古韵梁村旧貌换新颜

梁村村，地处丽水市的西北部，境内山川灵秀，良田千亩，是以农耕文化为核心的千年古村落。2017以来，梁村村立足本村实际，因地制宜，以经济生态化，生态经济化为发展导向，实现了GDP（国内生产总值）与GEP（生态系统生产总值）协同发展，2017年实现村集体经济总收入达22.96万元，经营性收入达12.24万元，完成了经济薄弱村到经济强村的华丽“蜕变”。

梁村村境内山川灵秀，在宋代，就有渥山十景和梁溪八景，拥有河桥（省级）、梁安世墓（市级）、新屋古民居（区级）3处文物保护单位，是一个有着千年历史的古村落。走进梁村村，有芳草鲜美、落英缤纷的美好清新，有榆柳荫后檐、桃李罗堂前的恬静幽美，有良田美池桑竹之属、阡陌交通、鸡犬相闻的安宁合乐。东井清泉、远堂书屋、梵兴晚钟……见证了历史沧桑与繁华，这梦一般的故乡纯净而美好。

自“消薄”工作开展以来，老竹畲族镇党委、政府按照“同心同向同力、共建共荣共享、善谋善作善成”的总要求，全力打造“风情畲镇，花园老竹”。以梁村村千年古村落的历史底蕴为依托，树立以人为本的经营理念，通过科学规划、合理布局，立足于“五大建设”“三大提升”，着力推进经济薄弱村的消除工作，将“古韵梁都”原生态度假村打造成为老竹镇“大花园”的“金名片”。

建设一系列基础设施：通过政策支持，修建梁村环村南路，建设梁村环村水渠，优化村级资源配置，强化高标准农田建设，改善了农田基本设施条件，最大限度改善了梁村村的投资创业环境。

建设一个养生园：古民居养生园是由王岳成先生收集的全国各地古建筑组成，有古戏台、状元楼、王家大院、金丝楠木古屋等共计古建筑26幢，建地面积70多亩。可供游客参观、住宿、拍戏、拍电影，为打造4A级景区提供基础保障。

建设一座山庄：碧水山庄占地面积10多亩。前有“S”形湖，后有绵绵青山，杉木撑天，山顶有一个操场，中华人民共和国成立以前用于壮丁训练。庄内还有露天泳池，长 50 米，宽 10 米，配有会议室一个，是集吃、住、玩、垂钓、团建活动等为一体的好场所。

建设一条游步道：学山坑为学山至梁村溪的一条支流，有试剑石、金蟾望月等奇形怪石，不胜枚举。从步行道往上可观赏到由大石雕刻而成的弥勒佛和观音石像。此处自然景观将“水清鱼谈月，山静鸟谈天”的意境表达得淋漓尽致。

建设一处文化长廊：梁村村历史悠久，为挖掘千年历史文化，建设文化长廊展现梁村文化、名人故事、家规家训，极具意义。

提升农业发展水平：梁村村现有耕地面积 1504 亩，林地面积 6727 亩，水田面积 927 亩。其中，果园 600 多亩，主要是种植柑橘、椪柑、桃子等水果，农业产业化程度偏低。现梁村村的土地确权工作已启动，通过土地确权工作可激活“沉睡”的土地资源，促进农村土地流转，带动规模化经营。并通过“旅游+”模式，开发旅游伴手礼，全面推进农业与二三产业融合发展。

提升村“两委”班子队伍素质：引导广大农村干部在美好乡村建设中建功立业，发挥先锋模范作用。强化教育培训和实践提高，建设一个配合默契、工作能力强、会做事、能做事、做成事的好班子。

提升村民生活幸福感：改善生态环境和村容村貌，活动广场、古戏台、拦水坝等工程已基本完工，便于村民休闲时间开展文体活动，提升村民满满的幸福感。村民说：“家门口就有锻炼休闲的地方，真是太幸福了。”

下一步，梁村村将按照产业兴旺、生态宜居、乡风文明、治理有效、生活富裕的总要求，凝心聚力谋发展，真抓实干搞建设，持续发力，全面推进经济薄弱村消除工作，实现村集体经济可持续发展。

作者：丽水市莲都区联城农业技术服务站　李玲

村企结对助力乡村跨越发展

——碧湖镇岩头村打赢“消薄”攻坚战

岩头村位于碧湖镇西南部，全村共243户，719人，该村盛产长豇豆、罗汉豆、玉米、南瓜等蔬菜，但因销售渠道、场地及安全性等原因导致农户蔬菜销售困难，村民经济水平上不去，村集体收入低，岩头村一度成了经济薄弱村。在浙江省开展“千企结千村，消灭薄弱村”专项行动中，岩头村与浙江省国有资本运营有限公司成功结对，并签订了结对帮扶协议。

为了打开村集体增收渠道，做好村企结对工作，浙江省国有资本运营有限公司前后三次前往岩头村实地考察，与镇、村两级班子充分沟通协商，研究制定了结对“消薄增收”工作方案，在精准帮扶的方式、举措上已达成基本共识。该公司贯彻落实中央、省委的决策部署，围绕“输血”“造血”“活血”，全力以赴做好精准扶贫工作，与当地政府和岩头村群众一道打赢“消薄”攻坚战，提前完成每年集体经营性收入10万元以上目标，把岩头村打造成“消薄增收”典范村。碧湖镇定期以图文的形式向浙江省国有资本运营有限公司汇报项目进度，形成良好的交流与反馈体系，致力于解决民生问题。

岩头村农贸市场建设和文化礼堂修缮项目预计总投资150万元，项目建成后，其辐射范围扩散到魏村、概头、保定等7个村，能很好地解决村民就业、蔬菜销售、贩卖等问题，预计每年可增加村集体经营性收入15万元以上。岩头村农贸市场项目占地1800平方米，由两座单体建筑构成，建筑面积681平方米，并建有一座191平方米冷库及其他配套设施。文化礼堂修缮项目是将位于箬溪口自然村的大会堂进行修缮，建筑面积400多平方米，完成修缮后可作为全体村民文体活动的主要场所。

下一步，岩头村将在巩固农业产业的同时，与浙江省国有资本运营有限公司深层合作，大力探索合作模式，发掘优势资源。一方面，开发源底自然村的乡村旅游资源，将原来的闲置房屋用以发展特色民宿，依托现有良好的环境基础，重点推进花园式新村建设，为发展特色旅游打下基础。另一方面，扩大村内的蔬菜收购市场，在完成全村蔬菜收购工作的前提下，继续往周边延伸，扩大销售渠道，打响品牌效应。

作者：丽水市莲都区碧湖镇人民政府　梁建芬

科学化管理　市场化运作
推动集体经济提速换挡
——莲都区万象街道丽华村实现“城中村”的完美蜕变

丽华村地处丽水市莲都区南端，东到紫金路，西到中山街，北到囿山路，南临南明湖，户籍总户数1297户，总人口2678人，其中百岁老人6人，下辖13个村民小组，51名村民代表。2016年年末村集体收入908万元，村集体资产6162万元，村民人均可支配收入3.9万元。通过科学运营管理，不断提升村集体经济收益水平，村集体经济总收入每年增幅达14%。

丽华村是人口大村，只有不断发展壮大村集体经济，让广大村民富裕起来，才能真正实现城中村的完美蜕变。近年来，为推进村集体经济改革，主动适应市场经济需求，多次召开党员大会和村民代表会议，进一步统一思想，找准经济发展路线。在加强监督的前提下把村集体资产作为自家产业经营管理，强化村干部责任意识，创新管理机制，为村民创造更多收益。在村“两委”和广大党员的自我监管下，村级收入主要来源为两家酒店（喜尔顿罗马假日大酒店、现代广场大酒店），每年收入385万元左右；店面47间，每年保证140万元左右营业收入；丽华村幼儿园每年实现55万元左右收入。在现有的村集体经济发展基础上，丽华村积极进行重点项目报批及二三产业回购，加强与优质企业长期合作，保证资金链平稳运行。

村“两委”一直把提升村民生活幸福感和满足感作为各项工作的出发点和落脚点，处理好做大“蛋糕”和分好“蛋糕”关系，让村民共享发展成果。形成村特色老年人补贴制度：男性60岁、女性55岁开始，每月领取“年长”生活补贴，每10岁为一档，年纪越长，福利也就随之越高。

下一步，丽华村将全力抓好招商引资，打好有效投资攻坚战，积极开展多层次乡贤回归座谈，精准提供优质服务，答好“留商”和“招商”两张考卷，进一步振兴村集体经济，为打造小康丽华而不懈努力。

作者：莲都区农业农村局　陈群燕

消薄促乡村振兴大发展

（藏头诗）

消息一个我来讲，
薄弱乡村要发展。
促进增收齐动员，
乡贤回归带致富。
村镇干部谋思路，
振臂一呼人心齐。
兴办项目增效益，
大有作为莫彷徨。
发展之路多坎坷，
展翅雄鹰定高飞。

作者：莲都区雅溪农业技术服务站　郑建龙

第九章　工作手记

开方子　找路子　强班子

发展壮大村级集体经济，是莲都区深入践行以人民为中心的发展思想、推动“两个高水平”和“两大历史使命”向纵深发展的重大战略部署，也是莲都区积极探索创新县域治理体系、坚决打赢精准脱贫攻坚战、补齐全面小康最大短板的生动实践。作为莲都区消除村集体经济薄弱村的第一责任人，我将紧扣“时代之问”，把准“强村富民”辩证法，开好方子、找准路子、强健班子，充分激发“三农”新活力，让莲都发展更有温度、群众幸福更有质感。

开好消除经济薄弱村的“方子”。以系统思维找“病灶”、开“药方”，做好整合文章，凝聚攻坚力量。一是明确责任岗。莲都区委、区政府高度重视村集体经济薄弱村“脱帽”工作，成立以我和区长为组长的“双增”工作领导小组，排摸核定集体经济薄弱村118个，占区行政村总数的56.7%，制定《关于全面消除村集体经济薄弱村行动计划的实施意见》，明确区直17家成员单位责任分工，确保涉及部门、政策、流程等一目了然。二是建立攻坚组。把消除薄弱村作为“点将台”，择优抽调8名优秀年轻干部，组建“双增”攻坚团队，制定全区118个集体经济薄弱村攻坚方案，明确时间表、路线图，实行挂图作战、挂牌督办、销号管理，建立工作周报、对策协调、问题约谈、责任追究等制度，力争三年任务两年完成。三是下派生力军。精心打造“村干部、第一书记、农村工作指导员”三支帮扶队伍，做到每一个薄弱村都有区领导、机关部门和企业等结对帮扶。目前，已选派208名驻村干部、49名第一书记投身“双增”主战场，凝聚起浓浓的正能量。

找准帮扶经济薄弱村的“路子”。“一村一策”、多村联建，精准扶贫、精准脱贫，村富与民富才能互促互进、相得益彰。一是政策“输血”。对土地征收、土地整治后返还村集体的留用地和多余土地，优先用于发展村集体经济；积极整合现有涉农项目资金，大幅度提高专项资金比例，并从2017年起连续两年，每年安排3000万元专项“消薄”资金；对于村集体投资兴建的物业项目，在政策许可范围内给予规费优惠减免。二是资本“活血”。创新探索多元化资本运作机制，以公开租赁、承包经营等方式盘活会堂、村级办公场所等物业资源，实现资产增值。对难以落实项目的经济薄弱村，将项目资金以入股形式投入莲都区国有资本运营公司下属的菜场、停车场等优质资产，由其统一运作经营，给予固定分红。例如，老竹畲族镇新屋村，将撤并后的校舍改造为游客接待中心，每年可增加集体经济 15 万元；联城街道“大搬快治”区块菜市场，建成后预计年收益 200 万元，可消除经济薄弱村 40 个。三是项目“造血”。深入推进扶贫重点村基础设施建设和结对帮扶。对货物流通较集中，可实施项目帮扶的集体经济薄弱村，采取屋顶光伏、农贸市场、游客接待中心、生产基地、美丽牧场等项目统筹解决，拟建项目 30 多个。紧紧扭住“全面小康一个都不能少”硬任务，全力打好产业富民、就业富民、改革富民、政策惠民等农民增收“组合拳”，拓宽增收渠道，激活发展动能，确保农民收入增幅领跑全省，农村居民收入增幅高于城镇居民收入增幅，低收入农户收入增长快于农民收入平均增长，以民富促村富，打造富民强村新样板。

强健摘帽经济薄弱村的“班子”。打赢脱贫攻坚战，激活农村发展一盘棋，干部是中坚力量、决定因素。一是乡贤添活力。积极“引贤”回归，让一批能干事、会干事、干成事的乡贤回得来、留得住，形成人才回乡、资金回流、项目回归的良好局面。例如，老竹畲族镇新陶村党支部书记郑建全放弃在外打拼 20 多年的事业，带领全村干部群众，整合资源、深挖潜力，发展民宿经济、休闲农业，带动集体增收、村民致富。二是头羊聚合力。把发展壮大村集体经济纳入村级组织换届“三项承诺”，将“双增”攻坚战作为党员干部“履新”的练兵场，让“领头羊”第一时间聚焦履职、就位领跑。全区 208 个村“两委”人人签订创业承诺书，118 个经济薄弱村党支部书记人人签下责任状，承诺届内必须完成消除任务，树立起新班子鲜明干事导向。三是考核增动力。围绕扶持政策、强村办法、廉洁自律等内容，办好“双增”课堂，助力村干部开拓致富思维，增强致富本领。建立平时考核和进度督办机制，将消除薄弱村工作考核结果纳入新农村建设考核以及领导干部实绩考核。实行“乡镇（街道）+结对帮扶部门”双向评议机制，组织开展“村集体经济发展先进村”评比，从严锻造莲都铁军。

作者：丽水市委常委、莲都区委书记　杜兴林

以产业兴旺引领乡村振兴

实施乡村振兴战略，社会各界高度关注，人民群众充满期待，职能部门责无旁贷！号令既出，动若风发！

乡村振兴，产业兴旺是重点。我们将严格按照莲都区委、区政府“争先进位大赶超、首善担当创一流”的目标定位，主动“解方程”、答难题，推动莲都区农业产业高质量绿色发展。

一是完善产业体系。坚持走高效生态新型农业现代化道路，深入推进农业供给侧结构性改革，全面实施质量兴农战略，加快推进农业从增产导向转向提质导向。要以农产品优质化、品牌化、产业融合化、多功能化和布局集聚化为突破口，着力构建高效优质现代农业产业体系。要深入推进现代农业园区、田园综合体和特色农业小镇建设，促进农业二三产业整合，促进农业多功能发展，构建绿色化、循环化、高效化、可持续发展的现代农业生产体系。要加快构建家庭农场、专业合作社、农业企业为新型主体，家庭经营与产业化合作和农业社会化服务相结合的现代农业经营体系。

二是优化产业结构。从全产业链着手研究，把莲都农产品的商业价值激发出来，把莲都资源禀赋对于农业的高端附加值挖掘出来，因地制宜选准优势产业，什么赚钱种什么、什么赚钱养什么。粮油产业，重点稳定粮食生产，推广新技术、新品种；水果产业，重点推进柑橘、桃等传统大宗水果的改造提升，加快培育以枇杷为主的特色水果产业；蔬菜产业，重点发展平原设施蔬菜、高山蔬菜；茶产业，着重推广茶树优良品种，全面开展生态茶园建设；食用菌产业，重点发展珍稀菇类，推广工厂化栽培模式；中药材产业，重点发展处州白莲、铁皮石斛等本地特色中药材，延伸产业链；畜牧业，重点推广“养猪上楼”“赶鸭上架”“十箱（中蜂）万元”模式，加快推进莲都区华统畜禽产业链智能化项目建设，争创全国畜牧业绿色发展示范区。

三是推进农旅融合。加快农转旅商品培育，加快“丽水山耕”“处州莲宝”“山水”等区域品牌建设，2018 年新培育“丽水山耕”品牌主体 13 家，建成海拔在600米以上的绿色有机农产品基地3.31万亩，新增“三品一标”① 农产品12个，新增品牌认证产品10个。加强农产品营销，开展十佳农转旅产品、十佳农旅融合基地等系列评选活动，积极参加农博会、茶博会等农业展销活动，大力宣传莲都农产品，让好产品卖出好价钱。加快发展休闲观光农业，培育提升一批农旅结合点位，宣传推介处州白莲节、杨梅节等一批特色农事节庆活动，吸引更多城乡居民深入农村访田园、尝农鲜、拍美景，打造莲都农业美丽风景！

脚下沾了多少泥土，心中拥有多少情怀！

乡村振兴，需要真刀真枪地干！我们将不忘初心、牢记使命，无畏艰难、一往无前，干一件、成一件！

乡村振兴，需要真金白银地投！我们将积极争取上级的政策、资金、人才支持，推动各项惠民利民政策的落地！

乡村振兴，需要凝心聚力地抓！我们将不断提升农业干部的综合素养，驰而不息推进作风建设，强班子、树正气、促发展，以一线作为、一流业绩展示农业人的风采！

作者：莲都区农业农村局局长、“双增”工作攻坚组组长　叶庆武

① “三品一标”指绿色食品、有机产品、无公害农产品及农产品地理标志。

取他山之石以攻玉

全面提前消除集体经济薄弱村，是政治任务、一号工程，丽水市莲都区社会各界高度关注，人民群众充满期待，职能部门责无旁贷。号令既出，动若风发！

全市“拉高标杆、谋划项目”发展壮大村级集体经济项目汇报会，传递出一个强烈的信号：各地都在较劲，都在奔跑，都在冲刺！

学习借鉴各县（市、区）发展壮大村级集体经济的经验做法，有三点体会特别真切：一是都在凝心聚力地抓。“消薄”工作，已落地为省、市、县（市、区）、乡镇（街道）、村五级党组织的头等大事，各级组织及农业、财政等职能部门的首要职责，各级“双增”工作攻坚组的使命担当。二是都在真金白银地投。各地围绕县级统筹、乡镇联建、村级自建三个层面谋划项目、整合资源，财政投入资金前所未有，光伏小康工程、“飞地”、物业购置等一大批“造血”项目有序实施中。三是都在真刀真枪地干。每一份汇报材料、每一本《项目汇编》的背后，凝结的是各地“消薄”工作的心血和汗水，一个个成功的案例、鲜活的故事展现的是“消薄”一线同志们的风采！

学然后知不足！莲都区“消薄”工作总体进展顺利、成效明显，但绝不可裹足不前、沾沾自喜。当前，主要是三个方面的问题需要引起重视：一是“等、靠、要”思想依然存在。部分乡镇（街道）党（工）委对“消薄”工作的重视程度还不够，统筹谋划还不够，专题研究不到位，主要领导所花精力不够多，存在等待区级层面兜底解决的思想。二是项目谋划不够深，推进不够快。18个乡镇（街道）联建项目中，好项目不多，预期收益普遍不高。有5个乡镇只有一个乡镇层面的联建项目，与丽水市要求每个乡镇（街道）至少有两个联建项目的要求仍有差距。部分村级自建项目的预期收益也不容乐观。三是区级、乡镇级公司运转机制有待完善。截至2018年5月10日，区级公司（丽水市莲都兴村集体经济发展有限公司）、14个乡镇（街道）“消薄”公司均已完成公司注册程序，但由于是新生事物，公司运转机制有待于进一步完善。

按照省委、市委、区委工作要求，围绕莲都区2018年上半年实现两个“百分之百”“消薄”任务（即全区208个村，村集体经济总收入均达10万元以上、经营性收入均达5万元以上），区“双增”办将切实当好参谋助手，进一步倒排工作计划，细化工作任务，排出时间表，画好攻坚图。一是提标。在2018年6月底前完成“两个百分之百”的目标任务，是莲都区委、区政府的郑重承诺、政治担当。从2018年5月10日的统计情况分析，到5月底，全区208个村集体经济总收入均能达到10万元以上、完成率达100%；经营性收入5万元以上的村能达到159个、剩余的49个村将由区级公司统筹项目（房屋租金）收益500万元予以分红解决，确保“双百”任务能够完成。在此基础上，力争2018年年底前全区208个村，村均总收入有大幅度提高、村均经营性收入超10万元。二是提速。充分发挥区级联系领导、第一书记（农村工作指导员）、乡镇驻村干部、村党员干部等作用，发挥区、乡、村三级“乡村振兴讲习所”功能，建言献策，凝聚合力。加快区级统筹、乡镇联建、村自建项目的推进力度，实行清单化管理，早落地、早见效。借力全省“千企结千村、消灭薄弱村”和省、市、区乡村振兴合伙人结对帮扶活动，切实增强村集体发展动力。完善区、乡两级资产运行平台机制，强化村集体“三资”管理，切实提高资金的使用效益。以问题为导向，以结果论英雄，强化考核引领，激励先进，鞭打慢牛。三是提炼。2018年4月19日，市委常委、区委书记杜兴林在浙江省“千企结千村，消灭薄弱村”暨消除集体经济薄弱村现场推进会上作了题为《坚持党建引领、发力全面“消薄”》的典型经验介绍，提振了信心和勇气。2018年5月3日，在丽水市项目分析汇报会上，市“双增”工作攻坚组办公室提出5月在莲都区召开现场推进会。区“双增”工作攻坚办公室将认真总结提炼我区的可取做法，切实做好会务筹备工作，确保会议开好、开成功。

作者：莲都区农业农村局局长、“双增”工作攻坚组组长　叶庆武

让杨梅林“活起来”

“我觉得还是村里自己管理比较好。”“村里没人懂行，还是承包出去更好。”寒冬夜晚10时后，乡村大地陷入了宁静中。然而，洪渡村村委会议室却灯光如昼。此刻，我和镇、村干部及热心村民代表一起，就如何更好地经营管理村里20多亩荒废多年的杨梅林展开了热烈讨论。

“我马上召集村民代表开会，争取尽早落实。”村委主任吴春芳表态，“村里的杨梅林要尽快利用起来，不能白白荒废了。”

经过咨询农林专家、请教本地老农、参考村民意见等多个环节，这片杨梅林的经营管理方案终于敲定。

与吴春芳道别后已是深夜，我边往外走边回想这段日子在洪渡村所做的工作，希望能总结出一些可以在其他村子推广的经验。

洪渡村有村民1300多人，大部分青壮年常年外出打工，村中只留一些老人、妇女、儿童，以农业种植为主，产业发展单一。村集体收入除了7万多元的公益林补助外，几乎没有其他经营性收入，是去年省定的集体经济薄弱村。

记得第一次来洪渡村调研如何“摘帽”的时候，大家都说不出什么好办法，很发愁。吴春芳是2017年新上任的村干部，在谈到村集体经济发展时向我诉苦：“留在村里的大多是妇女、老人和儿童，我现在真是空有一腔热血，没有地方使劲啊！请镇里一定要帮我们想想办法！只要村集体经济能发展，让我做什么都行！”

听着这些话，我心里很不是滋味：一是感到惭愧，作为基层干部，我没有很好地尽到为人民服务的义务；二是感到压力，还有这么多村民需要我们帮助，这么多困难需要我们想办法克服。但压力就是动力，当时我就坚定地回答：“好，我们一起想办法，一定要把集体经济搞上去！”

后来，我一有空就带着分管农业的副镇长往村里跑，和村干部一起分析村里的情况，挖掘自身的潜在优势。经过多次实地调研，我们发现村集体有一片20多亩的杨梅林因种植管理不善，荒废了多年。村里没人种，是不是可以承包给周边的专业种植户？这样既可以收取承包费用，又能带动本村水果种植产业发展。这时，我想到了一个非常合适的人选。

雅里村村民李忠是一个水果经济合作社负责人，有着丰富的水果种植和销售经验，而且雅里村挨着洪渡村，管理起来方便。我马上邀请李忠到杨梅山实地察看，综合考虑了山体、品种和交通等因素后，他对我说有信心把这片杨梅山发展起来。随后我协调村里和李忠进行了多次商谈，最后决定杨梅林以每年 3.8 万元的价格承包给李忠负责的水果经济合作社，技术改良和销售管理都由合作社承担。

一法通则万法通。打开思路后，没多久，原本闲置的村“两委”新办公楼也被“清风柳浪”农家乐以每年 1.5 万元的价格租了下来。2017 年 12 月 8 日农家乐开业当天，就迎来了高速路口下来的第一批外地客人。68 岁的前任村党支部书记李伏龙握着我的手，激动地说：“谢谢区里、镇里的关心和支持，村里一点一滴的变化，让我们对洪渡村的发展有了信心！”

经过努力，2017 年洪渡村集体经营性收入达到 5.67 万元，集体总收入超过 12 万元，实现了集体经济薄弱村“摘帽”的目标。

听着村民们的话，看着洪渡村这些令人欣喜的变化，我明白这就是服务基层最好的收获，这将成为更强大的动力，推动着我继续走在为村民谋幸福、为乡镇谋发展的路上。

作者：莲都区雅溪镇党委书记　周文林

做一个不忘初心的“追梦人”

2013年8月，我作为丽水市第一批北大清华选调生，来到丽水市工作。先在龙泉市挂职两年，随后调任莲都区雅溪镇党委副书记、镇长，现在担任峰源乡党委书记。我扎根基层、扎根农村，其间遇到过困难，经历过挫折，却从来没有改变扎根基层的工作初心。

我是2018年5月1日调任峰源乡的，一到这里，面临的两项重点工作就是防台防汛和小城镇环境综合整治。越是基层越是锻炼人的地方，尤其是在峰源乡这个交通不便、人口流失严重的偏远乡镇，首先要保障乡域范围内的平安稳定和经济发展。我常常对乡里的干部们说，在峰源乡工作要耐得住寂寞、保得住平安，少了安逸，却得到了历练。

峰源乡地处高山，汛期降水量大，交通不便，人口分散，对峰源乡来说防台防汛工作时间紧，任务重。2018年7月10日，强台风“玛莉亚”登陆前一晚，乡“四个平台”综合指挥室接到信息：巡查发现，毛山村叶山头自然村村民方忠道居住的房屋存在倒塌风险，方忠道下肢瘫痪，无法自行转移！叶山头自然村是莲都区最偏远的村庄，从毛山行政村到叶山头还需要翻山步行约1个小时，而村内唯一一条通车的道路只能从云和县石塘镇前往，道路状况极差。收到消息后，我第一时间要求立即通知乡防台防汛应急小组、毛山村网格长和村委、村转移工作组，组织应急小组，连夜赶赴处置。在基层防汛责任人的配合下，11日凌晨4时30分左右，应急小组成功将方忠道转移到毛山村一户居民家中安置。刚完成转移，峰源乡便受到了“玛莉亚”的影响下起了大雨。方忠道原住房于11日13时许倒塌，所幸转移及时，未造成人员伤亡。

国庆假期，我们加班加点参与庞山村小城镇环境综合整治时，发现一位老大爷独自一人颤颤巍巍地把打稻机往手推车上装，乡村干部赶忙上前帮助。通过了解，老人家叫叶万青，84岁，4个儿子中已有3个去世，现在家里稻谷日渐成熟，收割稻谷成了难题。

了解情况后，我号召大家利用业余时间帮助老人割稻谷。第二天下班后，我们几名乡干部和党员志愿者来到老人家的田地，将老人家自己要几天才能收好的稻谷，在短短两小时内就完成了割稻、打稻，并把打好的稻谷装好送到老人家里。村民都说，现在乡干部努力整治庞山环境的同时，还帮老人家割稻谷做好事，真是好样的。

由于乡干部在村民心中树立了良好的形象，各项工作都推进顺利。乡政府所在地庞山村实施小城镇综合治理，村民十分支持。2018 年 10 月底，庞山村焕然一新，小城镇综合整治工作顺利完成了验收，村民纷纷称赞。

扎根基层乡村的工作经历，是我人生的宝贵经历，在以后的日子里，我希望自己始终不负韶华、不忘初心，把人民群众的利益放在首位，在服务群众的道路上走得更加坚定、自信。

作者：莲都区峰源乡党委书记 徐清

在工作中践行“三句话”

“把困难当挑战”“办法总比困难多”“不抛弃不放弃”——靠着这三句话，水东老村改造项目用时近3个月完美收官。我深刻认识到，街道工作只有坚持以人民为中心、不忘初心、牢记使命、迎难而上、不离不弃，才能换得民心、赢得未来！

街道工作包罗万象，任务十分繁重，工作压力大。“把困难当挑战”“办法总比困难多”“不抛弃不放弃”，这三句话是我在遇到困难时对自己的鞭策，也是为街道干部树立积极乐观的工作导向。

2018年，市委、市政府将城中村改造列入重点工作，以此提升城市面貌，改善群众居住条件。2月3日，市领导在水东老村调研时，要求率先启动水东老村城中村改造项目，争取3个月完成。陪在一旁的我心里一惊，25年的历史遗留问题要在短短几个月时间内解决，压力可想而知！

水东老村有580多户、1300多人。自1993年始，因建造金丽温铁路需要，老村部分房屋被征收，在铁路西侧建了新村。按规划，老村要作为铁路仓储物流用地。多年来，市、区两级政府多次组织工作组进驻征收。至2018年1月，尚有320户未签约，大部分房屋未拆除。

2018年2月7日，我们街道组建工作组重新进驻，利用半个月时间，入户调查、摸清实情。恰逢春节，工作组挨家挨户上门，面对的是一张张冷漠的脸。老杨曾是村老党支部书记，与我相识多年，在水东碰到我的第一句话就是：“小林，水东老村这块骨头难啃啊！”

我明白，水东老村是城中村改造的“试验田”。“只许成功，不能失败；只能出经验，不能有败笔。”市委、区委的期待我铭记在心，不敢有丝毫懈怠。

为此，我喊出“把困难当挑战”，统一思想，鼓舞士气，树立信心。我和街道主任一起，分别约谈了村党支部书记、村委会主任，接着集体约谈村“两委”和全村党员，明确提出：不带头推进征收工作、阻挠征收工作的，一律从重从快处理。实行村“两委”干部包片制、党员包户制，工作进度每日排名通报。街道班子成员实行组长负责制，对连续三周排名后三名的，由区委组织部门进行处理。我和街道主任每天在村坐镇指挥，发现问题及时协调，致力打响城中村改造“第一枪”。

“办法总比困难多”，在区委、区政府主要领导每周为水东老村精准把脉、指导协调的示范推动下，我经常开会听取街道、村干部和村民的意见建议，有的放矢地分析提炼工作方法，并在实践中加以检验和完善，形成了摸清一张关系网、挂上一幅作战图、列好一张计划表、记清一本民情账的“四个一”工作法，资料收集、房屋测量、签订协议、腾空拆除“串联+并联”等程序方式，成为高效攻坚的“金法宝”。

作者：莲都区紫金街道党工委书记　林伟群

做好“五个结合”力促贫困村脱贫转化

作为紫金街道瀑泉村农村工作第一书记（指导员），多次赴实地开展调研“双增”工作。通过与村民们亲切交谈，倾听他们的心声，详细了解他们的产业发展、家庭收入和生产生活中所面临的困难和问题。

根据瀑泉村的实际情况，围绕乡村振兴战略的主旨要求，就如何脱贫转化、发展壮大村级集体经济，我觉得可以用“五个结合”的发展思路。

一是内外结合。一方面要邀请在外面发展好的能人主动回村带动村民共同发展，以“合作社+农户”的方式带动产业发展；另一方面在村里没有发展门路的人，要通过亲戚朋友带出去或自己走出去发展。

二是上下结合。一方面山下有经济头脑的人可以到已异地搬迁的村中发展特色种养殖业、乡村旅游业；另一方面山上贫困的村民可通过异地搬迁的形式下山脱贫。

三是种养结合。种植方面要选择资源优势，种植品种好、品质优、品牌响的农产品；养殖方面要选择有特色的、有效益、不污染环境的品种养殖，做好特色养殖的文章。

四是长短结合。现有的产业需提质增效并谋求长远，发展中药材、高山蔬菜等新产业与新旧产业融合发展，形成产业结构合理、产业发展稳定新格局。

五是点面结合。村里在产业发展上要善于培养典型，通过典型案例的示范引领作用，以点带面，推动面上的发展。

相信在村“两委”和党员干部的共同努力下，肯定能抓住机遇开拓出更好的产业发展之路、脱贫致富之路、全面小康之路！

作者：莲都区紫金街道瀑泉村农村工作第一书记（指导员）　潘金发

利用自身优势　消除经济薄弱村振兴乡村经济

全面消除集体经济薄弱村是贯彻落实省委省政府决策部署、巩固农村基层政权、推动农村经济发展的迫切需要，也是高水平全面建成小康社会的必然要求。丽水工业园区把消除泉庄村集体经济薄弱村工作作为一项政治任务和民生工程来抓，坚持党政主导，因村施策，发挥丽水工业园区优势，多措并举，力争尽快打赢消除泉庄村集体经济薄弱村攻坚战。

通过深入了解村集体各项情况，并就如何盘活集体经济为农民增收与村“两委”干部进行探讨交流。经了解，目前泉庄村有村民750多人，其中党员35人，外出人口占40%。全村共有土地940亩，山林500余亩。但是村集体经济十分薄弱，无一项村集体经济收入。针对这一现状，对策如下。

聚焦重点和难点，打好消除集体经济薄弱村提升战。一是发挥领导作用，开展消除集体经济薄弱村工作动员部署会，明确村集体发展要因地制宜，充分利用紧靠国家湿地公园的区位优势，发挥党员的模范带头作用，增强村集体的自身造血功能，同时，调动园区企业资源，为村集体经济发展提供助力。二是发挥智囊作用，带领园区企业到泉庄村考察，争取项目合作，并建言献策，对发现的问题进行剖析、梳理，针对发展不平衡、政策难落实等具体问题提出有针对性的意见和建议。

狠抓关键点，打好消除集体经济薄弱村攻坚战。一是发挥园区优势，带领园区企业到泉庄村考察，了解村庄基本情况和集体经济收入情况，并与村“两委”共同探讨集体经济脱困办法、思路和举措。二是园区企业和泉庄村合作，让企业享受合作项目的固定分红，为村庄建设带来“及时雨”，也为村集体公益项目带来资金保障，提升村民的幸福指数。

作者：莲都区紫金街道泉庄村农村工作第一书记（指导员）　管兴标

让养蜂成为村民增收致富的“甜蜜事业”

我不仅是仙渡乡董弄村第一书记（农村指导员），也是一位名副其实的养蜂专家。十几年的时间里，踏踏实实干事，发展农村产业，钻研改进蜂桶蜂箱，为农民解决养蜂问题，增加农民收入。《丽水日报》《处州晚报》《云南日报》《火箭兵报》都曾报道过我的养蜂事迹，我的养蜂技术被刊登在《蜜蜂杂志》《中国蜂业》文刊。

2015 年，来到仙渡乡担任董弄村第一书记，看到很多村民的蜂蜜产量和质量并不好，身为指导员的我，倾尽所能把养蜂技术无偿传授给每一位养蜂的村民，致力于通过专业养蜂提高收益让村民富起来，梦想着把仙渡乡变成“蜜蜂之乡”。

只要一有空闲就在自己改建的“研究室”改造蜂箱，研究中蜂习性，与村民们一起实验、总结规律经验，虽然经历了无数次失败，但是，失败了大不了从头再来，绝不能辜负村民们对我的期待和信任。在我和村民们的不懈努力下，终于发明了圆桶层叠式蜂箱、全角装蜂机等设备。2016 年，该设备在第二届全国蜂业科技与蜂产业发展大会上荣获蜂机具类三等奖。此外，我发明的蜂箱和多种中蜂养殖方法都获得了国家专利。

村民们使用了圆桶层叠式蜂箱，每群中蜂的年均产量和蜂蜜质量都有了明显提升。这种养蜂技术将当地的扶贫脱贫效应不断放大，带动了当地村民增收致富，为实现农民富裕贡献了自己的力量。

“有一次周书记在做蜂箱的时候，锯刀割伤了腿，离大腿动脉只有几厘米，医生说如果晚几分钟送医，就会有生命危险。”村民老周回忆道。其实，在研究过程中，不仅是割伤了腿，在我的拇指和食指上均能看到多处割伤的痕迹，即使这样，我也从没有动摇过自己的决心。对我而言，这就是作为一个指导员对村民增收致富的承诺。

作者：莲都区仙渡乡董弄村第一书记（指导员）　周建慧

走好高质量脱贫攻坚的每一步，助力乡村振兴

2018 年是决胜全面建成小康社会的关键之年，农业强不强，农村美不美，农民富不富，决定着全面小康社会的成色和社会主义现代化的质量。

2018 年 3 月 13 日下午召开的丽水市“双增”攻坚项目分析会（莲都专场），丽水市委组织部副部长、市“双增”工作攻坚组组长徐丽勇提出的“赶超、认识、探索、权证、方向、合作、责任”既是对我们的鞭策和鼓励，也为莲都区下一步工作指明了方向。我们必将牢记使命、全力以赴，力求环环相扣、招招发力，走好高质量脱贫攻坚的每一步，助力乡村振兴。

一是提高认识，牢筑思想同心圆。2017 年，“双增”工作有成绩更有压力，2018 年，莲都区要提前全面消除集体经济薄弱村，实现两个“百分之百”任务，需要全区上下进一步统一思想认识，强化责任担当，学懂弄通消除贫困与乡村振兴发展的重大意义和相关政策理论，超前谋划，主动作为，聚焦经济发展，实现乡村振兴。要充分发挥基层党组织战斗堡垒作用，将“双增”工作列入乡镇（街道）和农村党组织主题党日的重要内容，开展大讨论大调研，让每个党员积极献言献策，并通过组建县、乡、村“乡村振兴讲习所”，为相关部门发挥作用提供平台，形成思想同心圆。

二是谋好项目，探索发展新模式。要始终坚持“项目为王、项目制胜”理念，统筹谋划、精准施策、分类推进。要把产业兴旺、产业振兴落到消除农村集体经济贫困上来，促进农村一二三产业融合发展。要严格项目申报，实行“一项目一对策”，形成“县、乡、村”三级项目库汇编，细化任务进度，排出时序表，确保按时保质完成“消薄”项目。鼓励各乡镇（街道）、村集体之间抱团发展，联建物业项目或引入工商资本，寻求“乡村振兴合伙人”，创新平台和机制，明晰产权和利润分配，形成“利益共同体”，如乡镇级可建立集体资产运营公司，对村里的集体资产资源进行统一运营管理，催生乡镇企业；村级可以依托股份经济合作社或联合社，逐步实现实体化运作。

三是拉高标杆，争先进位大赶超。争先进位大赶超，容不得半点马虎。莲都区有勇气更要有担当，快马加鞭，为集体经济发展乃至乡村振兴提供更多的莲都经验、莲都样板。我们将强化考核引领，树立结果导向第一标准，以成绩论英雄，以结果论成败，激励先进、鞭打慢牛，层层压力传导。通过每月定期或不定期对各乡镇（街道）进行的工作督查、通报，使得各乡镇（街道）、村集体必须加满油去拼，加速度去跑，让争先进位融入血液、化为自觉。

作者：莲都区“双增”工作攻坚组成员　梁建霞

拿起农旅大画笔　绘就缸窑“绿富美”

——记碧湖镇缸窑村村民委员会主任董伟波

碧湖镇缸窑村是一个有着2100多人口的大村，沿着50省道，从丽水市区向西，20分钟车程就可到达缸窑村。多年来，村民主要靠养猪、种植水稻与蔬菜等为生。早年的缸窑村，紧挨着公交站牌的对面，有20多家大小不一的养猪场，污水横流、臭气熏天。如今放眼望去，现代化的光伏大棚一片连着一片。曾经荒芜的耕地再次有了勃勃生机，各色的果园、花卉园错落分布在大棚里，沿途生产用房的墙面上是一幅幅惟妙惟肖的乡村画卷。缸窑村发生如此大的变化，不得不说一个人，那就是村民主任董伟波。

一、拆除连片养猪场，发展美丽经济

缸窑村的由来，得益于村里曾经的支柱产业——土法烧缸，可是这一产业逐渐变得没落了。从20世纪80年代开始，不少村民选择以养猪为生，后来村口就慢慢变成连片的养猪场。2018年，按照“五水共治”的计划要求，这些养猪场必须全部清场。要改变村民长期以来主要的生活来源，难度可想而知。

村委会主任董伟波和其他工作组成员一起，三天两头入户做动员：“村口那么臭，亲戚朋友都不愿意来村里，自己住得也不舒服。”“不养猪，照样可以从事其他行当，只要勤劳持家，还是会过上好日子。”类似的话，董伟波不知道说了多少。养猪场搬迁后，取而代之的是新建的瞭望台和小花园。

二、“九宫格”布局初显，缸窑村铺开画纸作画卷

几年前，丽水市区的电脑经销商尹楠迷上了多肉植物，便花了10多万元，从韩国进口了一批多肉植物，因为深知董伟波对村子今后的发展有自己的盘算，尹楠毅然前来缸窑村扎根，建起了数十亩的多肉种植大棚，和他的同伴一起，成

天泡在大棚里，还“泡”进去近80万元的投资额。尽管回报周期长，但他并不担心，因为他知道董伟波心里有一盘关于“农旅融合”的大棋。从董伟波那得知，缸窑村计划把整合好的土地，分成连片的“九宫格”，以此打造专业的合作社，今后，他的大棚周边还会出现诸如蔬菜、香蕉、柑橘、甘蔗、木瓜等新型的合作社产业。

三、“田连阡陌”引“凤凰”，村子渐渐有了新模样

如何让村民们生生不息的土地重焕生机呢？做生意起家的董伟波回到了村里，成了村里转变的主要推手之一。“在外面经商虽然赚了些钱，但总想着要给村里办点什么事，不然总觉得好像缺点什么一样。”被村民们笑称“董千万”的他，有了回村里创业的想法。2014年，董伟波当选为新一届村民委员会主任，他的想法和多数村民一样：平整的千亩土地、紧邻50省道的交通优势、充裕的劳动力，等等，这些就是缸窑村最大的产业优势。这段时间，村后的“低碳智慧小镇”旅游项目建设得如火如荼，项目投资额高达135亿元，有望成为“丽水绿色发展的重要增长极”。

为了连田成片，让村民们抱团发展，引来“凤凰”，在董伟波的带领下，村“两委”成员深入农户家中，摸了摸“家底”：村里共有田地1290亩，其中，农户愿意出租的有1070亩，占比近83%。留下自种的，其余由村里“打包”，采取合作社的形式出租，这个建议有99.5%的人支持。

四、筹建“别墅村”，做“智慧小镇”后花园

对于董伟波来说，当初回村里，就抱有一种“做点事情”的想法，新村建设就是其中最大的手笔。为了整合土地资源，缸窑村将把村里的老房子拆除，集中在村口建设一个前期60幢，后期达到260幢的“别墅群”。别墅统一规划、通过20年贷款建设，建成之后，家家户户都可以经营农家乐。“低碳智慧小镇”是一个旅游综合体，建成后日益增长的游客，就是村里农家乐最大的客源。董伟波介绍说，外地前来的游客，不仅可以欣赏到一年四季不重样的花海，还能在大棚里采摘心仪的水果，累了就可以在农家院休息，品尝地道的土菜。

“村民把我选上来，就是希望我能做点实事。”董伟波对村里今后的发展有

着清醒的认识，他期待着“别墅村”的梦想尽快变成现实，也期待着和村民一起把日子过得更加红火更加幸福！村民说，现在的缸窑村拿起了农旅融合的大画笔，一笔一画正在绘就“绿富美”。自从接轨“低碳智慧小镇”的项目后，田野里的画卷越来越丰盈。

“空壳村”的致富路

——记峰源乡夏庄村党支部书记叶育文

叶育文，莲都区人大代表，夏庄村党支部书记，2017年被评为丽水市村级集体经济薄弱村消除工作优秀个人。自2002年起担任夏庄村的村民代表，2005年任村党支部委员，始终关心村集体事业的发展。2017年，在广大党员拥护下高票当选为村党支部书记。十几年来，他为村集体办实事、做奉献，走上了实业兴村、吃农旅饭、入股经营等多业并举之路，村集体经济发生了翻天覆地的变化，呈现一派欣欣向荣的新农村气象。截至2017年10月底，村集体总收入达31万元，经营性收入实现零的突破，达到了12万元。在带领农民增收方面，成功打造了小上垟民宿村，让外出的村民回归，实现了在家门口创业致富，成为峰源乡农旅融合的一张金名片。夏庄村一度被峰源乡百姓称为峰源乡的“小香港”，呈现出勃勃生机。

峰源乡是典型的高山地区，落差大，水电资源丰富，叶育文早年投资水电站获得成功，有着丰富的水电投资经验，他致富之后，没有忘记夏庄村的村民和村集体事业，他认为自己是改革开放的受益者，一定要先富带后富，自己富不算富，要带领夏庄村民一起富。当时村集体收入几乎为零，正逢有个水电投资，他放弃了个人投资入股的机会，和当时的村“两委”班子介绍该项目，虽然也有干部有所顾忌和担忧，但叶育文说：“亏了集体的算我的，赚了是村集体的。”正是他的公正无私，正逢村集体经济改革，成立了夏庄村经济合作社，村集体以夏庄村经济合作社投资入股了小水电。夏庄村开始每年有稳定的投资收益，光这一项，村集体经济每年收入可达10万元以上。

夏庄村竹林资源十分丰富，叶育文将村集体的闲置厂房出租给外商办竹制品加工厂，村集体又获得了财产性收入。一时间，夏庄村竹商、竹农来来往往，生意往来十分喧闹。后来为了顺利推进“五水共治”，竹制品加工停工了，但是叶育文不弃不馁，继续奔波在招商引资的道路上，准备将原址进行改造提升，利用土地厂房入股的形式，继续为村集体经济发展而努力谋好笋竹文章。目前厂址已选好，并通过了村民代表大会决议。

通过发展避暑纳凉民宿经济，叶育文带领村民吃上农旅饭。夏庄村位于国家级生态示范乡镇峰源乡，平均海拔735米，气温比市区低5℃，植被覆盖率93%，年降水量比市区多200毫米，平均负氧离子达 8000～10000 个/立方厘米，具有独特的高山避暑气候，生态资源、旅游资源十分丰富。2016—2017 年，夏庄村通过发展民宿纳凉经济获得巨大的成功，在小上垟民宿村共23户农户仅7—8月每户收入达5万元以上，但是分散经营，没有更好的统筹夏庄村民宿经济的发展。叶育文又准备在夏庄村建一个避暑纳凉的民宿旅游接待中心，带动示范农户民宿发展，壮大村集体经济收入，建成后预计每年可增加村集体收入10万元以上。

村集体富不富，关键看支部，叶育文为支部书记的夏庄村党支部，带领村“两委”干部坚持农旅结合发展思路，依托产业促进三产融合，以招商引资为抓手，通过项目“造血”，资金“输血”，产业“补血”，努力把夏庄村打造成集摄影、休闲、旅游、避暑、养生、高山蔬菜种植等产业为一体的特色村。

第十章　他山之石

变“废”为“宝”
土地变身“聚宝盆”

在热火朝天开工的浙江省丽水市青田县侨乡工业园区旁，有个宁静的小村落，地形以山地为主，前几年，该村集体存款总额不超过30万元，村集体经营性收入几乎为零，所有收入仅靠上级补助的穷村庄，这个村庄叫东赤村。现在的东赤村居民生活安乐，村集体经济收入有了大幅度提升，这一切都要归功于土地的“变身”。

青田县油竹街道东赤村位于县城东南面，与彭括村、侨乡工业园区相邻，村民主要居住赤岩、东堡山、法洪头三个自然村，村内多为老人，青壮年多外出打工。东赤村基础设施薄弱、村庄环境不好、村集体收入不高，如何促进村庄发展，让群众享受到社会发展的福利成为村“两委”亟须解决的问题。

在油竹街道的协助下，村干部们充分解读政策并进行了多次考察，凭借敏锐的嗅觉察觉到了殡葬市场良好的前景，多次召开村民代表大会，到每家每户走访调查，最终决定将村集体闲置的40亩山林折现作为资本，以村级股份经济合作社入股，邀请企业在村中建设占地40亩、1800多穴的生态公墓，然后以预订销售的方式，每年定期收取5%的公墓分红，来增加村集体收益。目前，青田县油竹街道东赤村村集体经营性收入已经连续3年超过20万元。

东赤村依靠项目分红，改善了村里基础设施条件，平整了赤岩自然村主要道路，维护了河道生态环境，强化了饮用水提升工程，提升了村民的幸福感，加深了村民参与村庄建设的热情。

“村集体增收，最重要的还是要依托本地的区位优势、自然资源，把握政策趋势，瞄准市场定位，把绿水青山转化为金山银山。”青田县油竹街道东赤村党支部书记陈永雪说。下一步，该村将依托侨乡农品城平台优势，对本村村民手中的农产品进行统一收购、统一定价、品牌销售，实现集体、村民一起奔小康。

其实，东赤村的变化只是青田县油竹街道村庄“奔小康”的一个缩影。据了解，近年来，该街道通过盘活闲置货币资金、租赁商用物业、闲置资源入股、优惠政策扶持等多种方式，全力帮助辖区行政村提高收入。

创新“强村公司”运营 为“消薄”攻坚持续赋能

2020年，丽水市缙云县大洋镇农产品仓储中心（冷链）项目（二期）扛住“疫情”冲击，在做好疫情防控工作的基础上“火力全开”，抢抓工期，全力推进项目建设。

大洋镇生态强村公司总经理胡缙龙介绍，农产品仓储中心（冷链）项目（二期）由大洋镇生态强村公司通过整合各项补助资金和村集体入股资金投资建设，项目总投资614.76万元，建设内容包括冷库、电商展览区、交易场所等。项目建成后，由大洋镇生态强村公司管理运营，并将每年收取的租金和经营收入，根据各村集体入股比例进行分红，该项目预计每年总收益约30万元。“我们公司通过实施这个项目，不仅能促进村集体和农民增收，还能带动村庄发展，反哺绿水青山的保护，实现‘两山’转化良性循环。”说起这个项目，胡缙龙满怀激情。

据了解，大洋茭白曾连续5年获浙江省农博会金奖，产品热销杭州、上海、温州等大中城市。由于地处偏远，茭白短期贮藏保鲜主要采用冷凉清水浸泡方式，储存期短，对茭白市场价格波动抵御能力差，影响茭白产业效益提升及集体、农民增收致富。大洋镇通过建设农产品仓储中心（冷链）项目（二期），利用专业设备和全新储存技术来延长茭白储存期限，提高产品保鲜能力，将有效提高种植销售效益，促进茭农增收，为大洋镇主导产业和村级集体经济的发展注入新动能。

自大洋镇生态强村公司成立以来，公司在整合各类涉农资金，精选优质投资项目的同时，积极探索实体化运营模式，致力打通“两山”转换通道。为帮助偏远村农户销售农产品，大洋镇以“强村公司”为依托，上门收购农户红花茶油、番薯干、茶叶等优质农产品，统一包装成“大洋味道”品牌，并通过网络直播、电商运营等方式助力高山生态农产品外销。同时，公司还利用与湖州市南浔区等地结对帮扶契机达成农产品销售合作，截至2020年实现销售额40余万元，有效提升大洋镇本地农产品知名度、美誉度，促进农户增收，助力村集体“消薄”。

值得一提的是，2020年5月，大洋镇生态强村公司作为运营主体，通过国家电力投资集团投资的大洋镇大平山光伏发电“农光互补”项目率先在丽水市开展基于GEP（生态系统生产总值）核算的生态产品市场化交易新模式，并不断探索实践绿色能源、健康养生旅游、生态农业等不同类型的生态产品市场化交易。达成交易的专项资金将通过大洋镇生态强村公司统一管理使用，用于生态资源资产保护与修复、整合与转化，生态产业化培育与品牌经营等。同时，大洋镇生态强村公司还实行生态红利分配与农户、村集体生态资源资产相挂钩，生态产业与扶贫对象保底收益相挂钩等机制，推动生态惠民与帮扶。

用好“问海借力”金钥匙 唱响“山海协作”进行曲

浙江省龙泉市锦溪镇下锦村距离龙泉市城区 13 千米，为省定薄弱村，资金、资产、资源匮乏，缺乏产业支撑。自开展消除集体经济薄弱村工作以来，锦溪镇把握“山海协作”政策机遇，转动“问海借力”这把金钥匙，借助挂职干部在农业产业的专业性，精准对接嘉兴市秀洲区的结对帮扶举措，探索“山海协作”助力乡村振兴新路径，实现了产业发展、集体增收、农民致富的三赢局面，开启了下锦村集体经济高速发展新篇章。

一是创新举措，因地制宜谋划项目。创新实施“牛犊代养”增收举措，是锦溪镇下锦村把握结对帮扶政策机遇，因地制宜、因村施策实施的核心“消薄”项目。2019 年，在秀洲区结对帮扶下，下锦村投资 30 万元建设占地 400 余平方米的奶牛养殖基地。同年 7 月，秀洲区东兴奶牛场和下锦村签订了第一批 25 头牛犊代养协议，由东兴奶牛场免费提供牛犊，下锦村代为饲养，按 30 元/千克牛犊增重回收。不到 5 个月，每头奶牛平均增重 171 千克，实现“牛犊托管”毛收入 12.8 万元，扣除人工工资及饲料等费用，当年为村级集体经济增收 5.4 万元，结对帮扶效益立竿见影。

二是合作双赢，深化帮扶发展产业。东兴奶牛场负责人介绍，在秀洲当地养殖牛犊需要购买饮用水、草料，占用场地和人力，养殖成本较高，而龙泉市纯天然的水资源及草资源为牛犊养殖降低了成本，通过“牛犊代养”，既减少了牛场的养殖成本，又增加了下锦村的集体经济收入，实现两地合作双赢。2020 年 3 月，在新冠疫情得到控制后，东兴奶牛场第二批 50 头牛犊抵达下锦村奶牛养殖基地，预计当年可为村集体经济经营性收入增加 15 万元，带动低收入农户增收 7.5 万余元。同时，下锦村启动二期奶牛养殖基地建设，计划将养殖规模提升至 100 头。

三是科学种养，农牧结合增强造血。按照“农牧结合、种养平衡”的原则，下锦村流转土地 100 余亩建设箬叶种植基地，推广“牛—粪—作物”循环利用新路径，树立农牧结合的科学理念，不仅解决了畜禽粪便污染问题，同时提高了箬叶基地土地肥力。为保障产品销售渠道，下锦村和嘉兴市真真老老食品有限公司在挂职干部的牵线帮助下达成箬叶产销合作意向，由公司提供种植技术指导，并实施包产包销。预计2022年箬叶林可达到丰产期，单箬叶一项，每年将会为下锦村带来40万元以上毛收入。同时，通过基地管护、人工采摘、土地流转等方式带动农民增收20余万元。

四是多措并举，拓宽渠道长效增收。为进一步做好精准扶贫工作，巩固“消薄”成效，带动村集体增收，锦溪镇下锦村和秀洲区深入开展结对帮扶工作，规划实施“秀洲—龙泉山海协作乡村振兴示范点”，推进高质量发展乡村经济项目，拓宽“消薄”渠道，夯实“造血”能力。2020年3月，“秀洲槜李山海协作友谊林”项目顺利实施，秀洲区洪合镇捐赠的240棵槜李树苗在下锦村安家落户。同年5月，投资42万元，装机容量约44千瓦的村委楼屋顶光伏项目启动招投标程序，项目建成后每年可为村集体增收4万元。

用好村企结对“金钥匙”
打开“消薄”致富新大门

近日，浙江省交通投资集团与丽水市云和县紧水滩镇举行“村企结对共建、助力脱贫攻坚”座谈会暨扶贫专项资金捐赠活动。座谈会上，浙江省交通投资集团向紧水滩镇捐赠了100万元扶贫专项资金，积极帮扶村集体发展。为云和县“消薄”工作增添新活力，让“消薄”红利惠及更多村民。

2018年，浙江省委、省政府启动“千企结千村，消灭薄弱村”行动，浙江省交通投资集团及其下属子公司与云和县紧水滩镇6个省定集体经济薄弱村开展结对帮扶。自结对工作开展以来，浙江省交通投资集团秉持“帮户、扶村”兼顾“联乡、带县”理念，紧密结合紧水滩镇发展实际，主动派驻挂职干部，建立了“交通投资集团+镇强村公司+村股份经济合作社”的“1+1+N”工作机制，成功实施了“全域农业订单”、双垟“知青”茶林文化园等“消薄”项目，其中仅农产品订单帮扶销售一项，就完成猪肉、甜橘柚、高山玉米、雪梨、高山大米和黄豆等特色农产品“消薄”订单400余笔，共计销售金额达220余万元，直接促进低收入农户增收70余万元，为村集体经济带来了50余万元的经营性收入。

外垟村“知青”茶林文化园作为浙江省交通投资集团和紧水滩镇2020年村企结对新项目，不仅让更多的人了解了外垟村的历史文化，同时也成了外垟村“消薄”增收的新亮点。知青文化园项目以20世纪70年代知识青年在外垟村生活生产为文化背景，以知青下乡种植的67亩老茶林为核心，深入挖掘外垟村生态、文化、旅游发展优势资源，带动周边山林、板栗、山茶油树等生态农产品产业发展，将知青年代的老厂房、老宿舍等资源融入当代农村民风民俗规划中，还带入民宿特色化发展。形成集“知青”茶园、农业景观、生活体验、农产品展销于一体的综合性园区，最终带动低收入农户和村集体经济双增收，促进村集体经济良性运作，打造“知青”农旅一体化旅游项目。

该茶林文化园总投资203万元，总用地面积为1204平方米，总建筑面积1030平方米。目前已与浙江省交通投资集团下属企业商贸集团达成协议，将67

亩老茶林和茶叶加工房承包出租，年租金7万元。同时带动附近农民就业，项目一期对老茶林进行翻新、修整等改造提升，生产的老茶叶将用于制造红茶。预计厂房投入使用后，每年可为农户带来约30万元经济收入。

下一步，云和县紧水滩镇和浙江省交通投资集团将进一步利用优势资源，以增强“造血”功能为主攻方向，积极探索村级集体经济发展新途径、扶持新模式、运行新机制，促进村级集体经济进一步发展，用好村企结对这把“金钥匙”。

“强村公司”让乡村发展走进“春天里”

“土地流转、摊位出租……加上前不久镇强村公司的分红，我们村经营性收入一季度就有28万多元了！”说起2019年村集体经济收入的提升，丽水市莲都区松阳县大东坝镇大东坝村党总支书记叶春景有些激动。

大东坝镇位于松阳县西南部，距县城约20千米距离，是一个山水与田园齐美、文化与艺术共存的特色山区乡镇。然而，受地域和基础条件的限制，该镇面临着各村集体经济发展单打独斗、增收乏力等困境。为此，镇党委紧扣“党建引领壮大集体经济”，打破村域藩篱，整合17个行政村的集体闲置资金和村集体贷款资金，组建了松阳县大东坝强村集体经济发展有限公司，助力村集体经济发展实现自我“造血”，努力走好乡村振兴路，建设美丽大花园。

作为一个经营乡村、统一运营乡村资源的平台，大东坝镇强村公司在整合各类涉农项目扶持资金的同时，能够有效盘活闲置资源，精选优质投资项目，为乡村发展注入了新动能。2018年10月，镇强村公司与社会资本合资收购松阳县二滩坝水电站的88%股份，收购总价为4850万元。该项目的顺利实施使全镇各村集体收入实现了真正的可持续增收。

不仅如此，镇强村公司还将目光瞄准了泡豆腐、白老酒等特色产品，先后入股了石仓工坊原种豆腐有限责任公司和石仓工坊白老酒经营有限公司等项目，不仅带动了当地村民致富，还能吸引外来游客，推动乡村旅游发展。截至2019年，镇强村公司共完成投资额1800余万元，电站溢价款、光伏、工坊等项目累计收益达125万元。

如今，镇强村公司已经成为各村集体经济增收的“一泉活水”，在此基础上，各村因地制宜，优化产业布局，通过植入乡村旅游、文创体验、生态农业种植、生产加工、研学培训等综合业态，发展多元化、立体式经济。如蔡宅村以豆腐工坊为依托，积极开展石仓泡豆腐的生产加工，积极引导工坊周边村庄46户农民成立5个原种大豆种植专业合作社，推动豆腐产业向前端延伸，确保源头可控。

不仅如此，随着乡村振兴和产业发展等方面的持续推进，上海鸣珂里、上海一可文化传媒有限公司、百鸟朝凰生态农业基地等一批社会资本和乡贤也纷纷回乡投资创业，聚力乡贤资源，激发产业动能。截至2019年年底，该镇共流转土地超过1000亩，吸引投资3000万元。

下一步，大东坝镇将通过“强村公司+村股份经济合作社+工商资本+农民专业合作社”的集体经济混合式发展和持续增收模式，做好特色产业深精加工。以石仓田园综合体为载体，加速石仓片区产业融合发展，以小港绿道为主轴，加快大东坝片区绿道经济形成，以国家级水利风景区创建为依托，加大蛤湖片区特色产业培育。建立资源系统整合、各方利益互惠共利的组织化发展体系，让农民享受全产业链增值收益，推动实现共同富裕。

向绿水青山要金山银山

丽水市遂昌县石练镇大茂坑村是一个距遂昌县城 40 千米的小山村，每到避暑季节，游客如织，村民们在家门口就可以赚钱了。别看如今大茂坑村旅游产业蓬勃发展，但在 20 世纪 90 年代，该村还是远近闻名的“砍树村”，家家户户以砍伐山上的树为主要收入来源。后来，随着一纸伐木禁令，这个偏远山村迅速“空心化”，村集体经营性收入一度跌至零，大茂坑村成了低收入农户集中村。说起如今的美好生活，村里人无不夸赞：“多亏我们有一个敢想敢做、踏实肯干的好支书呀！”

那么，村民称赞的人是谁呢？他就是大茂坑村责任村书记叶志建，1971 年出生的他仅有初中文化，曾入伍当过兵，后回村创业。眼看着风景如画的村庄却如一块璞玉般无人问津，叶志建心里忍不住起了念头，“这么好的生态资源，何不好好利用呢？”因为距离南尖岩景区比较近，他首先想到的就是开办农家乐，走发展乡村旅游致富的路子。而要发展乡村旅游，首先就得提升村庄“颜值”。说干就干，在他的带领下，大茂坑村积极向上级争取资金，通过“三沿”（沿国道、沿铁路、沿高速路）整治、防洪堤建设、自来水提升、道路加宽等等项目建设，村庄面貌焕然一新。

面对村集体经济发展的困境，叶志建坚定地认为：发展“生态旅游”的好机会来了。于是，叶志建将村内闲置的供销社大楼通过改造成农家乐整体打包出租给专业人员经营，这样一来，村集体不用劳心费力地去装修、招工和插手山庄具体经营事务，每年“躺着”都能有租金收益。2018 年 5 月，改造后的农家乐——茂源山庄整修一新对外开业。现在的茂源山庄拥有 37 个标准间和 52 个床位，可以同时接纳 200 多人用餐，空调、卫浴、无线局域网、茶吧、小景观等设施一应俱全，预计年接待游客 2 万余名，年经济效益 40 余万元，大茂坑村村集体每年可获得 6 万元的租金收益。同时，大茂坑村抢抓石练健康产业小镇建设的黄金机遇，整合村内土地建成占地 60 余亩的三叶青高效栽培基地，有效提高林地综合经济效益，带动全村经济发展。通过茂源休闲山庄及中药材基地的成功出租，大茂坑村村集体经济年收入达 27 万余元，经营性收入达 14 万余元，成功“消薄脱帽”。

有了茂源休闲山庄“成绩”的铺垫，此时的叶志建又想着壮大农家乐规模，鼓励村民们在自家开办农家乐，帮助村民增收致富，为此，他还带着村民外出实地考察农家乐产业。可理想很丰满，现实却很骨感。“一开始村民们的兴致都很高，但当他们了解到农家乐的投入以及经营过程中会遇到的困难后就犹豫了。”叶志建并不气馁，他笑着说，“老百姓都比较现实，如果短时间看不到效益，他们就不会去做，那就让我先给他们做个样子吧。”于是，叶志建将自己的老房子进行装修，率先开起了“民办”农家乐。村民们看到叶志建农家乐的日渐红火，陆续上门咨询开店事宜，部分外出务工的青年和外迁村民纷纷返乡，在自家开办起了农家乐，甚至还吸引到嘉兴等地的客人留村投资开办民宿。如今，大茂坑村的农家乐（民宿）已经从 1 家发展到了 10 家，村民们的收入也节节攀升。

廉价番薯的“创富效应”

2020年“3·8女神节”，丽水市缙云县东渡镇的番薯干、番薯片又在网上卖疯了！

自2019年“双十一”以来，东渡镇最大农产品销售商——浙江老土地食品有限公司的番薯制品空前火爆，仅“双十一”当日，便售出2.5万千克番薯制品，销售业绩突破10万元。

“说实话，有点意外，没想到番薯能做出千万元产值。”浙江老土地食品有限公司总经理夏朝阳说，原本只是弥补“冬闲”空缺的产品，竟然在互联网上，找到了“春天”。

制薯技术虽然在东渡镇有悠久的历史，是东渡镇的市级非物质文化遗产，但从古至今，番薯一直是零散种植作物，早年仅作度荒填饥之用，根本没有人会想到，番薯能成为带动一方的“创富明星”。

无人问津之处，找到了暗藏的商机。2012年，夏朝阳用传统的制薯技术，把番薯制作成休闲食品番薯干、番薯片，并尝试在当地销售，结果第一年就卖出了上百万元的销售业绩。

本地市场的成功，让东渡人看到了小番薯里蕴藏的巨大潜力。此后，东渡镇的一系列“操作”才真正让番薯变成一个富民产业。

对于产品，东渡人始终坚持“土”原则。“土并不是因循守旧，而是对传统制作番薯技艺的继承与发展，用互联网的新思维，去做最生态、最时尚、最大众的产品。”夏朝阳说。

在销售上，东渡镇采用“线下+线上”的模式，在线下以“老土地”为依托，相继建立了缙云番薯博物馆、番薯文化体验馆，开发团建、亲子活动、工会活动、同学聚会等团体活动，积极探索农旅融合之路，深耕体验模式。据统计，2019年以来，番薯文化体验馆已累计接待各地游客1.5万多人次。

在线上，东渡镇致力于将番薯干、番薯片打造为健康休闲的“网红零食”，利用网红直播、拼多多等新网售渠道开拓市场。“昨天网红主播一次就拿了20万包的货，互联网里面的市场空间不容小觑。”火爆的生意，让夏朝阳喜不自禁。

东渡镇的番薯产业产值自2018年起就突破了千万元，每年保持高速增长态势。如今，小番薯不但成就了一个大产业，还产生了“创富效应”，为远近农户带来了增收。如丽水市缙云县壶镇镇下潜村村民李章汉在东渡镇番薯产业的影响下，2019年在地里套种了1亩番薯，原本只是想“种着玩”的他，惊喜地发现竟增加了5000元番薯种植收入。他当下决定，2020年将扩大番薯的种植规模。

东渡镇通过“企业+基地+农户”的运作模式，建成番薯基地供游客体验收挖，增加农户与村集体经济收入，走出了一条生态农业、科技农业、旅游农业的扶贫“消薄”新路子。

“我们还通过举办番薯文化节，将农耕文明的传承、传统味道的守护、新式经营的突破、扶贫攻坚的创新相结合。”东渡镇党政负责人说，“相信缙云番薯在文化的承载、科技的助力下，定能进一步打响品牌，助推乡村振兴，实现‘消薄’攻坚。”

后　记

2020年是决胜全面建成小康社会、决战脱贫攻坚之年，是“十三五”规划收官之年。在第一个百年奋斗目标即将实现之际，由笔者牵头编写本书，重点体现浙江省丽水市莲都区践行习近平新时代中国特色社会主义思想，在推进乡村振兴、实现全面小康方面的积极实践和有效探索，系统梳理和集中展现莲都区“消薄”工作开展以来取得的可复制、可借鉴、可推广的经验做法、典型案例以及涌现出的一些先进人物，为新一轮攻坚提升行动提供更多的丽水元素、莲都样板。

本书在编写过程中，得到了各级领导和同志们的大力支持和帮助，提供了大量的基础资料和素材，在此一并表示感谢。本书编写人员都是相关工作的参与者和见证者，其中，第二章、第三章和第四章由笔者负责编写，第五章和第六章由唐俊杰、吴群仙负责编写，第七章由陈群燕负责编写，第一章、第八章由李玲、刘璐负责编写，第九章和第十章由郑海勇、叶霖负责编写，梁旭亚、郑建龙、梁建芬、叶炜、项颖明、白雪菲、徐晶晶、陈超等其他同志对本书进行了修订和梳理，全书由笔者负责统稿和完善。由于时间匆忙，水平有限，错漏之处恳请各位读者批评指正。

梁建霞

2020年9月